UNA EPOPEYA DE NUESTROS TIEMPOS
O CÓMO EL MUNDO VERDADERO
ACABÓ CONVIRTIÉNDOSE EN UNA FÁBULA

Una epopeya de nuestros tiempos
O cómo el mundo verdadero acabó convirtiéndose en una fábula

Pablo Urbanyi

LUGAR COMÚN
NOVELA

Una epopeya de nuestros tiempos:
o cómo el mundo verdadero acabó convirtiéndose en una fábula
©Pablo Urbanyi
©2016 Esta edición Lugar Común Editorial

1ª edición, agosto 1999 Catálogos Editora
Diseño de tapa: Sebastián García
Maquetación: Lugar Común Editorial

Library and Archives Canada Cataloguing in Publication

ISBN 978-1-987819-29-8 (Libro impreso)
ISBN 978-1-987819-30-4 (Libro electrónico)

Publicado por Lugar Común Editorial
Ottawa, Canadá, 2016

www.lugarcomuneditorial.com
info@lugarcomuneditorial.com

Canadá

¿Se vive, pues, cuando otros viven?

GOETHE

Ruido endiablado de los espíritus libres.

NIETZSCHE

Y todo sigue siendo opiniones.

TOMÁS BERNHARD

1. EN LA CATEDRAL: EL ESPÍRITU DEL TIEMPO

"Gracias", dijo, después del choque en el Supermercado, Catedral de la Mercadería. Y farfulló: "Lugar en el que todos somos iguales como ante Dios y la muerte y tenemos la misma oportunidad para elegir entre grasas y proteínas". El choque se había producido bajo la inmensa bóveda decorada con alegres globitos multicolores iluminados en las alturas. Más arriba, afuera, supuestamente, el sol. El que había dicho "Gracias" y farfullado era Ernesto el Emigrado, creyente de una nueva religión más ritualizada que la católica: la compra. Encorvado (le hubiera gustado decir en un rapto romántico "por el peso de la vida" aunque su reumatólogo le asegurara que era por la artrosis) y mordiéndose los bigotes se preguntaba: "¿Cómo un globito puede ser alegre por más colorinches que tenga?" Con la sensación de que, como los antiguos esclavos egipcios empujaban piedras en el desierto para construir una de las Siete Maravillas, él, entre los altares de los diferentes productos, después de otro choque y otro "Gracias", siguió empujando el carrito para construir y sostener la maravilla que era el mundo en el que vivía. El camino que recorría en Su Supermercado ("Sí, mío y de ningún otro", se consolaba), estaba trazado por la listita preparada por su mujer. Su meta final, antes de salir corriendo de allí, por una razón táctica de la "compra perfecta", era el altar de los huevos.

Sin que lo supiera todavía, el encuentro con ese altar sería el comienzo de una de sus experiencias más profundas e intensas en el Nuevo Mundo que, lo quisiera o no, cumpliría la sentencia de Mahoma: "Aprenderás de la cuna hasta la tumba", y lo marcaría para el resto de vida que le quedaba.

Había emigrado de un país lejano, Argentina, lugar donde su vida no estaba garantizada. En el aeropuerto de Toronto, donde había aterrizado después de un vuelo suave "hacia la libertad", sobre la gran puerta de entrada a Canadá, pudo ver un mapa y una flechita con aclaración en cinco idiomas: "Usted está aquí". Contento por saber dónde estaba, Ernesto, pisando fuerte, atravesó el umbral y entró en lo que más adelante llamaría Utopía, una verdadera "tierra de las oportunidades" que se extendía ante él a la espera de ser conquistada como una bella mujer. Detrás, como un micro modelo sociológico del desplazamiento en público de la familia latina, en fila india, jerárquica, iban trotando sus dos hijos pequeños; su mujer cerraba la marcha.

Ex periodista dinámico y pujante que creía en el testimonio, ahora solo escritor domesticado, como solía decir, había tenido la intención de documentar sus primeros pasos, un poco vacilantes, los descubrimientos, las novedades, sus avatares y sus vicisitudes en el Nuevo Mundo. Sobre el curso intensivo de inglés canadiense con libros de texto de Estados Unidos, impresos en Hong Kong, que había tomado junto con emigrantes polacos, árabes, chinos, chilenos, un húngaro, checos —todos víctimas de dictaduras y que también habían "volado hacia la libertad"—, anotó en un papel: *"Hoy, una semana después de haber empezado el curso, por fin me animé a preguntarle a la profe cómo se explicaba ese fenómeno de los libros de texto con los que nos alimentábamos porque con tantas manos y países metidos por el medio, ya no se sabe qué son exactamente, y si al final, no terminaríamos aprendiendo inglés chino. La profe, una escocesa rubia, con trenzas que le dan un aire de inocencia delicioso, quebró sus caderas (¡qué caderas!), adelantó sus pechos (¡qué pechos!), y con un español un poco molido en su boca, me explicó: 'Usted no saber. Mano de obra ser más barata en Hong Kong, costo libros ser menor'. No sé qué gesto habré hecho, pero se vio en la obligación de calmarme asegurándome que yo estaba acunado por la metodología de enseñanza más moderna y avanzada, ¡probada científicamente!, enfatizó, y que una vez terminado el curso, estaría preparado para 'funcionar' (sic) en inglés, participar en la vida y hablar sobre 'My Supermarket', 'My Bank', 'My Holyday' —temas del libro—, y lugares en los que parece bullir la vida aquí. En resumen, que no me preocupara, que mi talento y mi potencial, así como los de todos los que estaban en la clase, eran extraordinarios. La prueba de lo que decía, señaló, era que apenas en una semana (lo que sigue lo acompañó con una especie de danza, quebrando las caderas y sacando los pechos alternadamente, como marcando el ritmo de las buenas noticias) 'Your English is excellent!', 'fantastic!', 'terrific!', 'wonderful!', palabras que todos entendimos. Pasmados, nos quedamos callados un rato, hasta helados diría, asombrados de nuestros conocimientos. Luego, durante un intervalo, mientras en un rincón rumiaba mis amarguras, se me acercó (por un segundo pensé que me pediría ayuda para mejorar su español en la intimidad), y volvió a insistir en que mi talento era único, que no solo estaría preparado para comprar y hacer los trámites en el banco, sino para leer a Shakespeare en su lengua original, y que, como escritor, de mi esfuerzo, perseverancia y actitud ganadora dependería, que llegara a escribir mejor que el dramaturgo. Creo que me hablaba de 'creatividad'".*

"Confieso que sentí como si echaran una tonelada de piedras sobre mis espaldas y, con un raro y difuso sentimiento de culpa, tuve que darle las gracias varias veces. Era como si con mi pregunta hubiera alterado algún orden y creado alguna duda e inseguridad. Para colmo —esto ya sí debe ser mi culpa— con esas caderas, con esos pechos, con la explicación pedagógica, no supe ni sé ahora, si me había estado hablando de economía, de sexo, del mercado, de la vida, del éxito o qué. En fin".

Cuatro meses más tarde, anotó: *"Por fin, con un 'party' con menú internacional: huevos negros chinos de cien años, niños envueltos polacos, postres árabes, y no sé cuántas cosas más, sin alcohol y prohibido fumar, se terminó el curso. He recibido tantas felicitaciones y tantas congratulaciones que, asombrado por mi talento y pasmado por mi propia genialidad, a pesar del papelito que me dieron y que me acredita como hablante en inglés, cuando salí a la calle me quedé mudo y no pude hablar. Eso sí, aprendí a dar las gracias —nada es gratuito— como un sonámbulo".* Había buscado la anotación anterior para agregarle esta, pero no la encontró. Ahora tampoco se acordaba dónde había metido la segunda.

A veces, con la indulgencia, el cariño y la simpatía que se merece nuestra propia imbecilidad, evocaba esos tiempos de adaptación un poco confusos. Al curso de inglés, una vez recuperado el habla y controlado el idioma, funcionando a todo vapor, le siguieron otros, ordinarios y extraordinarios, generalmente breves todos, pero intensivos. En un mundo ordenado, en el que todo está dado como en las estanterías de *My Supermarket*, el uso de las células grises se debilita, hasta se hace innecesario. Había dejado de lado algunos como "Las cuatro maneras de pasear su perro", "La cocina moderna y la carne actual", "La viudez o vejez alegre". En cambio, se había lanzado (con el dinamismo histérico de la época) a otros más específicos de adaptación: "Nacer de nuevo", "La compra perfecta", "La seguridad de sus hijos, de su casa y las cerraduras". Casi insensiblemente, cotidianamente, estos cursos —"conocimiento e información para funcionar, pero no sabiduría para meditar sobre el sentido de la vida"— se fueron completando con los programas de los 64 canales de televisión de su *living*, con las diversas lecturas de folletos, prospectos, panfletos sobre viajes, servicios, productos (sus ventajas y desventajas), recetas de hamburguesas siempre nuevas, bonos de rebaja, recibos en los que podía leer "Gracias por su compra. Vuelva de nuevo", y que le hacían saltar lágrimas de felicidad al informarle que lo esperaban y necesitaban, que era útil a la sociedad. Y si en el recibo constaba "Hecho de papel reciclado", no podía menos que reconocer la sensibilidad de una empresa que se preocupaba por los árboles, la tierra y la humanidad. Gracias a todo esto, y a otras lecturas a las que lo empujara su ahora ya legendaria y casi obsoleta inquietud espiritual, había conseguido una aclimatación y un ajuste decorosos; vivía una "vida real" a pesar del trasplante violento. Nada le faltaba para ser feliz: tenía casa, coche, trabajo, una esposa moderna, activa y profesional, dos hijos magníficos, escribía todos los días y como un caballero inglés ("claro síntoma de mi metamorfosis. Kafka es un poroto"), solo se emborrachaba en su casa.

No es de extrañar, entonces, que llevara una listita en la mano ("a falta de afecto, además de los perros y gatos, todo se afectiviza, hasta las listas", gruñó alguna vez), una especie de retoño de una lista perpetua y general que latía como el corazón de una amada o palpitaba como una bomba de tiempo sobre la mesa de la cocina con las tareas por realizar. A la lista perpetua la llamaba "capítulo de los Textos Sagrados de este mundo (Dios mismo ¿no creó el universo con una lista? el primer día, el segundo día...), que si bien una vez cumplido, no nos da un lugar en el cielo, con seguridad nos da un terrenito en el cementerio, último ítem de la lista". Así podía asistir —sin perderse y sufrir perturbaciones psíquicas, "contento de que me señalen lo que debo hacer y descansar en paz como el resto de la humanidad"—, al ritual de las compras semanales, una misa de pequeñas comuniones, sin carne ni sangre de Cristo. Sangre y carne reemplazadas perfectamente con ofertas de las que colgaban los 99: "¡terribles!", "¡fantásticas!", "¡increíbles!", "¡mágicas!", redentoras.

A veces de puro distraído, o para provocar pequeños choques, sorpresas, escenas tan necesarias para sentirse vivo ("ya que no puedo amasijar o violar a alguien, cada día, en el fondo de un callejón para darme cuenta de que existo"), y que, como descargas eléctricas, antes llamadas emociones, alimentarían su escritura, circulaba en sentido contrario al de las procesiones de los corderos del Señor señalizadas con flechas en los laberintos profusamente iluminados de la Catedral. "A falta de Madonna, llevamos el carrito" suspiraba, tal vez un poco cansado.

El choque se producía. Los ojos catatónicos del creyente, cortado el éxtasis de la compra que algunos llamaban orgasmo, se inmovilizaban aterrados sobre Ernesto que exhibía una sonrisa medio idiota para circular libremente y no despertar sospechas. Como si exclamara ¡Oh, qué cosas que pueden pasar, el mundo está lleno de emociones e imprevistos, de pequeñas cositas que alegran la vida! Como muestra de domesticación largaba un "Perdón", "Disculpe", "Lo siento mucho", frases que él consideraba las armas del mutuo terror cotidiano. Dejaba paralizado al otro, espantado por temor a la materialización de un peligro difuso, encarnado en un ser asocial que amenazaba de manera más difusa aún. Con una sonrisita debajo de sus bigotes continuaba su camino buscando otro cliente con el rabillo del ojo. Cada vez con más frecuencia, emitía "Gracias" que, si bien había sonado falso en un tiempo, había logrado perfeccionar hasta que sonara verdadero. Para revitalizar al término del desgaste (todo dependía de la creatividad y de la imaginación), agregaba "por su colaboración", "por el nuevo punto de vista", "por su tolerancia".

Estos encontronazos lo alegraban. Desgraciadamente no por mucho tiempo; su alegría se iba apagando lentamente al ver que nunca nadie se echaba a llorar por el choque. Si alguien lloraba en el Supermercado, no sería por la muerte de un ser querido. Seguramente era una oferta que se había acabado.

"Dijera lo que se dijese —había escrito un día, ya no se acordaba si como cronista o escritor— *esta actitud extremadamente educada, sumada a otras como respetar las luces rojas y las señales de stop hasta en el desierto; con un elegante ademán dar paso a otro cuando el derecho lo tiene aquél, recibir en pago una sonrisa y un saludo con la mano, ademanes que confirman que por educados, vivimos en el mejor de los mundos posibles; seguir las flechas y más aún, seguirlas aunque no existan porque se nos han metido adentro perforando nuestra mente y alma, perforaciones por donde se nos escapó la vida interior a pesar de continuar llamándolo así. Llegar a horario; no fumar donde no se debe; sostener la puerta a una anciana, a un rengo o alguien cargado con paquetes llenos de mercadería y que lleva con la alegría de quién abraza el corazón palpitante de su amada; ahogar la violenta tentación de soltar la puerta para que los paquetes se le incrusten en el estómago o en la jeta y se le borre la sonrisa de retardado; estas actitudes amables, así como sonreír a un perro igual que a un niño, o más a los perros, nos hacen sentir infinitamente buenos, humanos. Hasta nos ayudan a olvidar a los hambrientos del mundo, la ruina y la muerte de la tierra, así como también algunos problemas tan abstractos y utópicos como un mundo mejor y más humano, una vida plena, una alegría auténtica, de los que tanto se habla en el mundo en el que vivo. Insisto: esta actitud, este estilo sin estilo, es mucho más civilizado que saltar sobre la garganta del vecino, morderle la yugular, mirar con placer cómo se desangra y, como 'time is money', no perder el tiempo esperando el último estertor. Dar las gracias a troche y moche nos evita sentir un doloroso agradecimiento. A cambio, obtenemos mayor independencia y libertad, para, al decir de los liberados, salir cuando quiero, entrar cuando quiero, comprar, beber lo que quiero, a la hora que quiero, aunque nunca se sepa para qué tanto ajetreo o no se confiese que es una forma sutil de esclavitud de la libertad para escapar de los demonios, las brujas, la soledad, la total inutilidad de la existencia. En fin, no olvidemos de pagar la cuotita del terrenito en el cementerio. Y, sin decir jamás que uno está encorvado por el peso de la vida o la depresión — eso sería espantar a la gente o infectar el medio ambiente—, sigamos viviendo con la mayoría, consolándonos con la soledad de los otros que están más solos que uno, marchando por nuestro camino rabioso al infarto".*

Tal vez por accidente, sin darse cuenta, o buscando la repetición de satisfacerse, como los perros de Pavlov o las ratitas de los conductistas que aprendieron a bajar la palanquita que les da la morfina, se detuvo frente al altar del papel higiénico. Mientras entorpecía la circulación, puso el pie sobre la plataforma debajo del carrito, y, enderezando su espalda, se irguió como un triunfador. Sonrió con suficiencia y orgullo —"de algo tengo que estar orgulloso, por ejemplo, de saber comprar, aunque no haga falta, como un psicótico compulsivo dado de alta, acto y talento que son el síntoma de su cura y rehabilitación"— al recordar los problemas que le habían causado a su llegada las diferentes marcas, calidades y colores que se alzaban al cielo como tubos de órgano emitiendo silenciosos hosannas. Carcomido por las dudas, había pasado horas frente a esa gran selección. Dudas que habían invadido su propio ser y, peor aún, le habían hecho temer que se esfumara el resto de autoestima que le habían dejado la inflación, los militares y la policía argentinos. Ni siquiera el Sacerdote Mayor —perdón, el *manager* del Supermercado— que estaba allí para solucionar TODOS los problemas, había podido ayudarlo. Ernesto se le había acercado y en su pésimo inglés de la secundaria: metiéndole el rollo debajo de la nariz, le había planteado su problema: "¿Tu bi o no tu bi?". Todos los problemas de venta, no los humanos. Casi está de más decir que no entendió muy claramente la larga y amable explicación que le dio el *manager* a ese ser de otro mundo. Pero estaba seguro —y esta seguía siendo una de sus angustias de hoy— de que había sido exactamente la misma que le daría un *manager* ahora: sobre las calidades, colores, ventajas y desventajas, los pro y los contra, los que estaban de oferta. Y un cantito final sobre sus gustos, sobre sus derechos, sus oportunidades, su imaginación y *Your choice*. En resumen, sobre la libertad. Ernesto, aplastado, con otra tonelada de piedras encima, "Gracias" por medio, un poco mareado, había comprado a ojo de buen cubero.

Ante la observación, o reproche, o, vamos, dulce y amorosa observación de su mujer "Ni un papel higiénico sabés comprar", apareció uno de los primeros síntomas de que el orden de la fila con el que habían entrado a Canadá se estaba dislocando, pues había respondido humildemente: "Es que compro como un intuitivo, con la sabiduría milenaria de las mujeres. Yo, que en la Argentina en los tiempos de escasez usaba diarios, en la materia me conformo y me siento feliz con *The Citizen*, nuestro querido diario local. No me vas a decir que tengo que hablar inglés para utilizarlo. Basta la imagen; nunca lo hago con una foto de un valiente capitán de bomberos o de un policía subido a un árbol para rescatar el gatito de la niña ansiosa que espera debajo. Hay que ser humilde y conformarse con poco, es uno de los secretos de la felicidad".

El carrito cruzado en el laberinto, el pie sobre la plataforma, sin oír los *Excuismi, Sorry* de los creyentes que anhelaban pasar para rezar delante de otros altares, Ernesto recordaba. Como comentario a su propia situación, había anotado: *"No cabe duda de que yo, hijo de las dictaduras argentinas, en las que cada 'no' tímido se confundía con una rebelión, no soy un ser elegido para la libertad. Para ser libre, ejercer la democracia y bajo el imperio de la ley no alterar el orden entre los períodos electorales, hay que estar preparado, educado y domesticado como un fanático para el comunismo o el fascismo".*

Ay, no era fácil nacer de nuevo "Nacer de nuevo, en un parto dudoso, con fórceps, eso sí, con anestesia, explicándome que no me iba a doler, que estaba ocurriendo y cuán bello era el mundo que me esperaba afuera.» Ay no, las preguntas que se había formulado *in pecto*: "¿Por qué compré mal?", "¿Cómo comprar bien?", tampoco eran fáciles de responder. La falta de últimas informaciones, cifras y datos era un obstáculo casi insuperable.

Pero el hombre no se plantea problemas que no puede resolver. Mejorado su inglés, un día leyó un artículo en la revista *El Consumidor Perfecto*, revista sin fines de lucro, fundada y editada para la defensa de los Derechos Humanos del ser humano, para una vida mejor y más barata. Allí un grupo de investigadores selectos y altamente especializados de la Universidad de Ottawa, por medio de una metodología diseñada para el caso, análisis y tests, había llegado a la conclusión de que el Royal ZXW, doble pliego, extra suave, si no perfecto y el mejor del mundo, el inalcanzable ideal de la filosofía alemana hecho tersura, era el mejor papel higiénico que se podía comprar en plaza. ¿Razones? Miles: sin ser nacional, era el más popular, y la popularidad era una especie de mandato secreto de Dios en el mundo en el que vivía, confirmada indiscutiblemente por las cifras de venta. ¿Qué más? Ah, otra, fácil de usar en este mundo tan complicado; una más, el bajo promedio de roturas gracias al doble pliego, que, de paso, ahorraba tiempo en la tarea de doblar el papel. El hecho de que alguien lo siguiera doblando estaba fuera de consideración, era un problema individual que correspondía a la esfera de la intimidad, al gusto personal, a la imaginación y creatividad del cliente. La investigación se basaba —era parte de la metodología—, en los papeles higiénicos "tipo estándar" o "normal" para normales de un mundo anormal. Y por si algo faltara, en ese artículo académico rigurosamente científico, se daban conclusiones más amplias, destinadas a las mentes pensantes y a diferentes niveles de lectura: por su consumo de tantos rollos de tantos metros per cápita y por año, en comparación con las cifras de otros países, no cabe ninguna duda de que el canadiense vive mejor, una vida más lujosa y más feliz que un japonés o un argentino.

Al tropezar con la palabra "argentino", Ernesto había dejado de leer el artículo; con nostalgia, pensó en su pobre país, Argentina, un lugar perdido y recreado en La Corte de los Emigrados de Ottawa, a la que solía asistir en un tiempo. Allí había recibido no pocos consejos sobre compras y compritas correctas y, muy en particular, sobre el papel higiénico propiamente dicho. Allí, en una atmósfera un poco rancia de todo lo que caduca y envejece, pero eso sí, sentimental y nostálgica, muy argentina, los Cortesanos se felicitaban por haberse salvado del holocausto de la inflación (dejando de lado el de los nueve o diez mil muertos, desaparecidos que algo habrán hecho y por los que ya nada se podía hacer), y todos le aseguraron con tono campechano: "Macho, vos lo sabés muy bien, allá, ni papel higiénico hay", una razón poderosísima para emigrar a Canadá. Que ya no haya inflación y en el Patio Burlich vendan papel higiénico de seda de China, quizás nada tenga que ver con esta historia.

Ya sin saber qué había leído en el artículo y qué era proyección de su ardiente cerebro, encontró un cauce para su caudal cultural. Después de barruntar "solo me falta saber si soy argentino o canadiense", genio como era, y teniendo en cuenta las conclusiones de la investigación, apuntó en un papelito: *"El mundo se divide en dos tipos de países: de culos sucios y de culos limpios."* Se felicitó por la frase, simple, clara, como lo son todas las grandes frases de los grandes hombres. Y como si se hubiera deslizado por el tobogán de la sabiduría, estrujando su cerebro, exprimió otra más filosófica: "El hombre es con lo que se limpia". Guardó el papelito para utilizar las frases más adelante pero siempre coherente, ya no se acuerda ni del papelito ni de la frase. Todo placer se satura, hasta el sadismo. Probablemente ya harto de los *"Excuismi"* y los *"Sorry"* de los creyentes que querían pasar y que daban vueltas buscando caminos alternativos, consultó la listita pero no vio el papel higiénico. "Bah, hay que pensar en el futuro y en las posibles emergencias para evitar el pánico. De paso, aunque no sea su cumpleaños ni nuestro aniversario de bodas, lo que importa es ser espontáneo, le doy una sorpresa a mi media naranja y una prueba de mis capacidades" farfulló. Y mientras se preguntaba qué metodología habrían usado los investigadores para sacar el promedio de roturas, se agachó temiendo que se le clavaran en las asentaderas las ocho garras de los dos gatitos que aparecían en la propaganda del Royal en la pantalla de televisión.

"Mi imaginación es increíblemente viva y dinámica", se felicitó. Puso los rollos en el carrito, consultó otra vez la listita y leyó: Huevos Extra Grandes, tres docenas. Ya cerca de coronar su misión de ese día, suspiró profundamente y los miasmas sutiles que emanaban de las mercaderías, sobre todo los de los productos de limpieza nuevos y mejorados, capaces de matar hasta a los pingüinos de la Patagonia, le penetraban por la nariz le hicieron estornudar. "Basta", se dijo, "Prosigamos con la marcha triunfal de la compra".

Y, tam, tira, bom bom, con el ritmo marcado por la música de la Catedral, antes de que se le armara un mambo en la cabeza, arrancó rumbo a su destino...tam tam, tira tira, bom bom....

Más allá de la división en países limpios y países sucios, suspirar en la Catedral de uno de los países más limpios del mundo puede ser fuente de dolor. Por un efecto de rebote, el olor de los inciensos sagrados que brotaban de los desodorantes y jabones puede disparar la mente de uno a otras regiones. No le ocurrió menos a

Ernesto, quien empujando el carrito extrañaba los olores del mercadito de su barrio en Buenos Aires; olores que un inglés educado llamaría delicadamente "sospechosos." Sin embargo, no eran los olores los que extrañaba exactamente, ni los gatos o los perros que se metían entre sus piernas mientras hacía las compras, ni la rata que saltaba sobre el jamón que colgaba del techo de algún puesto. No. Eran los callos plantales de doña María. ¿Qué habría pasado con ellos? Fue durante su última compra en el mercadito. Mientras, impaciente, como si el avión estuviera a punto de partir, hacía la cola frente al mostrador del carnicero Pepe para comprar cuatro bifes, se enteró del problema. El carnicero le había preguntado por su salud a Doña María, lo que desencadenó una serie de quejas sobre los dolores de diversas partes del cuerpo, según qué comiera o qué hora fuera del día o el índice de humedad que, para Doña María, como para todos los porteños, siempre era 'mucha'. Mientras cortaba las milanesas, el carnicero, no dejó de alentarla con una frase famosa que no necesitó de ningún prócer para ser acuñada: "Así es, Doña María, lo que mata es la humedad." Frase maravillosa para todos los males, hasta para la misma muerte.

Y mientras Ernesto empujaba el carrito en la Catedral, allá lejos, en el mercadito, se impacientaba. Doña María había anclado en sus callos plantales que últimamente, y debido a la humedad (más precisamente, a la probable tormenta), habían crecido, "imagínese Pepe", tanto que apenas le entraba el zapato y "no le digo nada" de las dificultades para caminar. Por esa maldita costumbre, tan latina, de meterse en las cosas de los demás, Ernesto se encontró interesado profundamente en los callos. El problema de los callos se volvió más importante que el cáncer de alguna princesa y el sida (sin contar la heroína que se inyectaba) de alguna estrella de Hollywood. Ernesto escucha, se mete en la conversación, no lo puede evitar. En virtud del compromiso emocional, fatal, la mente le queda invadida por los problemas de los otros y termina, junto con el carnicero por compadecerse de Doña María, hablando de probables soluciones caseras de tías o abuelas... o de tiempos venideros mejores en los que no habrá callos... o pasados en los que no los había... Y el avión que se va...

A veces Ernesto se agarraba la cabeza: "No no no, de ninguna manera, todo es mejor en el mundo en el que vivo. Este estilo de entrar y salir cuando quiero, comprar lo que quiero, sin clientas quejosas, llenas de ñañas o de callos. Aquí ni siquiera los callos existen, y si los hay, el que los tiene los disimula con buena educación, con discreción o recurre a la literatura sobre el tema obtenible en cualquier farmacia junto a un producto nuevo y mejorado que los elimina. No invaden la mente de uno. Ergo, tampoco hay doñas María que tengan callos que se conviertan en piezas de conversación como un jarrón de la dinastía Tang. No, aquí no hay compromiso, aquí, la mente y el alma de uno quedan limpias, por no decir vacías para... para llenarlas con lo que uno quiera... por ejemplo... ah, de canciones alegres".

...*tam tam, tira tira, bom bom*... gracias a la música funcional que volcaban los parlantes, cada tanto, como la voz de Dios en el Sinaí, tronaba el onceavo mandamiento (Ernesto corregía: "Perdón, el duodécimo, el undécimo es el de Schopenhauer: SILENCIO"), una oferta: "COMPRE... con 99". Gracias a eso y a su firme voluntad y decisión, tarareando otra canción, se sentía en un estado semimístico, en una ensoñación sonambúlica de aturdimiento perfecto. Desgraciadamente, y lo lamentaba, nunca conseguía el éxtasis con los ojos catatónicos, ni siquiera el orgasmo que, para él, seguían siendo misterios como la Virginidad de María o el Triángulo de las Bermudas. Sobre eso había anotado: "*¿Cómo y cuándo se produce? ¿En el momento en que se descubre el objeto entre otros miles y se siente una especie de llamado, un amor a primera vista y se sabe que desde la noche de los tiempos estaban destinados uno para el otro? ¿En el momento de pagar? ¿O en el momento en que, como todo amor, se vuelve viejo, se lo tira sintiendo un alivio y se corre detrás de otro?*". Pero ya le había dicho su mujer (entre muchas otras cosas o por ellas, vinieran o no al caso, "pero mi amada sabe que todo es Uno, es decir, Tao"), que él no sabía compartir, gozar de la vida con cosas simples como escuchar el alegre canto de los pájaros, ni disfrutar del bello sol, aunque no estuviera en el cielo; que era sordo para escuchar la voz de las ofertas (y no hay peor sordo que el que no quiere oír); que buscaba una perfección inexistente; que exageraba en todo. Ergo, era un extremista. Lamentablemente estas acusaciones, si se consideraba el medio educadamente aterrador en el que vivía, aristotélico, sin extremos, dulcemente balanceado, no dejaban de tener un viso de verdad. En consecuencia, mal podía lograr el éxtasis o el orgasmo y no era de extrañar que se quedara solo.

La canción que tarareaba en ese momento, "Estoy solo, nadie me quiere, pero soy feliz", la había elegido entre las muchas que circulaban por ahí en una especie de torbellino de felicidad patológica. Si de la alegría de cantar se trata, con ruido infernal de batería, había canciones populares para todo: para la soledad; para no estar solo; para rebelarse contra la sociedad mediante drogas o sexo, o para reconciliarse con ella con las mismas herramientas; para abandonar a los padres o volver con ellos; canciones para consolarse del fracaso, ignorándolo, o triunfar con actitud positiva, vivir hasta la tumba siguiendo "tu propio camino"; para encontrar a Dios fácilmente, sin muchos sacrificios ni martirologios, pues bastan la fe y querer; para hacer el amor o no hacerlo; para tener hijos o no tenerlos; para ser libres, entrar o salir cuando se quiera, o no salir para quedarse en casa bebiendo cerveza y mirando televisión. Canciones para encontrarle sentido a la vida o no encontrarlo porque no lo tiene; canciones para cambiar el mundo, basta el amor (o, ya que es imposible, cambiar uno mismo naciendo de nuevo); canciones para los niños pobres; ecológicas para salvar la tierra, para no fumar, para no tomar alcohol, para reventar tomando y fumando, para solteros, con sus ventajas, y divorciados, con otras ventajas, para los ancianos y lo jóvenes. En fin, según la especialidad, la necesidad o el índice del barómetro del mercado.

"Estoy solo, nadie me quiere, pero soy feliz" porque, según el *ranking*, estaba entre las tres más vendidas de la semana, era la única que más o menos se acordaba. Hasta se podía decir que la dejaba sonar en su cabeza con un ligero pánico, antes de que vinieran nuevas y se le metieran borrando la anterior. Las otras dos, "Nací en USA, tierra de gente muerta" y "Vivo en un cadáver como un gusano más", como muestra de su domesticación, adaptación y gran sentido común —si no adquiridos, por lo menos bien imitados—, las había rechazado por exageradas, pesimistas, derrotistas, sin un rayito de esperanza.

De esta manera, a fuerza de pulmón y a falta de éxtasis tenía un *Good Day* o *Nice Day*, de ensoñación mística en el que —contra su propia regla de "alerta permanente"— dejaba entrar por la ventana de su espíritu abierta al mundo, como un aire acondicionado refrescante y renovador, las vivencias y el espectáculo que este le brindaba. A falta del trinar de las aves, la música de la Catedral, los grititos de clientes y clientas al descubrir productos nuevos o una oferta; algún llanto de niño aburrido, al que traían para que diera sus primeros pasitos de domesticación. Envases nuevos, colores nuevos, productos absoluta y realmente nuevos como jugo de naranja mezclado con Coca-cola, o banana licuada con jugo de ananá, "Nar–Coc" y "Ban–Ana", respectivamente. Nombres nuevos para creaciones nuevas que, para no perder capacidad y sentido de la comunicación y caer fuera del mundo, para no quedar marginado, sin tema renovado para hablar, había que aprender, comprar y experimentar.

Los estados de ensoñación semimísticos, si no se deben a la supuesta realidad incorporada, tienen serios problemas con la realidad: Ernesto pasó frente al altar de los huevos sin darse cuenta. Para saber dónde se encontraba, cuál era el próximo paso de su existencia, el inminente camino de su vida, además de buscar alguna flechita que lo ubicara, "Usted está aquí", tuvo que consultar la lista. "Ah, sí, tres docenas de extra grandes." Y con un suspiro de alivio, como si encontrara un sentido a la vida, pegó media vuelta pensando con amor en su familia. La inquietud permanente y difusa en la que vivía se materializó en el recuerdo de las teorías colaboracionistas entre la pareja que estaban en boga en las últimas décadas. Gracias a la milagrosa virtud de las palabras de mezclar aceite con agua, se lograba esa cierta emulsión turbia, inestable, de la igualdad. Palabras como "diálogo", "armonía", "el reconocimiento mutuo", "la aceptación del otro", "el compartir las cosas y las cositas en común", "los derechos del uno y de la otra", todas emulsiones de la igualdad que como el agua y el aceite tendían a su estado natural y en la práctica funcionarían así: "No se te va a caer la corona si le limpiás el culito al nene y le cambiás los pañales. Hasta puede ser que con la experiencia y la vivencia sientas alegría y descubras otra dimensión de la vida".

En las profundidades, debajo del océano de su ser, trataba desesperadamente de convencerse de que estas emulsiones, o cualquier otra que encontrara (emulsiones no faltaban), no le importaban, eran nimiedades e insignificancias. Él, a pesar de no tener ninguna canción para el tema (la que tenía en el fondo de su alma era muy antigua, alguna canción que mencionaba las estrellas que guiaban el camino del viajero sin destino o la luna que lo iluminaba) se codeaba con las preguntas fundamentales sobre el cosmos y el hombre, él incluido. Y buscaba su lugar y su destino en la infinitud del cielo —vicio que había adquirido contemplando las estrellas de la pampa—, y no los insignificantes destinos, el suyo incluido, ciegos y oscuros destinos humanos, en los laberintos de las catedrales, por más iluminados que estuvieran. Que eran, a su decir, "ciegos y oscuros por la iluminación, justamente". En el mosaico de su vida, era lamentable, las preguntas fundamentales no encontraban respuesta y aparecían como elementos de una tortura más general, satánica e indefinida. A pesar de la cuidadosa y metódica autorrepresión, en la que, como un solo hombre de buena voluntad, según él, dulce, suave, persistente y educadamente colaboraba toda la sociedad sin que se lo pudiera agradecer, no podía convencerse (no obstante de las rotundas, claras, estadísticas) de que vivía una vida feliz y evitar que las preguntas emergieran sorpresivamente sobre la superficie de su conciencia como globos inflados debajo del mar.

El altar de los huevos era más chico, pero mucho más compacto y sólido que el del papel higiénico. Allá arriba, en vez de una cruz o un gallo, había una gallinita graciosa de plástico iluminada por dentro. Ernesto la contemplaba diciéndose: "Una gallinita simpática al estilo de los dibujos del gran Walt Disney, que duerme congelado para esperar el encuentro con el futuro y el progreso que logre sacudirlo de su modorra, curarlo, para que vuelva a repetirnos que la vida es linda y alegre, que depende del dinero, perdón, del dibujo que se haga". Y continuaba allí, perdido en sus fantasías que él llamaba razonamientos.

No por nada su mujer siempre le preguntaba cuando llegaba a casa: "¿Me podés decir dónde estuviste tanto tiempo?» Un suspiro, y aunque otra vez entorpecía la circulación (una manera de estar presente en el mundo o, desde el punto de vista del progreso, estar de más), sin siquiera ponerse a un costado, siguió contemplando a la gallina y pensando: "Hum, una gallina, eh. Y no un gallo, eh. No creo que sea casualidad. Estoy seguro de que esa gallinita consiguió esa posición elevada después de arduas luchas feministas, verdaderas epopeyas, que destronaron al gallo machista, prepotente, con ensoñaciones de harén privado. Como el 'Museo del hombre' que perdió sus hue..., perdón, su nombre, en una de estas luchas, llamándose ahora 'Museo de las civilizaciones', nombre en el que las feministas, con buen criterio, dejaron afuera la palabra 'culturas'. Otro suspiro. "En fin, a falta de cruz, buena es una gallina. Por lo menos es algo, y algo es mejor que nada, porque tener algo o hacer algo... basta, terminemos, o de lo contrario, la pregunta de mi mujer va a tener más sentido que nunca".

Colaborador y no servil, sutilezas de la emulsión de la igualdad, sin saber si sus actos eran voluntarios o los de un esclavo, buscó entre la gran variedad de tamaños. Después de oír un soplo de la intimidad amorosa de su pareja, "Fijate que no estén rotos, vos comprás cualquier cosa", fue abriendo las cajas y depositándolas sobre los otros productos en el carrito. Ya a punto de coronar la marcha de la compra —que se realizaba de acuerdo con el plan de la compra perfecta, y sin embargo, todavía lejos del orgasmo a pesar del segundo soplo amoroso, "Y no los rompas después"—, a punto de depositar la última caja, su cuerpo se estremeció por un impulso interior inesperado. Los ojos se le desviaron en direcciones opuestas, y, como si un diablillo con tridente se hubiera metido por la ventana abierta de su espíritu para soplarle algunas preguntas fatales que, pop–pop–pop, coincidiendo con los misterios más profundos de su alma, las dudas emergieron como globos a la superficie: "¿Huevos extra grandes?, ¿cómo?, ¿por qué?, ¿en relación con o comparación con qué?, ¿quién los mide?, ¿cómo? ¿quién es el...? Mi Dios, cuántos tamaños. Allá en Argentina solo había... oh, no, ¿no te estarán engrupiendo?... estoy seguro... sí, ¿quién es el h de p...? ".

Quiso controlarse, autoreprimirse, pero inútil; el desastre ya se había producido. Obnubilado el consejo de su cara mitad, había dejado caer el paquete y se alejaba de la zona minada. Para colmo, olvidó cerrar la ventana y como una banda de alegres monos chillones, los diablillos con tridentes se seguían metiendo. Al borde de la frustración total, arremetió con furia con el carrito espantando a los creyentes; se llevaba por delante a las viejitas que al lado de una mesita cariñosamente ofrecían muestras de queso o galletitas crunchi cranchi —viejitas que le recordaban a su madre, a quienes siempre les aceptaba un cubito de queso o una galletita para que se sintieran realizadas y su vida tuviera sentido ya que seguramente se habían perdido la década de la gran liberación sexual—, y atacado por una compulsión patológica, como para compensar el desequilibrio producido o rellenar su alma por el horror al vacío, a falta de un buen vaso de vino siguió metiendo productos en el carrito.

Cuando terminó de pagar con los ojos seminublados y salió, su conciencia era un mar violento, turbulento, infinito, de preguntas no resueltas. Algunas olas que se alzaban tenían un tinte verdoso de mar tropical, color que, más que a las preguntas, tal vez se debiera a la bilis derramada.

2. REGRESO AL HOGAR

Afuera, luego de que le cargaran la mercadería en la baulera —servicio de lujo que consideraba un método para hacer circular más rápidamente a la gente que ya había pagado—, sin haber pronunciado una sola palabra en ningún idioma de los que hablaba salvo para gritarles gracias en inglés a aquellos que había espantado, y sin ver el sol porque estaba nublado, o porque el alegre centelleo de los globitos se le había incrustado en la retina, o porque ya estaba detrás de otras catedrales, basílicas o iglesias que conformaban el gran *Shopping Center, Center* nefasto y diabólico que le hacía perder su propio centro, subió a su rural marrón y con la desesperación del adicto, prendió el tercer cigarrillo (en la Catedral de la Mercadería, como toda catedral e iglesia decentes, si no están dedicados al culto satánico, está prohibido fumar.) Pitó y arrancó rumbo a su barrio, a su casa, a su hogar, recordando un libro de la lista de los *best–seller* de esa semana: *Casa no significa hogar.*

Había logrado calmarse un poco, no exactamente por un acto de voluntad ni por su sabiduría, sino por haber estado ausentes algunos placeres del buen convivir y de educación que, según opinión y consenso general, hacen la vida agradable, graciosa y entretenida, menos la suya. Que ante sus ojos desorbitados (estado frecuente en él; sus hijos le decían que tenía ojos de sapo), la boca echando espuma, la cajera no le hubiera dado las gracias por su compra ni pedido que volviera de nuevo. Que, en un mundo de planificación que no tenía nada que ver con los Planes Quinquenales sino con el progreso infinito no le hubiera preguntado si estaba preparado para Navidad o Pascuas o cualquier santo de la cristiandad —San Valentín, San Patricio—, o el día de la Madre o del Padre, firme sostén del bienestar general por aumentar las ventas de los menos. Que ese día los empleados de la Catedral, "manteniendo la sonrisa", para diversión y entretenimiento de los creyentes, no hubieran estado disfrazados con cascos de obreros, o ropa de algún lugar exótico como Honolulú, cargados de coronas de flores. Todo se había limitado a unos globitos de colores.

Hubo más placeres por carencia; tampoco había tropezado con una banda alegre y entusiasta de niños mogólicos o psicóticos para que *in situ* y por imitación (él, aunque no muy bueno, sería uno de los modelos), aprendieran la alegre marcha de la compra y comprando comprando, se fueran curando, se graduaran de seres humanos y les dieran el alta.

Probablemente por todo esto haya logrado reprimir el impulso de apretar el acelerador y pasar por encima de alguno, o de incrustar la trompa de su auto en otro, en cuya ventanilla brillara la sonrisa de un ser satisfecho. Ya había hecho las diez cuadras y una vez arriba de la autopista, apretó el acelerador a fondo.

Tomar la autopista para regresar. Era una de las rutas posibles. Técnicamente, a nivel popular, se la llamaba "ruta alternativa", paliativo a uno de los graves problemas a que nos somete la vida moderna, el tráfico en este caso. Hay muchos otros: el estacionamiento, las violaciones, el abuso de niños, los niños pobres, problemas que no vienen al caso ahora. De todas maneras, para éstos últimos también había una canción que Ernesto solía tararear: *We Are the World, We Are the Children.* La elección se daba dentro de un marco de libertades posibles, pero, hay que decirlo con la valentía y la actitud crítica propia de una democracia: la elección de la ruta no era tan grande ni variado como la que brindaba el papel higiénico.

Para su "regreso al hogar", en vez de tomar la ruta más corta —como hacía habitualmente— por calles llenas de señales de tráfico, de stop y límite de velocidad treinta para proteger la de los niños que "ya nacen muertos por nacer en este mundo", había tomado la ruta más larga, la autopista, que terminaba siendo la más rápida por su límite de velocidad máxima cien. Solía comentar: "La toman los que utilizan una calculadora de bolsillo en vez de pensar; los más vivos y astutos para llegar a donde no quieren a un costo más bajo, ahorrando tiempo. Ninguna sirve para escaparse".

Fue apretando el acelerador: su alma empezó a dilatarse con una sensación de libertad imaginaria, por lo tanto, infinita, y, pasando la barrera del sonido, con una dimensión, un destino de placer y de realización más imaginario aún.

"Epa", se dijo, y sus nervios se tensaron, "cuanto más acelere, más rápido llegaré al lugar en que la imaginación se encuentra con la pared de la realidad. Y adiós libertad". Sacó el pie del acelerador en el momento en que apareció el cartel "MUST EXIT", la flecha y la salida ya conocida por él. Recordó las preguntas que lo habían invadido sobre los huevos, y, quizá para meditarlas mejor, dispuso un alto en el camino, para tratar de responderlas, sin olvidarse de otras banales como ¿de dónde vengo?, ¿dónde estoy? y ¿a dónde voy? Apretó el freno, se metió en la bajada de la salida y la culata del auto se perdió rumbo vaya a saber dónde, quizás a vivir un capítulo secreto de su vida, capítulo que todo ser humano tiene. La pregunta de su mujer, "¿Se puede saber dónde te metiste tanto tiempo?", iba adquiriendo cada vez más sentido. De cualquier manera, era posible que en el lugar al que iba, se calmara los nervios, descansara y con él, la humanidad entera.

EL BARRIO O POR FAVOR, AYÚDENME A VOLVER A MI HOGAR

Todo plazo se cumple. Tal vez a la hora, unos cientos de metros más adelante del punto por donde desapareció la culata, la trompa del auto asomó por la subida. Detrás del parabrisas, se veía su cara contraída por la furia mientras murmuraba rechinando los dientes "Por favor... por favor..., ayúdenme a volver a mi hogar." Un ruego, un gemido que bien podían emitir los seres desamparados, desorientados en este desierto de indiferencia, o los niños secuestrados, violados y luego abandonados. Ruego que en realidad él había aprendido de carteles clavados en árboles y postes en los que aparecía la foto de un perro o un gato perdidos.

Ya sobre la autopista, quizás rabioso por no haber podido resolver las preguntas, aceleró a fondo. Esta vez tampoco fue muy lejos; hizo lo que no quería, acortar la distancia acelerando y de nuevo apareció el "MUST EXIT", salida que, ahora sí, lo llevaría a su barrio, a su casa y hogar.

Otra vez surgió ese sentimiento ambiguo, ese malestar que siempre aparecía cuando se acercaba al lugar en que vivía, su barrio. Pensar en la cena de esa noche, la charla con sus hijos, la posible comprensión y el entendimiento, por fin, la realización de los cambios esperados, un milagro, la cerveza, unos vasos de vino tinto —especialmente estos últimos—, lo animó un poco. Suspiró, fue frenando, y mientras lamentaba que no hubiera una ruta alternativa que diera la vuelta al mundo, empezó a bajar.

Con un deseo débil, por cierto, pero sincero y tierno (por lo menos tan sincero y tierno como el de quien en la Nochebuena piensa en los niños pobres del mundo), de vivir en inglés lo que había vivido en el castellano de la Argentina, buscó en el diccionario la palabra barrio para poder expresarse con ese localismo orgulloso, con esa resonancia de mini república que tiene el término. La frasecita *ward of the city* podría ser un débil equivalente pero nunca se había encontrado con ella en la realidad y, para colmo, *ward* también se aplicaba a las alas de un hospital, cuartel o prisión. Se prefería hablar de *neighbourhood*, vecindad.

Su casa se encontraba en la vecindad de otras decenas que a primera vista parecían diferentes. Lentamente, durante los paseos que solía dar para calmar sus nervios siempre de punta, como si corriera el velo de un misterio, las había ido desnudando hasta encontrar parecidos siniestros, disimulados, ocultos con colores, revoques, y ladrillos que no lo eran, o invirtiendo las entradas, como si hubiera ido desnudando a sí mismo, su verdadero valor en el mundo.

La casa yacía —"eso, la mejor palabra, es yace"—, en una calle tan original que ni siquiera lo era. Era un *crescent*, una especie de medialuna: nacía en una calle más ancha y unas cuadras más allá, moría en la misma. Sus paseos no lo llevaban más lejos que los de un burro en la noria. Con las calles "alternativas" más o menos ocurría lo mismo.

Este diseño, heredado de la Vieja Inglaterra, le daba un ligero aire, un soplo de privado, de exclusivo. Mientras daba vueltas, en sus diálogos interiores consigo mismo o con amigos lejanos, se decía, e incluso hasta es posible que le hubiera escrito a alguno: *"Sí, un ligero aire, un soplo, un toque místico, de algo privado y exclusivo, de intimidad un poco húmeda del nicho de una catacumba. Allí yace, solitaria, mi casa. De esto surge un problema o una pregunta importante: ¿cómo hacen mis vecinos, la mayoría ingleses, para estar cuando no están? ¿dónde están cuando están? Yo nunca veo a mi vecino ni hablo con él, salvo cuando le dije dos o tres cositas acerca del ruido de su aire acondicionado que no me dejaba pensar ni escribir ni dormir, pero estoy casi seguro de que es un ente real. Como aquí, en los países del Norte donde la privacidad es sagrada, no existe el concepto arquitectónico de la medianera, y como la puerta de entrada de su casa está del lado opuesto a la mía, nuestras ventanas de la cocina se enfrentan. Me basta observar por mi ventana para vislumbrarlo, como una sombra, en su cocina; creo que lo veo y él debería verme, pero no, no me ve: nunca respondió a mi saludo con la mano y es inútil que me quede allí, observándolo descaradamente para que, molesto y furioso, reaccione con un arranque genial de bajarse los pantalones y mostrarme el culo, o sencillamente, haga un modesto corte de manga. Vana esperanza: estoy seguro de que, si es un ente real, es un no fumador".*

Ernesto no quiere reconocer que es un barrio muy agradable; las florecillas multicolores, el césped cuidadosamente cortado en primavera, verano y otoño, son testimonio fehaciente de que los vecinos están hasta cuando no están. Tampoco faltan algunos toques humanos: colgados de los árboles o sobre un palo clavado en el suelo, comederos para los pobres pajaritos que no quieren o no pueden emigrar en invierno, con treinta grados bajo cero. Sobre esto anotó: *"Ay, aquí la soledad es tan grande que se atrae a los pájaros en vez de alejarlos con espantapájaros como allá".*

Ernesto tampoco quiere reconocer otras cosas. La vecindad se rige por el horario del progreso y la ética del trabajo: antes de las nueve, hasta después de las cinco, mientras él teclea sus historias o trata de hacerlo en su torre de cartón, los ciudadanos, hombres y mujeres a la par, los hijos en el colegio o en la guardería, cumplen con su deber y el barrio queda vacío. Es inútil buscar a doña María o doña Lola en chancletas, dando vueltas o pispeando por alguna ventana, listas para charlar sobre sus callos y ñañas, sobre la maldad de vecinos putañeros y vecinas casquivanas, u otros informes suculentos. Para colmo, cuando los otros regresan al atardecer para el merecido descanso, él sale para la Universidad donde trabaja dando clases de español.

Más de una vez se preguntó con toda sinceridad: "¿Quién es el anormal: ellos o yo? Si no, cómo se explica lo que hago du-

rante los fines de semana, especialmente en el verano, cuando
la vecindad se anima como en la televisión, con escenas de utopía, bellas imágenes que se despliegan con gente que riega, corta
el pasto, arregla las florecillas, con la música puesta lava el auto
acariciándolo con más cuidado y cariño que a su esposa o hijos,
con el perrito alegre y retozón saltando alrededor, *bamm, bramm,
bumm,* para ahorrar arregla con sus propias manos su casa (porque esto no es Hong–Kong y la mano de obra es cara.) Cuando
llegan del Supermercado, en vez de salir para charlar con mucha
amabilidad sobre las ofertas que, astutos, supieron encontrar, es-
cucharlos y comprenderlos, lanzar pequeños oh de asombro ante
lo que cuentan, o con esfuerzo y en aras de la convivencia palabras
como *¿Really?* y frases como 'No puedo creerlo. Me deja pasmado.
¿Realmente?' 'Bien para usted. Lo felicito'. Preguntarles si logra-
ron el éxtasis o el orgasmo en la Catedral. Parlotear sobre el auto,
sobre las florecillas y las vitaminas necesarias para el pasto, los
herbicidas selectivos que solo matan a las hierbas malas, como las
bombas norteamericanas a la gente mala, hablar sobre las marcas
y la calidad de los productos como antes se hablaba sobre los milagros de los santos, sobre la mejor marca, la más vendida y más
popular como sobre Dios. Sí, ¿cómo se explica que yo, en vez de
hacer eso, por un miedo irracional al vacío, me quede aterrado,
encerrado y paralizado en casa, taponando la ventana para que
no entren los ruidos ni las voces alegres, y no salga por temor a la
integración y la metamorfosis definitiva? No, así nunca voy a ser
un buen chico, y, menos aún un buen vecino".

Y no lo era, no cabe duda. Para que "los piojos imaginarios no
me comieran, ya que a los reales los mataron con Cuprex nuevo y
mejorado y la ciencia anunció otro triunfo", o "para sudar el áci-
do del resentimiento antes de que me corroa y me derrita", si no
tenía tiempo de subir al auto e ir hasta *Vincent Massey Park* —su
parque favorito e inspirador a la hora de las ausencias—, salía a
pasear de día o de noche. Después de diez o veinte minutos de
pasos regulares (o un poco sinuosos si había bebido), sus pisadas
se amoldaban al ritmo regular de su pensamiento, y ya relajado
y sereno, las ideas brotaban vertiginosas y amenazaban con hacer
explotar su cabeza.

De día o de noche, como un mentís a sus observaciones del barrio despoblado y en el que no había vida, siempre se encontraba con algún perro que no ladraba. "Oh pichicho, "doblemente domesticado, no sabés para qué estás sobre esta tierra ni sabés cuál es tu misión. Y encima te han castrado. Bah, perro que no los tiene, corazón que no desea". O con algún gato que maullaba y se le acercaba corriendo para que lo acariciara. "Oh felino de pasos silenciosos, sutiles y ágiles, ser libre e independiente, corrompido por tu necesidad de cariño, te comprendo. En este mundo limpio ya no hay ratones y estás aburrido, y si por casualidad encontrás uno no sabés qué hacer con él y si te lo querés comer, te atragantás". Si, maullando, el gato lo seguía, "Andá, decile a tu papito o mamita que te manden a un curso intensivo para a aprender a comer ratones o que te compren un ratón de plástico a cuerda, eso sí, forrado de terciopelo para tu protección. Ay, la creación es imposible. Esos ratones 'especiales' se pueden comprar".

Admirado de la bondad humana, se solía detener delante de los comederos para pajaritos. "Sí, mis buenos vecinos —si es que existen— no confían en que el buen Dios distraído por la magnitud de su obra, el universo, o por la falta de recursos técnicos, los provea de alimentos. Creo que Jesús dijo algo de esto, voy a tener que fijarme y anotarlo. En fin, gracias a la bondad humana tenemos pajaritos a la imagen y semejanza del hombre, gordos, vagos y cobardes que no pueden volar y que pían sobre ofertas". Daba unos pasos. "Es admirable, siempre se lo compara al hombre con los animales, fieras, monos, cerdos, hasta águilas; nunca leí ninguna comparación con los alegres pajaritos. ¿O sí? La novela de esa tipa que había perdido el miedo a volar y se pasaba la vida en la cama con las piernas desplegadas, una forma de 'simbolizar' las alas y la libertad infinita de... Bah, vanidades y envidias de escritor".

Tampoco faltaba en alguna ventana, como objeto de decoración o pieza de conversación filosófica, algún anciano que, con los ojos llorones y legañosos dilatados por la sorpresa de estar vivo aún, esperaba que se apagara el sol. Con el dolor en el alma, o con una estúpida identificación digna del *Reader's Digest,* pensando en su propia vejez, Ernesto lo consideraba como una muestra al aire libre de la bondad humana, porque seguramente sus hijos no tenían dinero para meterlo en un asilo. Y, simultáneamente, muestra del milagro de la ciencia médica moderna, capaz de mantener cadáveres tibios a temperatura ambiente mientras se habla de la calidad de vida. "Milagro que nuestro querido diario local, con la ayuda de algún poeta que cante a la esperanza y a las glorias... oh, basta, caminemos. Reconozcamos que ese milagro es más grande que el de una momia del antiguo Egipto".

Si ese día había podido eludirlos en el Supermercado, no siempre ocurría lo mismo en su barrio. Ya lo observara desde su ventana o se cruzara con ellos en la calle por lo menos una vez por semana, como nave de conquistadores que aterriza de otro planeta trayendo la buena nueva al Nuevo Mundo, aparecía una furgoneta con una voluntaria al volante. Frenaba, se abrían las puertas con energía y con el dinamismo de la época de acuerdo con el modelo supremo de los ejecutivos *yuppies* "saltaban" los conquistadores con un bolso colgado del cuello junto con una cadena y tarjeta con su nombre y dirección. Agrupados por especialidades, distintos cada semana, mogólicos, espásticos, psicóticos en proceso de cura, "invadían" el barrio y, sacándolos del bolso, casa por casa, repartían folletos de propaganda, la buena nueva, bonos de oferta de miles de mercaderías, de esos que son el escalón para el éxtasis u orgasmo. Eran verdaderos proveedores de la felicidad.

Su hija había trabajado como voluntaria en el hospital con esos niños que por una ironía seguramente involuntaria (por aquellos lados, de ironía no se sabía nada. Y menos de la saludable.) Se llamaban "especiales". Y un día dejó de trabajar. Ernesto le preguntó por qué. "Papá, que los acompañe a comprar o a repartir bonos, está bien. Pero que me hagan leer una historia a un sordo y mostrarle dibujos a un ciego, eso ya no lo soporto".

Cuando se trataba de espásticos, de esos que venían con una remera con alguna leyenda "No cuidar, curar", o "Este año me sacudo menos", con una sonrisa de simpatía, acompañándolos en el ritmo del alegre baile de San Vito, admirado, se quedaba contemplándolos en sus esfuerzos de meter el bono correctamente en el buzón de la casa; algunos, con la lengua afuera y con el peligro de mordérsela, tardaban cinco minutos. Se le ocurría: "Claro, pobre, está infectado por la ética del trabajo. En vez de tirarlo para cualquier lado como haría un espástico argentino o latino, quiere hacerlo bien, correctamente, como corresponde. No me cabe duda de que debe sentirse feliz por ser útil a la sociedad".

Ernesto, profundamente entristecido, con un dejo de sentimiento de herencia cristiana de culpa y contento de que sus hijos no fueran así, no sabía si estaba contemplando una escena de *Las mil y una noches*, del *Infierno* de Dante o, basándose en lo que le había contado su hija, una escena de la sociedad del futuro.

Ernesto había bajado de la ruta y, espoleado por las preguntas que habían surgido en el Supermercado, o por el deseo de tomarse una cerveza, o por la furia de haber perdido algo muy importante y no acordarse qué —tal vez una idea fundamental que habría anotado en alguna parte o se olvidó de anotar—, había apretado el acelerador, ahora, con el peligro de atropellar a algún repartidor de felicidad (un niño no había peligro, porque salvo en los países subdesarrollados, casi no existían ya), o de sacudir la tierra y que los comederos para los pajaritos se vinieran al suelo, con más dinamismo que los *yuppies*, raudo, iba a todo vapor rumbo a su casa.

En verano, las noches de Ottawa, por el calor y la humedad, quizás un poco fantasmagóricamente irreales, le solían recordar vagamente a las noches de Argentina. Salir a pasear a esas horas, un poco mareado por la cerveza o el vino (a veces sobrio en un intento de mejorar su persona), equivalía a encontrar las calles desiertas; los buenos vecinos, ya habían cenado hacía rato y sentados frente al televisor, con las botellitas de cerveza sobre sus barrigas y de las que cada tanto, como de una mamadera, bebían un trago, disfrutaban de un merecido descanso.

¿Desiertas? Los *toc–toc–toc* pausados en la oscuridad, como de alguien que regresaba de la tumba, lo sobresaltaban; no era más que un apoplético, generalmente el mismo, que arrastraba su pierna al ritmo del compás que marcaba con los golpes del bastón en un intento de recuperar la normalidad perdida. Se intensificaban los toc, se acercaban, pasaban a su lado (Ernesto lo miraba de reojo, con temor, por si no sería él mismo quien pasara un día), y se iban alejando hasta morir.

Ponía en movimiento sus piernas y gruñía: "Normalidad perdida. Hum, si es que fue normal alguna vez". Suspiraba y se reprochaba: "Ay, soy injusto y profundamente malo, me falta ternura. Pero los justos y los buenos necesitan a los injustos y malos para ser más justos y buenos. Ergo, soy útil a la sociedad".

Y seguía caminando, pispiando a través de los ventanales sin cortinas o transparentes como tules como quien pispia a través del agujero de una cerradura de esas que no existen más. A esta actitud descarada, a la que suponía un escritor tiene derecho, la llamaba "estudios sobre el estilo de vida y de la cultura en una sociedad modelo" ¿Un futuro libro, tal vez? No veía nada especial; el televisor prendido, la botella de cerveza sobre una barriga, eran una muestra estándar de la inmensa felicidad privada en que se vivía en ese mundo.

"¿Y de qué sirve una inmensa felicidad privada si no se la puede exhibir abiertamente? En este mundo privado, lo más importante es besarse y manosearse en público para probar que 'somos felices como corresponde, como se ve en las pantallas y mucho más. Envidiadnos'. Y luego, con libertad y desinhibición, sin miedo a volar, en la profunda intimidad de la pareja, sin vergüenza porque lo dicen los manuales, para no herir y no meterse en las cosas del otro, de espaldas por delicadeza y respeto, con un método artesanal cada vez más revalorado en esta sociedad de producción en serie, satisfacerse como individuos independientes con el método 'hecho a mano'".

Y continuaba con sus "estudios sobre el estilo de vida y de la cultura en una sociedad modelo" en la que se habían trasplantado gente de otros países y otras culturas como sería el caso de él mismo. A este trasplante, a veces un poco brusco, se lo solía denominar "shock cultural". Para recopilar material, prefería estudiar a una familia china, japonesa o coreana, por definición pertenecientes a la minoría visible, en vez de una familia canadiense tipo estándar que, por oposición, pertenecía a la mayoría invisible. Digamos, para no ofender susceptibilidades nacionalistas, a una familia oriental, proveniente de pueblos con culturas milenarias, con pocos libros, pero sabios, con una religión más humana, con cocina legendaria para sibaritas de recetas "rápidas para cocinar, pero demasiado largas y trabajosas para preparar", de "sopas suaves y delicadas." Pueblos de profunda tradición, algunos de ocho mil años, culto a los antepasados, sentido de familia numerosa, que no piensan en la superpoblación. Con milagros económicos modernos, conseguidos a fuerza de astucia sutil, tesón, disciplina y orden, himnos nuevos y puño en alto por Mitsubishi y Toshiba en vez del partido. La sana ambición, que deja atrás un tendal de locos, deprimidos, esquizofrénicos y suicidas, relativamente pocos porque al ser muchos, ni se notan. Sí, muchos, tantos que sobraban en sus propias tierras. Como sus monedas eran fuertes, compraban tierras baratas en países lejanos en los que construían ciudades según su propia tradición. Y allí vivían y morían, pero siempre de acuerdo con los mandados de sus antepasados.

Sí, ocho mil años. Sus representantes, materializados, estaban allí presentes, a través del ventanal: una familia de ocho o nueve integrantes comiendo alrededor de una mesa redonda en la que no se puede reconocer quién era el cabeza, salvo quizás, ese anciano con la cara arrugada. ¿O sería el abuelo? Con notable disciplina, en orden germánico, todos miraban hacia la derecha, una sola dirección, un punto, la pantalla del televisor en colores. Sus caras cambiaban de color con los saltos de la pantalla, colores rojos, verdes, azules y amarillos que resaltaban el color original.

Ernesto admiraba la perfección, el círculo del ying y del yang: circular era la mesa, circulares los platos, circular la botella gigante de Kétchup, circular la botella de Coca–Cola, también gigante, circulares las hamburguesas que comían.

En una de sus alucinaciones auditivas tan frecuentes, escuchaba a la señora Chang, charlando con su vecina Fong: "Cléame amiga Fong, la cocina occidental tiene sus ventajas, las hambulguesas son fáciles de complal y plepalal, lápidas de cocinal en la cocina micloonda, yo no sé cómo pude vivil sin ella... ¿Cómo dice?... Sí amiga, no cabe duda, lo he expelimentado... la botella de Ketchup tamaño familial es mucho más balata... Como dice el sabio monje To–Fu, hay que sabel complal... ¿Conoce el Plice Club?... Sí, ése de los plecios incleíbles... ¿Cómo? ¿todavía ustedes?... No señola, no, nosotlos ya no comemos en el suelo, nosotlos nos sentamos a la mesa ledonda, es más cómodo y democlático... el mundo cambia amiga... mi malido dice que se quedó sin cabeza, pero usted ya sabe cómo son los hombles...".

Ernesto observaba y suspiraba recordando con admiración sus lecturas sobre el budismo zen, la historia de la Muralla china, los monjes sabios que meditaban a su sombra, el Fujiyama, su admiración por el arte chino (los fascinantes jarrones de jade, los dragones dorados en los biombos con fondo negro), admiración nomás porque, coherente con los que hablaban de las grandes y bellas cosas de la vida para olvidarlas en el momento en que las nombraban, él se olvidaba de los biombos, de los jarrones, del budismo y de los monjes.

Observaba cuando por ejemplo uno de los niños —promesa del futuro, científico experto en computadoras o líder político canadiense, o propietario de un restaurante chino o japonés, o miembro de alguna mafia—, después de insertar un pedazo de carne con el palillo, síntesis dialéctica de las herramientas de dos culturas y superación del *shock* cultural, mirando la pantalla, trataba de hacer llegar el pedazo a la boca a través del conducto de la oreja, Ernesto se alejaba condolido: "Sí, una cultula milenalia. Si queda algo de ella, lo ahogan con Coca–Cola y lo entierran con Kétchup".

Chirriaron las gomas un poco desinfladas en el momento en que Ernesto doblaba, por fin, sobre el *crescent* en que yacía su casa.

3. CASA U HOGAR

Fue bajando la velocidad, un último chirrido al doblar sobre la entrada a su casa. Con el dinamismo de la época, visible y palpable en las calles, en las películas de Hollywood, en los aeropuertos, con una energía que parece evaporarse en el aire y debilitar la vida, frenó frente al techado que oficiaba de garaje. Apagó el motor, el auto se sacudió y los ruidos de los cilindros que cesaron con una suave agonía parecieron agradecerle la finalización del viaje y, siempre fiel al dinamismo de la época, muy parecido a esas imágenes sueltas de la televisión que solo están conectadas con el producto que venden, saltó del auto y cerró la puerta, *brammm*. Dejó de lado lo que él mismo llamara "la parodia de ser propietario y buen vecino": bajar del auto serenamente, estirar las piernas, erguirse cuan largo se es y si es posible más (según los manuales de hoy, de la autoestima depende nuestra altura), juguetear con las llaves (símbolos de poder), observar con ojo crítico la perfección de la casa por si falta algún detalle para arreglar, un toquecito de pintura, de reojo comparar sus flores y el césped con los del vecino para ver si sus colores son más alegres y más verdes, saludar al vecino si está afuera, como por casualidad y de paso hablar del precio de las propiedades del barrio, alegrarse y sentirse más importante si subieron y sentir un cosquilleo rejuvenecedor (que quizás esa noche lo haga posible), no preocuparse y adoptar una actitud optimista si bajaron (a pesar de la contracción que se sienta en la parte inferior), consolarse con la idea de que todavía ningún negro ni paquistaní se mudó al barrio —una amenaza permanente que sí baja los precios para siempre y no hay democracia ni libertad ni Derechos Humanos que los vuelvan a subir—, un suspiro y un vistazo más amplio a las otras casas, al planeta, y encontrándolo todo perfecto, aliviado, meterse en la casa. Dejó de lado todo eso, y se precipitó a la tarea señalada por el espíritu del tiempo: descargar los dones de Dios, las bolsas con comida de la Catedral.

Los diablillos lo seguían acuciando; abrió la baulera, alzó una bolsa, y corrió rumbo a la cocina con todas las comodidades del confort moderno, hasta una biblioteca con libros llenos de miles de recetas ilustradas, fotos de comidas que jamás se prepararían o, a lo sumo, en un supremo acto creativo, se copiaban en la olla. "Una cocina increíble, de película en una casa de película, hecha de cartón prensado en Hong–Kong, delicada y frágil como un escenario; viviendo allí, uno se trasforma en el tipo ideal, de película, de celuloide y transparente". *Bramm*, la mesa de la cocina contra la pared cuando depositó la bolsa. Desde el *living*, la voz de uno de sus hijos que estaban mirando la televisión: "¿Pasa algo, papá?" "Nada nada, sigan educándose". "Bueno, no hagas tanto ruido".

Cuando volvió con la segunda (*plaf* la bolsa sobre la mesa), su mujer, que habría estado haciendo algo útil en uno de los cinco niveles de la casa, atraída como un imán por la energía desplegada por Ernesto, ya estaba en la cocina. Al ver la cara de su marido, los ojos un poco fuera de su lugar, se olvidó (como la cajera de desearle un buen día), de la pregunta rutinaria, "¿Dónde te metiste...?". Aunque con un ligero temor, para poner las cosas en su lugar, le preguntó con profunda sensatez: "¿Qué te pasa, te volviste loco?".

Sin responder (dejando de lado la parodia del buen marido en que se habría metamorfoseado el buen vecino al entrar en la casa: saludar a la familia, a la querida tercera o cuarta esposa, preguntar qué cenaremos sabiendo que serán hamburguesas, exclamar un oh de asombro y felicitarla por la idea tan original, sacar una cerveza de la heladera, sentarse en el encantador *living* para hacer el balance del día y desenroscar el nudo de nervios en el que se ha convertido, suspirar de satisfacción por la tarea cumplida, llevarse la botella a la boca, ver el cielo raso, y ante el temor de que el peso de la hipoteca y de la vida no vivida lo aplasten, bajarse la botella y estimulado por el alcohol, tratar de soñar con otros mundos y otras mujeres, para, finalmente, perdida hasta la capacidad de soñar, con el control remoto y una levísima sensación de poder, encender el televisor), corrió por la tercera bolsa.

Tercera y última. *Plaf.* Su mujer le metió debajo de la nariz el paquete de huevos: "Tres rotos. Te lo advertí. Otra vez. Siempre lo mismo. ¿Y qué son todas estas porquerías que compraste? ¿Dónde están los tomates? ¿Para esto hiciste el curso? Hum, tenés razón, siempre tenés razón. Como vos mismo decís, se puede estudiar, aprobar, tener el título, pero no entender ni saber, tener experiencia, pero no asimilarla. Estoy segura de que cuando hiciste el curso no tenías motivación y predisposición auténticas. ¿O lo hiciste para escapar de casa? Sí, tenés razón, se puede ser culto, hablar cinco idiomas y ser imbécil en todos. Francamente, yo no tengo idea de dónde te metés tanto tiempo ni lo que hacés todo el día cuando estoy en el trabajo".

Ernesto rechinó los dientes, pero no muy fuerte. Las observaciones y las frases geniales que, como pelotas de tenis de un jugador consumado que entretiene a un niño (con elegancia y suavidad), le solía lanzar a su mujer para defenderse del terror del sentido común, el consenso y la mayoría, como flores venenosas cultivadas en un invernáculo cálido y amoroso —vinieran o no al caso, a veces un poco modificadas—, le solían ser devueltas como cañonazos.

Hubo más novedades que no eran una buena noticia para la convivencia hogareña; se escuchó un *plif plaf pluf* suave. La mujer descubrió las manchas en el piso y su vista de lince siguió las gotas por un camino inverso: sobre la mesa, un charco amarillento al lado de la bolsa mojada y rota. Con un "Ohhh" marcado, se precipitó por el trapo de cocina antes de que el charco inundara y ensuciara la cocina, la casa, el barrio. Terminó de romper la bolsa para sacar un tarro de helado derretido y aplastado. Y, quizás por haber seguido el orden de la lista al pie de la letra (hasta el momento fatídico de los huevos) detrás del tarro de helados asomaran los tomates. Ernesto vislumbró el movimiento que hizo su mujer para ocultarlos, pero dado que las preguntas que habían surgido sobre los huevos ya se iban convirtiendo en un gran proyecto, en vez de gritar "¡¿Viste, viste?! Los compré y vos...", se mordió la lengua y lo dejó pasar como natural.

Pero como esa marca de helado no estaba en la lista, se sumó a las "otras porquerías".

Harto ya de los estudios sobre el matrimonio que llenan bibliotecas enteras y las siguen llenando mientras los matrimonios se hunden más y más en el abismo (y el suyo estaba al borde), llamado por ideales que tienden a las alturas, elegido para descifrar problemas elevados y finales, para salir del paso y eludir la trampa infinita del diálogo sereno aconsejado por los manuales del matrimonio perfecto, en el que las frases "siempre igual", "siempre lo mismo", "cuándo no", "cómo sos", "¿cómo soy?", "y... así, ya ves, siempre lo mismo", giraban como aceleradas por un ciclotrón, su alma, conciliadora en ese momento, a fin de encontrar la paz y el pacto social necesarios para hacer lo que tenía ganas, le dictó un discurso con frases cosechadas de la quinta de la hermandad universal. No pocas eran aprendidas de sus hijos, más inmersos en la realidad, llenas de sentido común, altamente operacionales, enriquecidas con ideas propias, que más adelante le serían devueltas como cañonazos.

Empezó por reconocer sus errores, o por lo menos aparentar que lo hacía: "Mirá querida, tenés razón, no sé en qué, pero siempre tenés razón. Ah, sí en el caso los tomates que me olvidé, pero decime, ¿es el fin del mundo, va a dejar de girar por eso? A ver... decime... no me decís nada... bien, el que calla otorga. ¿Qué más?, ah sí, el helado. Compré una marca distinta pensando en variar y educar el gusto de nuestros hijos, y me lo reprochás. En fin, se derritió, no sabés la cola que había en la caja, creí que me volvía loco. Y como ya estás cansada de mis escándalos, seguí tus consejos y no hice ninguno para pedir otra cajera. Pero con respecto a esto, te diría, como vos me decís a mí, hay que saber vivir, escuchar el canto de los pájaros y mirar las cosas con otro punto de vista. Y así las miro; en el fondo, el asunto este de que se derritió, si lo miráramos por televisión, como las vicisitudes de una familia norteamericana tipo, lo verías graciosísimo, como lo más grave que puede ocurrir, como poner crema de afeitar en el cepillo de dientes en vez de pasta dentífrica, pruebas de que lo demás es pura felicidad. Miralo así, y vas a ver que nosotros, con nuestros hijos pegados al televisor, estamos vivos y vivimos en una felicidad delirante. En fin, esto sería una confirmación más de que la tragedia ha muerto. Y en cuanto a las cosas nuevas que compré y que llamás porquerías, no me siento insultado, es más bien un insulto a la alta tecnología, a la sabiduría, a ese deseo de innovación, de aventura, a ese afán de curiosidad eterno del hombre. Si desaparece, todo habría muerto, como dicen mis teorías. Mejor no hablemos: cada vez que salís vos, quedamos hipotecados con las cositas prácticas, ventajosas, fáciles de usar que comprás. Por ejemplo, el otro día nomás... Pero no, ¿dónde iba? Ah sí, perdón, no quise decir eso, ni nada, que tenés razón. Lo único que quise señalar, que la compra de los jugos Nar–Coc y Ban–Ana, es un mentís a tus acusaciones de que mi resentimiento no me deja disfrutar de la vida y de que soy un desagradecido por no apreciar las oportunidades maravillosas que me brinda esta sociedad. Para vos, la famosa frase frente a la angustia, la soledad, y el aburrimiento mortal, "Hay muchas cosas para hacer", ¿no es una verdad? En cuanto a los huevos, ay, ay, ¿qué decirte? Por un lado, como son rompibles por definición, bien los pude romper cuando los entré con mi entusiasmo característico por la vida. Por otro, que esta vez rompí menos que la vez pasada, de modo que, si se lo ve positivamente, he mejorado, y en vez de retos que dañen mi autoestima, necesito alabanzas y aliento para seguir mejorando. ¿Qué más? Hum, ah, que hice lo mejor que pude, que di de mí lo mejor, y que por favor, no aplastés mi creatividad. Finalmente, vos sabés que nadie es perfecto y no sé por qué tengo que serlo yo, que mi lejana y pobre infancia me la pasé comiendo papas. Y como en aquel tiempo todavía no se sabía el valor nutritivo ni las vitaminas que contienen, supongo que alguna lesión o deficiencia... Pero basta; he dicho, tenés razón".

Felicitándose interiormente por el excelente discurso, mientras su mujer, un poco mareada por la conferencia solo atinó a repetir "Tus hijos tienen a quién salir", con el estómago revuelto, asqueado una vez más por la actuación repetida cien, mil veces —como si no hubiera ninguna otra alternativa real entre "las mil cosas que se pueden hacer"—, farfullando "Huevos extra–grandes, déjenme de joder", abrió la puerta de la heladera y se agachó para sacar una cerveza, costumbre norteamericana (por extensión canadiense) sobre la que había escrito no pocas frases sarcásticas, pero que por alguna razón misteriosa a él no parecían aplicarse. Ah, aquí está la diferencia: él tomaba una cerveza importada hecha por monjes belgas u holandeses, ergo, con alma. Alma grande porque era de medio litro en vez de la canadiense sin alma de 355 cl.

La destapó y subió las escaleras lanzando un *ki–ki–ri–kíí* de triunfo. Abrió la puerta de su estudio y la cerró sobre las preguntas que le gritaba su mujer desde allá abajo, donde se arrastra el vulgo, "¿Se puede saber qué te pasa? ¿Por qué estás tan contento?", preguntas insignificantes si no tontas, comparadas con su gran pregunta sobre los tamaños de los huevos. Una vez adentro, suspiró aliviado farfullando "Qué decadencia, Dios mío, qué decadencia. A dónde iremos a parar". Por el momento, no fue muy lejos: con los pies apartó los libros que estaban en el suelo para llegar al catre de campaña, nido en el que empollaba sus ideas. Agotado por las luchas interiores y la vida intensa en los Supermercados, se recostó para relajarse y con la ayuda de algunos tragos de cerveza descansar imitando a los grandes como Napoleón o Churchill, unos diez quince minutos antes de lanzarse a la batalla, de los tamaños en su caso.

4. EN LA TORRE DE CARTÓN

Sombras del atardecer. Sobre el último estante de una biblioteca, una radio portátil gigante, con la antena en V y los dos parlantes como ojos, observaba a Ernesto que dormitaba o se relajaba, o las dos cosas —según el punto de vista—, lejos del ruido, del agitado y afiebrado ritmo moderno que destrozaba su vida.

La habitación para el aislamiento, la meditación y la creación de las grandes obras que saldrían de su pluma, allá arriba en el último nivel, fue elegida con criterio científico como la más silenciosa y tranquila de la casa. Una habitación común que con el tiempo y por el milagro de la palabra, fue adquiriendo otros nombres: *estudio, oficina, despacho, escritorio, pocilga, cuchitril*; dependía de con quién se hablara o si había que ser modesto o triunfador. Si por una magia ya antigua los nombres realmente significan algo, debido al catre de campaña que había comprado en un remate de sobras militares —una especie de símbolo de la actividad dura, ascética, firme y disciplinada—, también había sido bautizada como "La trinchera del saber", "Trinchera de alerta permanente" o por sus paredes enclenques atravesadas hasta por la música de las esferas sin que se la distinguiera de los otros ruidos que la ahogaban, "La torre de cartón".

Como si el criterio del silencio y de la tranquilidad fueran pocos, hubo otro no menos importante: la ventana que daba a la calle, del lado que salía el sol. Por donde teóricamente, tendría que entrar para, además de calentar la tierra y la habitación, calentarlo a él, ansioso de energía y el fuego de la pasión.

La habitación era un logro conseguido tras años de lucha por ideales incumplidos, por no decir fracasados. Muchas veces, con las manos detrás de la espalda, satisfecho, orgulloso, la contemplaba para levantar su ánimo, que las más de las veces andaba por el suelo.

A la izquierda de la ventana un poco polvorienta y por la que solía pispiar la marcha del mundo, un escritorio con garantía por veinte años. La silla sólida en la que se sentaba como sobre la tabla de un carro que avanza con la creación, tenía otros tantos. En la silla, un "Obus form", un molde para enderezarle la espalda, evitar los dolores de la artrosis, que "además de mantenerme derecho, erguido, con la vista al frente, evita que me deslice a los costados y me desparrame por el piso".

A la de derecha de la máquina de escribir, al alcance de la mano, una pequeñísima biblioteca auxiliar del escritor: el *Diccionario Ideológico* de Casares, el *Duden español* y el *Thesaurus Gran Sopena*. Como "el único saber que vale es el que oxigenado circula por la sangre, ya que el del cerebro como depósito parece pudrirse, de allí que los expertos hiedan", prácticamente no los utilizaba nunca. Los tenía allí, para que el día en que le sacaran la foto del "Gran Escritor", entraran en el encuadre como fondo decorativo. Si bien ese tipo de fotos ya estaban fuera de moda y se prefería a los escritores vestidos con jeans y remeras, mucho más populares, "sueltos", digamos, él se consideraba un heredero de los clásicos que ya nadie sabe qué son.

A la izquierda, y siempre al alcance de la mano con una ligera inclinación, su verdadero logro, la materialización de la disciplina, el ordenamiento del caos: dos cajas, una más grande que la otra, simples a primera vista, complicadísimas en su interior. Cansado de que se le perdieran sus frases y sus apuntes, o de encontrar alguno y al leerlo tener que preguntarse ¿qué corno quise decir con esto?, había inaugurado dos ficheros. En la caja pequeña, de la A a la Z, metía lo que había denominado "Frases célebres"; en la más grande, también de A a la Z, las "Misceláneas", donde también guardaba las fichas con apuntes, pequeñas historias, redondeadas o no, proyectos y planes de grandes novelas. Es verdad que a veces dudaba en cuál de los ficheros enterrar una idea o una nota, pero, guiándose por el tamaño de la ficha que por el apuro había elegido y por error escrito, había logrado una confusión tal que —dada la sensación de orden que daban las fichas por sí mismas—, llamaba decorosa. Con el tiempo, esas cajas fueron adquiriendo una importancia inusitada. Allí encerraba no solo los deseos que no se cumplían en la realidad y que alimentarían su tarea dedicada a la ficción, sino, todos sus pecados y vicios reales para hacerlos pasar por ficción. De allí que también las llamara las cajas de Pandora.

Debajo de los dos ojos ciegos de la radio, contra la pared, una biblioteca que había denominado "Biblioteca Básica de Obras Selectas de los Clásicos". Es inútil nombrarlos ya que, aunque no los lean, todos conocen a sus autores pues gracias a la peste de las biografías noveladas y a las últimas investigaciones que descubren sus porquerías, se sabe mucho más sobre ellos que sobre sus obras inmortales.

"Para saber dónde estamos, porque estamos en el caos y no damos más", los leía coherentemente con la época, es decir, desordenadamente. Más de un autor famoso se encontraba tirado en el suelo al lado de su catre. Cuando agotado, quería recargar su batería intelectual, bajaba la mano hasta el piso y al tun tún, como un ciego que busca inútilmente la luz, alzaba el primero con el que topaban sus dedos. Levantar *La Sagrada Biblia* de Nacar–Colunga o *El Corán* de Mahoma, dos libros que cambiaron el mundo, le daba lo mismo. Ambos prometían el Paraíso en un lugar en el que a Ernesto le hubiera gustado estar, pero cuyo precio no quería pagar y menos con la vida. Como a la humanidad entera, lo exprimía ese narcisismo infantil de hoy tan aceptado: "Yo, Paraíso, aquí y ahora. Yo".

En el último estante de abajo, las carpetas con sus "obras completas", es decir, ejemplares de los libros que había publicado, trabajos hechos para diferentes medios y que había denominado "Archivo personal". Y entre la última tabla y el piso, un libro del que ya se había olvidado, *Con el amor no basta*, un manual teórico y práctico, con ejercicios muy simples para la armonía de la pareja en la que reina la desarmonía y el desamor. Para evitar más fracasos (no tenía pocos) y desilusiones, lo había escondido allí confiando en que se lo comieran las ratas. Sin saberlo, había puesto el pilar para otro fracaso: en el mundo higiénico en el que vivía, donde la rata era el terror a las pestes gracias al gamexane y a las metamorfosis de la evolución, habían desaparecido.

Casi pegado a la biblioteca, un archivo metálico brillante que no brillaba por estar cubierto de polvo. Adentro, ordenados alfabéticamente, por ciudades o países (nunca se acordaba) folletos turísticos recolectados durante sus viajes, de esos que para atraer a los turistas papamoscas, ávidos de aventuras y novedades, pintan al mundo como bonito, pintoresco, interesante, al que solo le faltaba ser descubierto y apreciado por los sensibles y exquisitos integrantes de la humanidad mortalmente aburrida. Los guardaba como fuente de información para la parte realista de su escritura, para el día en que alguno de sus personajes entreteniendo de paso a los lectores, diera la vuelta al mundo buscando su destino. Orgulloso, podía decir que había viajado más que Marco Polo y si bien nunca había estado en Alaska, no faltaban folletos sobre esa provincia recogidos en una agencia de viajes. Tampoco había estado en Alemania, gran país de grandes filósofos, en el que la gente vive dentro de grandes sistemas filosóficos. Después de la Gran Guerra Récord, padeciendo por sus pecados hasta la séptima generación, se lo imaginaba como un gran convento rodeado de camposantos, por los que sus habitantes circulan descalzos, vestidos de monjes grises con capuchones, rogando por el perdón, rezando por las almas en pena que se escaparon por las chimeneas. No le cabía duda de que debía ser así ya que se habló del "milagro alemán", y los milagros solo los produce la fe. Un día tendría que ir, aunque lo más probable era que no fuera nunca. Volvió de sus viajes un poco asombrado, no poco asqueado, indigestado por tanta cultura absorbida y encima por la que no pudo absorber ni digerir: la que se ofrecía en las Catedrales o *Supermarket* en el que se había convertido el mundo.

El archivo era un barril sin fondo: revistas con artículos importantísimos, en parte testimonios de su formación en el Nuevo Mundo, históricos, se diría; ejemplares ajados del *Perfecto Consumidor*; folletos y pequeños libritos con instrucciones para que no violen y/o maten a sus hijos, crímenes frecuentes que hoy pueden tocarle a cualquiera según las estadísticas (pero según las mismas, leídas desde un punto de vista optimista y sin exagerar, no a todos); un librito de la querida y estimada policía canadiense —no odiada como la argentina— sobre diversas cerraduras y alarmas, con sus ventajas y desventajas, sin que, por respeto a las marcas y patentes, allí se diga cuál es la mejor. Manuales para comenzar algún *hobby* y olvidar este mundo chato, aburrido y una vida sin sentido, sumergido en una pasión que no necesariamente sea el amor. ¿Y… qué más? Bueno, ya no se acordaba y no tenemos por qué acordarnos nosotros. Baste decir que todo, como él mismo decía, todo estaba ordenado como en un cambalache, al que recurría en los momentos de depresiones por la falta de ideas, lo que era equivalente a recurrir por problemas de fe a un cura ateo.

En el resto de la habitación solo cosas olvidadas, especialmente al fondo, que por la caída del techo en ángulo estaba en sombras hasta durante el día.

Después de infinitas discusiones y conflictos interiores, balances pro y contra, monetarios y espirituales, como si hubiera renunciado al retorno o al lugar de su descanso eterno, el retorno definitivo, había vendido su departamento en Buenos Aires. Con el puñado de dólares que recibió, no habría ido muy lejos si en el mundo en el que vivía, no hubiera soluciones. Las puertas del *Royal Bank*, debajo y detrás de las soberbias columnas de plástico, estaban abiertas. Adentro había música funcional, cómodos sillones, y una atención profesional que sabía emocionarse ante el sueño de la casita propia de un cliente, es decir, tenía sensibilidad ante toda persona que pudiera pagar una cuota, en este caso no él sino su mujer, que tenía un trabajo estable. Un asesor, a quien Ernesto le preguntó si pensaba que algún día llegaría a ser gerente del *Royal Bank* (le respondió que de ilusiones no se podía vivir), con amabilidad británica y paciencia de monje le había explicado y vuelto a explicar las 33 maneras posibles de obtener una hipoteca, las condiciones, variaciones y opciones. Así, con lágrimas en los ojos, agradecido por haberle hecho sentir que era alguien, un ser humano, confundido por las opciones, como quien elige por medio de la ruleta rusa, gatilló con el dedo y recibió la hipoteca y el inmenso honor de ser socio del *Royal Bank*, Su Banco, durante 25 años.

Y compraron la casa. Al año de haberse instalado allí, segundo o tercero de llegar a Canadá, como la solución para ordenarse y ordenar la vida y encerrar todos sus males, se le ocurrió la brillante idea de las cajitas. La bautizada "Misceláneas" fue inaugurada con la siguiente nota: "*Había elegido esta habitación, científica y teóricamente, como la más silenciosa y tranquila de la casa. Solo teóricamente. A través de las paredes de cartón me llegan el siempre sorpresivo ruido de la trituradora de la cocina, la voz chillona de la televisión, la música de los estéreos de mis hijos, el ronroneo de la heladera, del lavaplatos, lavarropas, secarropas, artículos del hogar comprados como* "absolutely silent.*" Como si esto fuera poco, en primavera el infernal ruido de los Roto–Rooter, destapadoras de las cloacas que las destapan aunque no estén tapadas; en verano el permanente ronroneo del aire acondicionado de mis vecinos, las cortadoras de pasto, el zumbido del filtro de las piletas, el bim bam bum del mantenimiento de las casas que este pueblo previsor hace, no porque sean de cartón, sino por previsor justamente, y prevenir es curar; las barredoras de la municipalidad; en otoño las aspiradoras gigantes de hojas; en invierno las máquinas limpianieves, la calefacción de mi propia casa. En fin, me quejo de que este barrio es una catacumba, sin embargo, la música de las cuatro estaciones hace trepidar mi casa, es la vida que me sacude con sus manifestaciones más dinámicas y yo no me doy cuenta ni puedo bailar a su ritmo.*" Titulando el apunte como "Casa", lo metió en la "C".

De cualquier manera, a pesar de ser un hombre de buena voluntad o por eso mismo, el desorden siguió. Por un tiempo lo atribuyó a la influencia del caos del mundo, pero no era suficiente para la satisfacción del hombre en el que se estaba convirtiendo: el hombre que se hace a sí mismo y controla el destino que le señalaron. La cajita de "Frases célebres" fue inaugurada con esta: "El que ordena y tiene tiempo para ordenar y mantener el orden, además de ano retentivo y compulsivo, vive en vano. No tiene nada importante que hacer en esta tierra". Y la metió en la "O" de orden o la "D" de desorden, ya ni se acuerda.

Las peleas para engrosar un poco las paredes y amortiguar los ruidos del hogar fueron infinitas, teóricas y metafísicas. Durante unos tres años logró mantener a raya eso que se definió como "el medio es el mensaje", el televisor que consideraba un veneno. Su mujer lo acusó de no aceptar la realidad y defendió el aparato con un argumento irrebatible: "Todo depende de cómo se lo use", frase famosa de un prócer, mártir o empresario. Sus hijos lo acusaron de ignorar el *way of life* de aquel mundo y de privarlos de información. Sin embargo, un día, en una manifestación de independencia de su mujer con la que se hubieran solidarizado las feministas del mundo unidas si hubiera sido necesario, lo compró. Cruzó el umbral de la casa y lo erigió en el consabido altar en el *living*. Todo terminó con una frase famosa en la T: "Sentarse frente al televisor, así como comer una hamburguesa McDonald's, es morir un poco. Cuando más se mira y más se come, más se muere". Perseverando, uno puede hacerse odiar y lograr hasta su propia muerte. Ernesto perseveró y, por lo menos mientras él se encontraba en casa, el undécimo mandamiento "Silencio" era una ley. Tanto para ver la televisión en el *living* como para escuchar los estéreos en sus habitaciones, sus hijos tenían que usar auriculares. El comentario de su mujer, "No sé por qué no sos vos el que los usa. Al fin y al cabo, nosotros somos mayoría", por más que se estrujó el cerebro, no le vino a la mente ninguna frase famosa para aliviar su derrota intelectual ("la mayoría" es un problema teológico y metafísico), ya que, con respecto a los auriculares, "como sos capaz de todo", "de vos se puede esperar cualquier cosa", siguió triunfando.

En ese momento la música atravesó las paredes. Probablemente su hijo, que estudiaba cuando estudiaba o simulaba estudiar, lo hacía con los auriculares puestos, se habría movido y arrastrado consigo el cable habría desenchufado el estéreo. El sonido penetró en sus oídos y contrajo a Ernesto como un ovillo. Este dio por finalizados sus diez o quince minutos de descanso. Sin considerarlo un *gag* norteamericano de la vida feliz, para no salir y romperle la cabeza al culpable por haber violado la ley del silencio, después de algunos insultos apropiados, prefirió empezar de una vez por todas la batalla de los tamaños que, sin que lo supiera, estaba escrito, se iría convirtiendo en una epopeya.

5. MEDITACIONES

"Hum, veamos; en Argentina, país subdesarrollado, cada vez más, en el que ni papel higiénico hay, y que para no herir susceptibilidades, con la dulce hipocresía mágica de cambiar el nombre sin que la cosa cambie, ahora se llama país en vías de desarrollo, país que recuerdo con mucho cariño y en el que mi padre (cumpliendo con las estadísticas, los hombres se mueren antes), descansa en paz, probablemente, salvo mi madre, mi hermanita y uno o dos amigos, no me recuerde nadie, fue donde empezó esta ambigua etapa de colaboración con mi mujer. Hum, ¿o fue con mi mamá? Bah, para el caso es lo mismo. Allí, en el mercadito, mientras me enteraba del problema de los callos de doña María, sin traumas ni grandes preguntas que horadarán al ser, se podían comprar tres clases de huevos: chicos, medianos y grandes. Así era la vida, simple y sencilla, en el Paraíso Perdido. Sí, simple y sencilla y mucho más humana; como testimonio, baste señalar los pedacitos de sorete y plumas adheridos a los huevos, así como manchas de sangre de alguna gallinita virgen o no, pero que es señal de martirologio por nosotros pecadores, amén. Aquí no, aquí, como socio del *Royal Bank*, en el *The Real Paradise*, por otro nombre llamado Sueño Americano, una especie de delirio o pesadilla que se va haciendo realidad a medida que uno le va poniendo nombres y en nombres queda, en esta especie de Utopía hecha carne como la tipa esa de muslos formidables y la que para extasiarse quería que le pusiera precios... No, así no va. En Norteamérica, excluyendo México, otro país subde... en vías de desarrollo, desde la frontera de Río Grande, bello y pintoresco paisaje con cactus, muy alabado y poetizado por Neruda que alabó y poetizó todos los países con clientes potenciales, hasta el Polo Norte, frío y pintoresco paisaje con osos polares por donde el Gran Poeta no pasó, de acuerdo a mi información acumulada... Es admirable cómo todo lo que uno aprendió, sabe y conoce, por más inútil que hubiera parecido en su momento, como el latín que me mandaba a estudiar mi papá y del que me olvidé totalmente, o los motores diesel de los

que nunca supe nada, un día adquiere pleno sentido... hace clic
o plop... no me acuerdo dónde, si en la revista *Time* o *National
Geographic*... A ver ¿cómo era?... fácil... tantos huevos vendidos y
comidos por habitante, en Canadá, Japón, Estados Unidos, cifras que confirmarían la existencia de este Paraíso Real, vivimos
mejor que en Etiopía... sí, Real... incluyendo España... ¿Dónde
lo vi? Una foto en el diario *El País*, del Rey y la Reina, tomados
de la mano, visitando un gallinero modelo de la Comunidad Eu-
ropea... tierno y conmovedor... porque ese modelo majestuoso y
supremo de amor... Basta, basta, no divaguemos y volvamos a
lo esencial. De acuerdo a la información acumulada en mi *data
system*, por las pruebas y experiencias directas acumuladas en mi
Supermercado, la Catedral de la mercadería, específicamente el
altar de los huevos, como prueba irrefutable de las posibilidades
de elección y de alternativas en esta sociedad, aquí, limpios e im-
pecables, se venden siete tamaños de huevos: Super–Extra–Chicos, Extra–Chicos, Chicos, Medianos, Grandes, Extra–Grandes
(los que compré hoy, sin mucho éxito), y Super–Extra–Grandes.
Según me dicta mi *data system*, los Super–Extra–Chicos, como
miniaturas persas, y los Super–Extra–Grandes, como fenómeno
de gigantismo norteamericano, están destinados a coleccionistas
y es imposible conseguirlos en el mercado. Hay que anotarse en
una lista, a la espera de que alguna gallinita hacendosa los para,
con facilidad el uno y con gran dolor el otro. Ay, cómo debe sufrir la pobrecita, igual que yo cuando doy a luz una idea. No por
nada mi mujer llama a este lugar 'Tu gallinero'. Hum, hum, me
asombra que en un mundo tan rico haya tan pocas divisiones;
los griegos, que fueron los primeros en todo como los chinos, ya
hablaban del infinito, pero, ¿cuándo se aplicó la filosofía a la vida?
Bien, hasta aquí todo claro, ¿y ahora?"

Recordó la botella de cerveza, *glu–glu–glu*, algunas gotas de
aceite para su cerebro atascado. Y mientras buscaba en su mente
el camino para el próximo paso, el sol, como si no hubiera existi-
do nunca o solo una vez, terminó por ocultarse. Como la ola de
un maremoto negro, la oscuridad penetró por la ventana y una
onda de frío se expandió por la pieza invadiendo los rincones y
a Ernesto, que se estremeció. Ya se conocía: en vez de manotear

la manta en el suelo, taparse, acurrucarse, encogerse para resistir mejor el ataque de las brujas, *glu–glu*, dos tragos, y, crujiendo el catre, crujiendo sus huesos, se sentó y encendió la lámpara. Así se quedó un rato, mirando los libros desparramados por el suelo que le gritaban leéme leéme, libros de lecturas perpetuas, gatillos de la mente, estimulantes para el alma. Apartó la vista de *La metamorfosis* con una cucaracha en la tapa y la fijó en el *Don Quijote* para darse ánimos con la locura aunque fuera. *La cuna de nuestra civilización: Grecia antigua* lo asustaron; antes de que el peso de una cultura de más de dos mil años, ya con un pie en otro milenio, con un mazazo, cuna incluida, lo volviera a derrumbar en el catre, entró en acción. Se puso de pie y empezó a dar vueltas.

Según sostiene Ernesto, a los hombres y mujeres de hoy, para salir, entrar, hacer y comprar lo que quieren, realizarse y triunfar, lo que más los obstaculiza son las madres, los padres, los hijos, los amigos, las amigas, parientes en general, y, últimamente, hasta los perros y los gatos, ya que según escuchó "A los animalitos hay que cuidarlos y no se los puede dejar solos cuando uno quiere, como a los seres humanos".

Ernesto creía no tener estos obstáculos ni dilemas; no tenía animales y aceptaba a sus hijos como sus animales regalones favoritos. Hasta a su mujer. Sus obstáculos eran otros: intelectuales, metafísicos, afanes humanos vagos y difusos. Y obstáculos físicos. En este caso, concretamente, la caída del techo que lo limitaba en sus paseos y le impedía ir más allá. Por fin la recordó. Se puso de rodillas y gateando, a falta de la famosa, la mejor del mundo, *Enciclopedia Británica*, tan cara a algunos intelectuales, le resultaría buena la siempre *Nueva Enciclopedia Larousse*. Salió arrastrando el tomo 5, del Fre al Inf, con Hue de huevos entre medio.

"El hombre es el único perro que se quema dos veces", recordó, y como ya se había golpeado diez o veinte veces, logró eludir el techo al ponerse de pie. Se sentó al borde del catre, tap–tap a la almohada y… se quedó en esa posición.

Con el tomo sobre la rodilla, suspiró invadido por esos males indefinidos, nebulosos. Una culpa difusa, profunda, vital, que solía caer sobre él sin que la llamara y esperara. La posibilidad de que tal vez algunos millones de seres de Occidente y del Japón padecieran lo mismo, no lo consolaba. Apesadumbrado, rumiaba en su cabeza: "Mala señal, mala señal. Me estoy deprimiendo y alterando. El buen Dios no me ayuda". Otro suspiro. Con vagas esperanzas, "si de esperanzas se trata, soy un ser formado de puras esperanzas, prácticamente ya no existo como ente real", eternas, circulares, de que algún día, además de convertirse en un "Gran Escritor" gracias a sus mensajes de aliento a la humanidad desalentada y de paso, ser útil para adornar cócteles, minicortes de embajadas, cortes europeas decadentes, en resumen, de ser un perrito gracioso entre las patas de los poderosos, con sus patitas levantadas esperando que le tiren un huesito, además de todo eso, a pesar de todos sus intentos fracasados, un día, de una manera u otra, revolucionaría el mundo. Más suspiros. "Basta de suspiros. Aunque tenga sed de amor, no estoy enamorado. Solo estoy un poco loco como un pobre Don Quijote del espíritu cuya pretensión vana es querer curarse".

Como muestra de una firme determinación, levantó los pies, giró, y estirando las piernas, se recostó contra la almohada. Puso el *Larousse* sobre la barriga como los canadienses la botella de cerveza, lo abrió y miró.

No cabe duda de que los mercachifles de la cultura, en este caso la enciclopedia, no tienen la misma sensibilidad ni piensan en cada uno de los integrantes de la humanidad como lo hacen los propietarios del Supermercado. Allí, los precios tienen un tamaño tan grande que hasta los ciegos pueden leerlos. Para las páginas del *Larousse* se necesitaba una lupa.

El suspiro, inconsciente esta vez, de Ernesto que miraba una mancha gigante borrosa, dio motivo a una reflexión: "Largo es el camino del arte y la vida es breve. ¿Qué corno pasa que no veo?".

Su mujer le solía decir: "Si llevaras los anteojos puestos como corresponde, no verías al mundo confuso y turbio como lo ves". Frase que Ernesto, argumentando que en la Antigüedad la propiedad intelectual no existía, anotó para poner en la cajita de "Frases célebres", en la A de anteojos. Ahora solo le faltaba crear un personaje a quien aplicarle la observación. Ni remotamente se le ocurrió pensar que ya estaba creado.

Como respuesta a la pregunta ¿dónde habré metido los anteojos?, pensó con cariño en su mujer, en la armonía matrimonial, la comprensión, la adivinación instantánea de los deseos del otro que generan los años de convivencia, incluyendo las estupideces y las taras. Recordó la frase que su mujer solía emitir cada vez que lo veía dando vueltas como todo sonámbulo que se había levantado de la cama sin saber para qué: "Los tenés sobre la mesa de luz de tu gallinero". Como se pasaba parte de su vida en el catre como un Drácula que succiona la savia del espíritu ajeno, estiró la mano y efectivamente, allí estaban. Se los puso y abrió la Enciclopedia. "*Fiat lux!* Aleluya. Lo abrí justo en la hache, buena señal. Es asombroso lo poco que necesito, digo, que necesita el ser humano para sentirse bien. Esta debe ser una de las pequeñas cositas de la vida de las que hablan que alegran".

Y como para ventilar su cerebro, siguió los consejos sabios que dan las agencias de viajes, de los psicólogos y expertos cuando no saben qué hacer ni qué decir para solucionar los graves problemas que nos acucian en la vida posmoderna, la muerte de un ser querido, los cuernos que una esposa le mete al marido y viceversa, los problemas de estacionamiento, separaciones, divorcios, cosas muy complicadas que se resumen y se explican fácilmente con la palabra "estrés", siguiendo esos consejos, como si los muertos no se llevaran adentro y los cuernos en la frente. Viajar para relajarse y llenarse la cabeza con el barullo del mundo. Ernesto, esta vez a bajo costo, para ventilar su cerebro mirando las ilustraciones, dio una vuelta por Honduras y Honolulu, antes de llegar por fin a la palabra buscada.

Allí, en la definición del objeto, se enteró de que el "huevo", una cosa aparentemente tan masculina y del mismo género, era en realidad un gameto femenino. "Normal y natural —rechinó los dientes—, con las últimas investigaciones y con las luchas feministas, era de esperar".

Definido el objeto, amplió la información en la parte "Enciclopedia".

"Huevo", vulgarismo. (El uso de esta voz, en lugar de "testículos", se considera inconveniente.)

"Dale, seguí, ahora mentá la educación, el terror jesuítico y británico, no me dejés nada. Sin embargo, hum, aquí algo no anda.

(Se sacó los anteojos y entrecerrando los ojos, le echó una mirada a un pasado no muy lejano.) Recuerdo una de las reuniones en la residencia del embajador de la Argentina, a las que me solían invitar. Sí, recuerdo esas reuniones, donde inútilmente me sentaba de culito y levantaba las patitas para que me tiraran un huesito, pero nunca había presupuesto para el caso. Recuerdo, particularmente la última, en que frente al Honorable Embajador, su esposa no menos honorable y el mariquita encargado de las cosas culturosas revoloteando alrededor como mosca de letrina, ya casi al final de la reunión, yo había apoyado mis patitas sobre el borde de la mesa de banquetes, y con la lengua afuera, la saliva chorreando, observé las sobras, dos o tres pavos al horno sin tocar, otros tantos pollos, jamones, y ya viéndome rajar por la puerta trasera de la cocina con un pavo debajo del brazo, le pregunté a la Honorable Embajadora por el destino de aquellos manjares. Ella, con esa sonrisa graciosa y la dulzura que caracterizan a los grandes que tienen tiempo para cultivarlas, me explicó que en Argentina tal vez se los hubiera dado a los pobres de una parroquia antes de que se echaran a perder, pero que en Canadá ella había descubierto la técnica de congelamiento por lo tanto los congelaría para su "uso personal". Yo, admirado, la congratulé por su ingenio y su iniciativa. 'Hace bien Honorable Señora, porque en Argentina los muertos de hambre no sabrían apreciar cosas tan refinadas y podría crearles complejos psicológicos. Con la técnica que usted me dice, hasta los podrá resucitar y hacer volar cuando se descubran las técnicas para resucitar y curar a Walt Disney.' La Señora, coherente con su rango, siempre sonriendo con gracia, dulzura y bondad, halagada, lanzó un suspiro de satisfacción. Pero el mariquita culturoso revoloteó sus alas indignado y exclamó 'Ay, qué horror. Qué mal gusto. Qué ordinario', a lo que yo, ya cansado, con ese cansancio que me suele invadir de golpe y es mi enemigo mortal, le corté las alas con: 'Paloma, no revoloteés más, no me rompas los testículos'. Desde aquella vez se cortaron las relaciones diplomáticas y no me invitaron más. Debe ser porque no leyeron el *Larousse*. ¡Ignorantes!"

Ernesto se iba poner los anteojos y los detuvo a mitad de camino: "Es notable. Hay que reconocer que para hacerme enemigos, soy un campeón, el número uno de Ottawa. A pesar de esto, nadie se acerca para felicitarme. Bah, como ocurre siempre, me llorarán cuando sea tarde, después de muerto." Y reinició el camino de los anteojos.

"Huevos de fraile", en México.

"Y no 'bolas' como en Argentina. En fin, tratándose de seres santos da lo mismo".

"Huevos de Osiris" con veinticuatro pirámides adentro y, "Huevo Cósmico" de los brahmanes con siete pisos arriba y siete abajo.

"Madre mía. Esos sí que eran huevos".

"Huevo eléctrico"... y un dibujo con un esquema del huevo. La lectura de dos columnas sobre los procesos germinativos, o enterarse de que el famoso huevo de Colón también se llamaba el de Fuanelo, no le dieron una pálida idea, aunque fuera una sombra ovalada, del problema de los tamaños.

Todo seguía igual.

Suspiró. "Uf, Borges haría algo con toda esta menesunda. Yo... nada".

Recordó que Borges estaba muerto hacía rato y que lo más probable era que el último gusanito ya había pasado por su boquita la servilleta, y frotándose las manos, estaría esperando que bajara el próximo visitante que podría ser él mismo. Lo recorrió un escalofrío y se sintió mal.

Rápidamente, dejó el tomo en el suelo, los anteojos en la mesa de luz, y, *glu–glu–glú*, con un esfuerzo "especial", sus razonamientos de esa noche continuaron más o menos así:

"¿Cómo? ¿Cómo es que no me planteé mucho antes esta pregunta, que bien podría ser filosófica con un contenido revolucionario? Es una vergüenza para un pensador y un intelectual como yo. De todas formas, debo felicitarme, he vencido lo obvio, lo cotidiano y lo que se daba por natural. En otras palabras, en este mundo de sonámbulos, he cuestionado y estoy cuestionando, ergo, soy un auténtico creador. Hum, veamos, estoy seguro de que este problema de los tamaños y su determinación no se debe al azar ni a una simple convención. Estoy seguro de que se debe a sesudas investigaciones en las que intervinieron científicos expertos de varias universidades con metodologías diseñadas para el caso, con estadísticas sobre los tamaños de aberturas de las gallinas medidas con herramientas sofisticadas, coordinadas, vectores, tangentes, senos y cosenos. ¡Cómo pasa el tiempo! Antes, cuando tenía la dentadura completa, la palabra "senos", aunque fueran geométricos, era capaz de perturbarme, de desviarme por la tangente, haciendo perder el hilo de mis pensamientos. Ahora no. Por último, estoy seguro de que el problema ha sido resuelto científica y definitivamente antes de que yo llegara al mundo, ergo, llegué tarde. Tanto, que debe ser tan natural como la Coca–Cola que algunos creen que ya tomaban los griegos y no debe quedar mucho espacio para el cuestionamiento; quizá todo sea un asunto de información que cuando la obtenga, será un bonito y vistoso chaleco de fuerza. Pero, ¿no se reían de Colón cuando afirmaba que el mundo era redondo? Y, paf, se descolgó con el huevo. ¿O no era así? Bah, si otros escriben la historia como se les da la gana, no sé por qué no puedo hacerlo yo. Esto es autonomía e independencia. En resumen, no me faltan inquietudes ni impulsos interiores —que algunos llaman obsesiones—, y si bien mi inteligencia es... seamos modestos... superior a la normal promedio, no soy un Leonardo para descubrir todo de nuevo. Hum, ¿cómo dar el primer paso? Creo que por ahí, más arriba, saltó la palabrita información. Exacto. Como en mi *data system* hay menos información de la que pensaba, y como soy un hombre abierto a las sugerencias, necesito información y estoy dispuesto a acumular más. Sí, la información es esencial y vital para el hombre, tanto, que ya ni siquiera parece hombre sino un pozo de información (por no decir negro de...), un *data system* sofisticado. Aquí van a saltar los humanistas y a decir que trato mal al ser humano y a la humanidad, cosas estas un poco abstractas y que salvo en los discursos de los políticos, los reyes o el Papa, prácticamente no existen. Bien, información. Para saber dónde buscar información, también necesito información, es decir, información sobre la información. Algún *abstract*, si esta no es una mala palabra, sobre los huevos. No creo que la biblioteca municipal, nacional o de la universidad sean lugares adecuados con libros subrayados, señales, orgasmitos de los que descubrieron "la papita" del espíritu. Hum, como el huevo se consigue en el mercado, debe ser un asunto público. Debe haber organismos pertinentes que se ocupan de los angustiantes problemas a los que nos somete la vida moderna. No creo que para el primer paso haya un libro más actualizado, dinámico y vivo que la guía telefónica. Y como es tarde y en este momento los justos están tomando su cervecita frente al televisor, la voy a consultar mañana. Oh, hermoso y maravilloso país, cuánto lo admiro, el tercero en extensión en el mundo, con tantas y tantas alternativas vaya uno donde vaya. Si bien todo es diferente y de otro color, nada queda al azar y es exactamente lo mismo".

Glu–glu–sluc–sluc, la botella como mamadera, se mandó el resto de la cerveza. La dejó al lado de la cama, puso las manos debajo de la nuca y lanzó un gran suspiro de satisfacción. Cerró los ojos complacido por los brillantes momentos creativos que había pasado con sus razonamientos, se felicitó y volvió a felicitarse. Lamentó un poco no tener a nadie a mano para contarle sus aventuras espirituales y recibir más felicitaciones. Vagamente pensó en su mujer, en compartirlo con ella, pero ya sabía a dónde lo mandaría. Y el mayor peligro: que tuviera razón.

¿Se puede vivir sabiendo? se había preguntado más de una vez. Y lo que sabía, ocurrió: como en una pila vieja la energía, la satisfacción del ego se esfumó muy pronto y llegó lo que temía, el vacío que hay que llenar. Se enfrentó con los dos parlantes que lo observaban.

Cerraba sus ojos y los abría. Los ojos de la radio, como los de un extraterrestre, lo seguían mirando. Se acercó a la estantería, hurgó entre las cintas, viejas canciones de juglares, tangos, Vivaldi y Bach, canciones gregorianas, campanas tibetanas puestas de moda por el *New Age,* la lluvia serena aconsejada por los psiquiatras, o alguna específica para el caso, escuchaba para relajarse. Por fin encontró la que le interesaba: el *best–seller* de allá por el año 999, *Deus, Deus Meus.* Metió el casete, apretó botones e ignorando la ley que había impuesto, puso el volumen al máximo y volvió al catre.

Salieron las voces del coro que llenaron la habitación, atravesaron las paredes y se expandieron; con los ojos cerrados, acunado, elevado, flotó entre las columnas que sostenían el cielo, la cúpula celeste, entre los planetas, más arriba las estrellas y más arriba aún, las galaxias, el infinito, y por fin se encontró en la Iglesia de Nuestro Señor. Y el buen Dios esta vez lo bendijo con amor; sin necesidad de una flecha que le dijera dónde estaba o adónde debía dirigir sus pasos para ser bueno y útil, sin necesidad de cocaína ni marihuana ni alcohol que ya tenía adentro, flotó, voló, sin límites, sin temor. Pulsaba con el universo sin comprar nada ni meterse en la cama con ninguna mujer.

Toc–toc–toc, golpes en la puerta. Lo llamaban para cenar.

6. LA CENA FAMILIAR O
EL DISCURSO PEDAGÓGICO

Con un estremecimiento, dolor en el alma y el cuerpo, como si hubiera caído desde las alturas, Ernesto se despertó. Preguntándose ¿qué pasó? ¿dónde estoy? ¿qué hora es?, crujiendo sus huesos, comenzó a juntar sus partes.

Solía decir que mientras ciertos rituales tradicionales se cumplan, todo está bien en el mejor de los mundos. En este caso la cena, que reúne a la familia desperdigada durante el día por las actividades intensas de cada uno, en la que como si tuvieran el Manual de la felicidad en la mano, sus hijos y su mujer eludían los fracasos, las amarguras y las tristezas y solo hablaban de triunfos, de cosas optimistas, positivas y constructivas. Escuchando esas charlas llenas de consignas, si no fuera porque allá afuera millones cacareaban sobre la libertad y la democracia, Ernesto —que tantas veces se preguntaba ¿dónde estoy? —habría jurado que vivía en una sociedad fascista o comunista. Buscando contrarrestar esas consignas que consideraba nefastas, a cada rato interrumpía democráticamente la charla con alguna observación pesimista, negativa y destructiva. En la mayoría de los casos remataba la cena o la sobremesa con su famoso discurso pedagógico, un poco enérgico por el carácter temperamental de quien lo daba, "para que no se engañaran en este baile de sonámbulos tan hermoso y que se parece la vida". No sabiendo que ya estaba derrotado de antemano, no conseguía otra cosa que pasar por un vulgar aguafiestas.

Cuando no estaba ausente por su trabajo por la noche en la Universidad, las más de las veces aparecía por la puerta de la cocina con la cara retorcida de un hombre que no sabe vivir y no deja vivir a los demás. A los integrantes de "la cosa especial para mí" —así definió la televisión a la familia— les bastaba una ojeada a su cara para saber cómo se tenían que comportar. Si veían alguna sonrisa etérea que, desprendida de la cara de alguno de los zombis con los que Ernesto se había cruzado en la calle ese día, se le habría pegado a la suya, muy pronto se les aclaraba cualquier duda. En un mundo redondo, en una mesa redonda, le bastaba ver la botella de Coca–Cola redonda o enterarse de que había hamburguesas redondas, para que vieran esfumarse la sonrisa y escucharan un crujido de dientes o un bufido.

Pero oh, y oh, sorpresa, una agradable sorpresa. Esa noche, después de haberse lavado la cara, mirado en el espejo, contento de tener un objetivo en su vida —al que por ahora llamó "El misterio de los huevos, título provisorio"—, un incentivo y una motivación interna y externa, una razón para vivir, ante la "cosa especial" —que también acostumbraba llamar "fenómeno o grupo extraterrestre"—, el Padre y Marido apareció metamorfoseado, con una sonrisa de simpatía, alegre como una aparición luminosa en una cueva con un halo de santidad. Henchido de actitud positiva, constructiva, optimista, batió palmas y anunció la buena nueva: "Los pajaritos cantan y mañana el sol se levanta. Me siento feliz como un infradotado." Batiendo más palmas, dijo: "Querida, estas hamburguesas populares pero tradicionales, *home made* por ser hechas con tus propias manos hacendosas, snif snif, huelen a gloria; con la ayuda del vinito bajaré con facilidad por lo menos una", y para cumplir con su promesa, se precipitó sobre la botella. Acostumbrada más bien a un gendarme borrachín que ladra, pero que después de todo no muerde tanto, la "cosa especial" se quedó paralizada como frente a un marciano. El cambio era demasiado sustancial y brusco para ser creíble y aparecía como una amenaza mayor. Sin embargo, a pesar de la sorpresa que los dejó helados, su mujer, con el suave y dulce tacto que mostraba delante de los chicos y reservando la palabra "estúpido" o similares para la intimidad, aclaró: "Tontito. No son hamburguesas. Son milanesas". "Pucha, iba a decirlo. Pero como las vi redondas". "Porque son de peceto", le explicó como si fuera un niño. "Es que, entendéme, con el aliento de entusiasmo por la vida que traía, dispuesto a aceptar cualquier porquer... cosa para no perturbar el orden, me confundí. Definitivamente lo reconozco, tenés razón, definitivamente, soy malo para los olores y si usara anteojos…" Se calló, terminó de servir el vino, y, "Salud, a les anfán de la patrí", se lo bajó de un golpe para, acto seguido, precipitarse sobre las milanesas.

Cena silenciosa. Ernesto observaba la cara de sus hijos a los que consideraba hundidos en el abismo exclusivo que el mercado había creado para los jóvenes; y ellos de reojo, esperando que saltara la liebre, la de él. En aras de la convivencia armoniosa, "Querida, estas milanesas están riquísimas, nunca jamás te salieron tan buenas. Son mejores que las de mi mamá", alababa a cada rato para darle al ama de casa lo que era de ella. Las alabó tanto que corrieron el peligro de secarse. Sin embargo, comió un montón y tomó vino otro tanto.

Después de todo, los milagros imposibles son posibles. Para eso son milagros. De tanto desear un padre comprensivo, tolerante, amigo, un padre modelo según la descripción de los manuales, de las teorías modernas de la educación, la sociedad y los consejeros escolares que, diciendo *es por la edad, es natural, les pasa a todos, está estudiado*, les dejara hacer lo que les diera la gana y encima los exaltara y les felicitara. Un padre así era posible, y quién sabe, por ahí estaba allí presente.

Así, en una atmósfera agradable de sobremesa, "orientado en el sentido de la clientela", preguntando poco, escuchando mucho, felicitándolos sin parar, se informó sobre la marcha de los estudios de sus hijos y de las últimas novedades que se producían en el pasillo del colegio, en los que los alumnos de los cursos más avanzados, además de la marihuana, el polvo de ángel, las anfetaminas y los esteroides, habían "introducido" una novedad, la cocaína, al módico precio de 80 dólares el gramo. Ernesto: "Bien, un verdadero salto hacia adelante, una ampliación del mercado". Y si esto fuera poco, se anunció y se esperaba, ya estaba en venta en la plaza de los Estados Unidos, el "crack", una especie de cocaína, nueva y mejorada, mucho mucho más barata. "Eso es progreso, la confirmación de la eficacia de la economía del mercado. Bien, más barato, mayor consumo, mayor consumo, más barato; al final lo recibiremos gratis como el queso", comentó Ernesto batiendo palmas con tal entusiasmo que se produjo otro silencio. El suspiro de su hija le partió el alma; ella estaba en el último año de la secundaria, a punto de dar el salto a la plaza mayor, desierta, de la vida. Ernesto dijo: "Adelante, te escucho, no tengas miedo, hoy me siento bueno e indulgente, es decir, moderno y actual". Su hija, 18, le preguntó si con su propia plata podría comprar y probar la marihuana. Ernesto tomó unos tragos de vino. Ya en el canal de la pedagogía moderna, alentar en vez de reprimir, farfulló: "Bien, no hay inconveniente. Eso sí, pongámosle un nombre: experiencia y acto creativo". Y le pidió, por favor, que no dejara de informarle sobre las vivencias que tuviera, ya que él después de todo era, si no real, por lo menos la cabeza honoraria de la "cosa especial extraterrestre" y farfulló algo incomprensible sobre una mesa redonda. Su hijo, 16 —una ambigua mayoría de edad muy norteamericana, por extensión canadiense, muy útil para las tácticas, "solo tengo 16" o "ya tengo 16"—, una especie de fenómeno parlante que manejaba mucho más sutilmente que su hija las frases descolgadas para utilizarlas en el momento oportuno: explicar y justificar con ellas los actos con que se destrozaba la vida. No menos lograba con su afán de ser el *popular boy* del colegio. Es verdad que para eso no había que estudiar ni tener buenas notas y menos ser un alumno modelo. Bastaba con sonreír, estirón de los labios que no costaba dinero, y mantenerse así bajo la mirada de los otros que le pedían más popularidad, cosa que lo dejaba siempre bien parado. Era otra forma de destrozarse y anularse como ser humano. Alguien que quiera ser amado, querido y alabado, nunca jamás podía contradecir a nadie ni manifestar su propia personalidad. Un vaguísimo ideal de justicia flotaba delante de sus narices y no pocas veces hablaba de ser policía, una profesión heroica muy apreciada y popular en la comunidad canadiense. Nunca sabía claramente cómo, pero no dudaba que siéndolo podría usar revólver legalmente. Elocuente en general, vaciló delante del cabeza cargada de vino que tanto sonreía bondadosamente, con una sonrisa de Arlequín, que hasta parecía amenazante.

Esa noche Ernesto le había preguntado: "Decime, ese aro que tenés puesto en la oreja, ¿es algún acto de creación, un cambio radical en tu vida, una revolución como las que vemos en las pastas dentífricas?" Y él le respondió: "Me extraña papá que no sepas que es una manifestación cultural. Todo es cultura papá", rematando la información sobre la cultura con una frase que creería muy actual: "Es que hay una diferencia generacional entre nosotros, papá". Creyendo que el terreno estaba preparado y que su padre habría asimilado la lección, carraspeó, alzó los hombros, se estiró, y, como un hombre del futuro o un político sensible, con la seguridad del tonto entrenado para hablar buena y libremente porque lo siente así, dijo: "Papá, no quiero que esto termine con las amenazas de patadas. No exagerés como hacés siempre. Vos sabés que un chico es muy sensible y necesita atención como todo el mundo. No me lastimés la autoestima. Solo tengo 16 años. Por favor, dejáme terminar y no me interrumpas. Escuchame bien, pero bien. Resulta que un compañero del colegio, un amigo que me tiene confianza, un muchacho muy emprendedor que ya se gana la vida no con drogas sino con alcohol fraccionado y a veces, no siempre —depende de sus necesidades— te arregla asuntos con las compañeras, me ofreció a precio rebajado, una verdadera oportunidad, uno de esos cuchillos a resorte que están prohibidos por la policía. Vos sabés que el alcohol a mí no me interesa, en esta casa sobra (señaló la botella) y quién sabe si no me va a influir en el futuro y yo también voy a ser alcohólico; tampoco me interesan las chicas ya que soy el más popular y no sé qué hacer con ellas. Lo que sí, no quiero perder esta posibilidad. Sé que me vas a decir que es peligroso, pero ya lo pensé, nunca lo voy a sacar de mi pieza. Ya tengo 16 y sé lo que hago. El precio de venta es de 45 dólares y me lo deja por la increíble oferta de 15 dólares. Vos tenés sensibilidad comercial, no me vas a decir que no es un *great deal*. Yo sé que no sos Rockefeller y que… yo te quiero igual… pero no me digas que no tenés 15 miserables…15… te corto el pasto… yo…". …Y dado que venía estudiando el estiramiento de la cara de su padre, temiendo que no diera para más, se calló para no meter la pata, cuando ya la había metido del todo.

Durante la pequeña exposición, Ernesto se preguntó más de una vez quién daba allí los discursos pedagógicos. Por un rato, siguió siendo el padre modelo que sus hijos querían. Empezó por felicitar al compañero del colegio por su capacidad para valerse por sí mismo, por su incitativa, la de un verdadero empresario, "los mártires de hoy", recalcó. Pensando en que era tarde, la hora de dormir, continuó hablando suavemente, apenas se escuchaba el rechinar de sus dientes; le aclaró que no, que no le daría patadas, que no se preocupara, pero que tampoco le iba a dar los quince dólares, y que si de cualquier manera, con el dinero que su madre le daba, compraba el cuchillo, o si se metía en líos, le iba a partir la cabeza con un palo. El discurso se alargó un poco con algunas menciones sobre los antepasados, diversos temas y acciones físicas. Sus hijos, sin necesidad de decirles nada, tal vez dudando de los milagros y las metamorfosis, se esfumaron hacia sus dormitorios.

Una vez más, Ernesto y su mujer se quedaron solos, cada vez más solos. El vino que su esposa también tomaba, por más que fuera blanco, más puro, no ayudaba para tender un puente. Ella aprobó la actitud de negarle el dinero para "eso" tan peligroso, pero cuestionó seriamente sus métodos. Para que las chispas del alambrado de púa que marcaban los límites, electrificados no entraran en cortocircuito, Ernesto optó por taponar su boca con tragos de vino, pero tinto. Así, en silencio, se enteró de que hubiera podido usar otras palabras en vez insultar a la madre que era ella (Ernesto estaba segurísimo que se trataba de la madre del empresarito, pero siguió callado como el mono de la sabiduría), y usar otras palabras y no exagerar, ponerse violento y golpear la mesa. Su pobre hijo salió aterrado. ¿Que qué era eso de que ni sus propios preservativos podía comprar? Que por si no se había enterado, ya estaban en el siglo XX y no era la única madre que se los compraba a sus hijos en el Supermercado, especialmente si había ofertas. Que con todas las enfermedades incurables, la hepatitis B, la nueva sífilis y el herpes. Pero creía que se olvidaba de otra enfermedad... (mientras su esposa trataba de recordar la peste olvidada, Ernesto se preguntaba si contarle o no —a quién traicionaría, ya que no se acordaba quién se lo contó a él, si su hija o su hijo en un intento humano de purificación de sus pecados—, a su cara mitad, que en el colegio su adorado hijo, lo mismo que los sandwiches que ella le preparaba para que no se muriera de hambre, vendía los preservativos a mitad de precio. Optó por ser coherente con la actitud que había tomado y siguió callado)... ah, sí, el espantoso sida. Hoy por hoy, cómo andaba el mundo, no era sensato reprimir. Él era el único que trataba al pobre chico así; por todos lados recibía estímulos y tratándolo como lo trataba le podía lastimar seriamente la autoestima. Por eso, como ya se lo había dicho, le aconsejaba que fuera a ver a un...

Ya sea por su cara totalmente desencajada, o porque se puso de pie, lo cierto fue que el segundo discurso pedagógico de la noche se cortó.

Pero el silencio no trajo alivio. Con la seguridad de que los gritos y los rugidos de la horda primitiva ahora se llamaban mayoría o popular; con la seguridad de que Mister Sano Sentido Común, o Mister Gallup o Mister Popular, o Mister Consejero Escolar, o Madam Madre (menos Mister Padre) modernas, tiernas y comprensivas voces del espíritu del tiempo, se habían sentado a la mesa sin haber sido invitados; con la seguridad de que la gente ya no habla, sino que los manuales, los milagros económicos, las encuestas, las últimas investigaciones, el Mercado Común Europeo, el milagro alemán y el japonés, los Supermercados con alegres globitos de colores y los Bancos con días especiales, los días de la madre, el padre o la tía, con los empleados que para entretener a los clientes aburridos se disfrazan de duros mineros con cascos de obreros, o de graciosos habitantes de Honolulu con flores en la cabeza y un sarao sin mostrar los ombligos, hablaban por la boca de la gente; con la desesperación de todas las noches, sin haber encontrado su propia voz ese día y como siempre, subió la escalera y entró al dormitorio con nadie detrás. El inmenso territorio, el tercero en el mundo en extensión que había venido a conquistar, por esa noche se redujo a un metro por dos.

Entre la copa de los árboles, ya hacía rato que las brujas revoloteaban afuera. Extrañando el sol cuando ya no podía estar en el cielo, a la espera de una nueva aurora, se acostó bajo la luz de la luna buscando el sueño de los justos, el reposo que le devolviera la salud, los años o el sueño perdidos para siempre; quizás algo más, la magia y la fascinación del pozo oscuro como pez, hundirse, el reposo eterno, cerró los ojos. Tal vez con su cabeza llena de vino, sin que el *best-seller* del año 999 lo ayudara a elevarse, le habrá pedido a Dios que si no lo hacía flotar en el infinito, por lo menos no lo castigara con alguna pesadilla, ya que vivir lo era bastante.

Afuera, atravesando la luna, *svish*, una bruja; su sombra que lo rozaba y lo hacía estremecer.

Por esa noche Dios se apiadó de él.

7. UN DÍA EN LA VIDA
DE ERNESTOV ERNESTOVICH EN UTOPÍA

La luz por la ventana; Ernesto abrió los ojos, parpadeó, miró alrededor: los colores vivos del dormitorio, que habían sido elegidos con el criterio de alegrarle la vida, no se la alegraron. Lentamente, a medida que su angustia crecía, como cada mañana en que parecía que accidental o temporalmente se encontraba en un mundo extraño, se iba familiarizando con el lugar y el día que lo esperaba. Vagamente, entre las nubes de alcohol, recordaba su tarea de escritor en su trinchera de la Torre de Cartón que amenazaba con aplastarlo. Sin los integrantes de la "cosa especial", tomaba conciencia del silencio de la casa y de la amenaza de que lo devorara.

Prendía un cigarrillo, una pitada y se preguntaba: "Hum, ¿cuándo venceré esta horrible sensación de empezar cada día de nuevo, con un pasado que no me parece más que un sueño y del que no puedo salir?" Otra pitada, "Hum, en vez de tratar de nacer de nuevo cada día, sin que nada cambie y de reubicarme en el mundo desde la posición horizontal, ¿no sería mejor saltar de la cama, lanzar un kikirikí anunciado la nueva y feliz aurora y salir a correr para ventilar mi cráneo que amenaza con estallar por la presión?" Seguía pitando. "A ver, ¿dónde dejé mis personajes ayer? hum, ¿eran uno o dos?, ¿no sería mejor preguntar dónde estoy yo?" Terminaba un cigarrillo y prendía otro.

Muchas veces especulaba con otras vidas "alternativas" más reales que la de un intelectual. Tenía familia, era verdad, pero la veía muy pobretona al lado de las grandes familias como la Familia Pepsi, Coca-Cola, General Motor. Muchas veces se preguntaba, ¿no sería mejor pudrirme en un rincón que me podría brindar una de esas grandes familias o, disfrazado de gaucho argentino, corcoveara sobre un caballo de plástico para "divertir y entretener" a los clientes de cualquier Supermercado? En otras palabras, "darle un sentido y finalidad a mi vida intelectual. Si total, entre hacerse el payaso en un Supermercado o en las cortes o reuniones de diplomáticos o políticos, no hay gran diferencia".

Con el cigarrillo colgándole en la boca, se levantaba, metía los pies en las pantuflas, se ponía el uniforme de fajina, un *robe de chambre*, y comenzaba a vivir un capítulo más de su existencia, más precisamente el que su mujer había llamado "Yo no tengo idea de lo que hacés cuando yo estoy en el trabajo".

Ayudado por la gravedad, bajaba a la cocina. Esa mañana la balanza del amor no estaba a su favor: el mate con la yerba en la calabaza y la pava con el agua lista para ponerla sobre el fuego, no estaban preparados. Farfullando "No hay perdón ni olvido", llenó de agua la pava, encendió la hornalla y la puso encima. Mientras preparaba el mate, pensaba en esa yerba maravillosa que era su base; diurética, movedora de vientre, más poderosa que el café, y que por supuesto la Inquisición había prohibido por generar vagos que se reunían en tertulias para tomarlo y charlar, exactamente como lo había hecho él en la Argentina.

Ya con el mate preparado, seguía esperando. A veces, para ubicarse en el tiempo, miraba la hora. Esa mañana eran las ocho. Faltaba para que la vida de 9 a 17, "la única" según él, entrara a funcionar allá en el centro de la ciudad. A esa hora —salvo los hospitales, la policía, los bomberos y el centro de suicidas—, nada funcionaba. Incluso podía ocurrir que si estadísticamente a esa hora se suicidaban pocos, el cliente o consumidor interesado en suicidarse llamara por teléfono, en vez de un ser humano a sueldo, encontraría un contestador automático con un mensaje de aliento y el horario de atención de llamadas.

Cuando el agua estaba caliente, subía con el pequeño equipo a su trinchera como quien sube la ladera de una pirámide. Se sentaba al escritorio, cebaba, prendía un cigarrillo, chupaba el mate y pitaba el cigarrillo.

Nadie puede vivir sin unos instantes de tranquilidad y reconciliación con su vida. Mientras los últimos restos del vino que había tomado gracias a su entusiasmo por vivir se evaporaban, tal vez por el *shrrr shrr* del mate —acto oral que sin saberlo lo remontaba a ternuras olvidadas en el depósito de su inconsciente—, o por el mate mismo, cerraba su mente al mal vivir, cancelaba las urgencias (ese día, develar el misterio de los tamaños de los huevos), y la abría a los buenos viejos tiempos lamentablemente ya vividos, y al dulce no hacer nada cuando sentado al borde de La Pampa, todavía joven, solo o con amigos, contemplaba la infinitud del paisaje que tendría que recorrer y tomaba mate sin motivaciones claras ni fines específicos. Mientras el agua, siguiendo la ley de la gravedad recorría su interior hasta que se produjera el "llamado", fumaba dos o tres cigarrillos.

Si no hay mal que dure cien años, tampoco hay bien. Inexorablemente, el "llamado" llegaba; se ponía de pie, salía de su trinchera y se metía en el baño para cumplir con él. Su abuelo lo solía denominar "uno de los últimos y pocos momentos sublimes de mi vida." "Así lo denominaré yo si llego a los ochenta años".

En el baño, su actividad, además de corporal, era intensamente mental: inútilmente fantaseaba que se liberaba de todas las toxinas, venenos y los males con los que el mundo lo había intoxicado el día anterior, en los últimos meses y años.

Sea como fuere, aliviado ligeramente del peso o por la ética de trabajo, la misión cumplida, o por dejar atrás algo que arrastrado, gorgoteando por el agua, se "hundía y desaparecía en las profundidades llevándose simbólicamente mis males", volvía a sentarse al escritorio. Observaba un rato los lápices con las puntas bien afiladas que asomaban de un frasco de dulce de leche (adoraba los lápices, eran los únicos que le permitían la creación tirado boca arriba en el catre), prendía otro cigarrillo, se frotaba las manos, y si en la máquina no había alguna hoja a medio escribir con algún personaje indeciso y perdido, ponía una en blanco, cosa que era como recomenzar su vida o seguir viviendo en el vacío, colocaba los dedos sobre las teclas, miraba la hoja y... demasiadas veces, se quedaba mirándola.

Había días en que no surgía ningún problema. Como no tenía a una mujer con portaligas, medias, bombacha y corpiño negros y en tacos altos detrás de la espalda que le cebara mate y cada tanto le dijera "Sos un genio", "Sos único" (estaba convencido de que el amor, dejando de lado otras motivaciones e incentivos, es uno de los generadores imprescindibles del arte, "tanto, que me gasté la mitad de mi vida buscándolo en vez de escribir"), subía al carro de la creación tirado por una Musa, y si bien se distraía un poco observando de reojo el vaivén de sus ancas ampulosas, mediterráneas —señal de insatisfacción y necesidad de calor—, tal vez por haber fracasado demasiadas veces, reprimía la tentación de tirarse encima, esa o cualquier otra que la sustituyera, saltar sobre su lomo para galopar libremente, *clip, clap, clip clap*. Disciplinado trotaba en la huella, y, *tic toc tac, tic*, las ruedas del carro de la creación giraban sin tropiezos.

Otras las ruedas se metían en un bache y el carro se atascaba; por más que Ernesto sacara el látigo y lo hiciera restallar sobre la cabeza de la Musa, esta se sentaba desparramando sus nalgas y se empacaba como una mula. La inmovilidad de la tierna criatura era fatal; perturbaba la superficie serena de su alma y desde las profundidades, en vez de ideas, palabras hermosas y esperanzadas para alentar al mundo desalentado, surgían preguntas insistentes, siempre las mismas.

Ese día parecía ser uno de estos. Ya había una hoja en la máquina y estaba mirando el papel, sin comprender mucho lo escrito el día anterior; los dedos sobre las teclas, inmóviles, no recibían ningún impulso interior.

Profundo suspiro de desaliento. Retiró la mano, echó agua en el mate y prendió un cigarrillo. Sabía demasiado bien que era inútil insistir. Dejó que las preguntas que surgían de su alma, invadieran su cráneo. Quizás allí pudiera exorcizarlas. O por lo menos, de manera elevada y profundamente espiritual, juguetear con ellas.

Probablemente por el ambiente de su trinchera y a esa hora las preguntas sobre su tarea de escribir (en la cajita de "Frases célebres", en una ficha había apuntado: "Si un escritor se preguntara sinceramente para qué escribe, no escribiría una línea más"; y: "La literatura dejó de ser una cosa seria; prueba; la cantidad de mujeres que escriben".), eran las mismas: no tanto sobre la trompeteada libertad creativa del artista, sino, gracias a la riqueza y las oportunidades del mercado, la oferta y demanda, cómo y con qué herramientas espirituales llevarla a cabo para lograr los objetivos, en este caso, ser famoso, reconocido, querido, el escritor más "popular", y por supuesto, ganar una tonelada de plata.

De repetirlas ya tenían un orden. La primera que llegó a su mente abierta fue la pregunta sobre "El Personaje", masculino o femenino por la ley de igualdad que rabiosamente anda dando vueltas por ahí. "Hum, ¿qué tipo personaje? Antes que nada, un personaje libre. ¿Y qué es un personaje libre? Ya sé que personajes casados, atados a la familia como yo, que no pueden salir y entrar de su casa cuando quieren, que no miran SU programa de televisión favorito a la hora que se les ocurre y que es la del programa, que no toman lo que se les da la gana, que no tienen dolarcitos, para comprar "cosas y cositas", para viajar cuando y donde quieran por $ 199, 99 —al fin del mundo si es posible—, buscando ambientes y tratos familiares y comida *home made*, es decir, todo de lo que carecen, en fin, que no se desatan de sus maridos, esposas, hijos para atarse a su trabajo en un pesebre, o una mujer que no tenga lavaplatos para ser libre y con toda libertad atarse al televisor, hum, ya sé, esto está claro, estos no se venden".

Agua, mate y pasó a lo se puede considerar el interior del personaje. "Bien, si es mujer, no puede no ser feminista y para tener personalidad, deberá hacer todo lo que cree que el hombre hace y piensa, entre otras cosas, caminar dando pasos que hagan temblar la tierra. Si es lesbiana, mejor. Hoy por hoy, tantas orientaciones sexuales, vidas alternativas, todas legítimas, enriquecen el zoológico del Señor. Ay, sea como fuere, yo hombre y por lo menos con la apariencia de..., por mi punto de vista, prácticamente tengo prohibido hablar de mujeres. Si es hombre, deberá ser sensitivo (con la mujer no hay problema, ya nace así, es su naturaleza, lo llevan en la sangre como los negros la música o los del Bolshoi el ballet), sí, sensitivo aunque eso le cueste... No solo deberá respetar a la mujer, cosa antigua, como lo prueban las novelas de caballería, sino probarlo científicamente lavando los platos y limpiando la casa como lo hago yo. Por el contrario, también deberá ser muy macho en los momentos oportunos (es decir, cuando ella lo decida), y en los inoportunos, no emitir ninguna opinión porque eso sería invadir su territorio. Ah, casi me olvido; si es sensitivo, deberá tener sensibilidad para limpiarle el culito al bebé, si es que apareció alguno de manera natural o de un tubo. La mujer no le pedirá que lo haga con su perro, ella sabe que su sensibilidad no da para tanto. Su conducta no será menos equilibrada en cuanto a la bebida, al cigarrillo, a las drogas en general y en todos sus actos, evitando los extremos, ni esto ni aquello, mostrará y vivirá con un sentido común paralizante. En el caso de que fume y beba mucho, deberá ser una mala persona, un personaje negativo que se lamenta de su estado para el ejemplo y la alegría de los buenos.

Churchill y Fidel Castro, grandes fumadores y alcohólico el primero, ¿serían buenos ejemplos? En otras palabras, tiene que ser "positivo" de pies a cabeza. Que no proteste, que no levante la voz, que comprenda y acepte lo que dicen los diarios y el primer ministro, que cuando habla no diga algo que por un error o mala interpretación pueda ofender a los homosexuales, o a los negros o amarillos, o a las secretarias, o a las adoradoras de perros o gatos o cualquier otra asociación minoritaria. En otras palabras, un emergente modelo de la mayoría, sin rostro, sabio porque acepta lo dado, y salvo su ambición sana de ganar mucho dinero dentro del marco de la ley, no tiene ninguna otra. En fin, un ser valiente que tiene seguro contra todo riesgo, un verdadero personaje de ficción dentro de la realidad".

Otro cigarrillo.

"Sí, la idea que se me ocurrió de mandar cada personaje a un abogado para que pase la censura antes de circular libremente entre las líneas de las páginas, no es mala." Pitó dos tres veces, nervioso. "Esto en cuanto al personaje. En cuanto al narrador confundido con el escritor ('el estilo es el hombre'), o sea yo, padre de mis criaturas, de tal palo tal astilla, ya me lo dijeron y me lo dije, tendría que tener más cuidado. Según el consenso de la mayoría, de mis propios amigos —si es que me queda alguno—, mis personajes, coincidiendo con mi actitud general, son fríos, cínicos, unidimensionales e inhumanos. Tal vez sea verdad que, sin que se sepa todavía qué es lo humano, me falten ternura, amor, tolerancia, calidez, bondad, comprensión, todo lo que no me dieron ni recibo, pero le debo a la humanidad lo que no tiene. Aunque, qué raro, esto está en contradicción con otras acusaciones como que escribo sobre cosas que no se consiguen en el mercado y el lector (estremecimiento de Ernesto hasta las fibras de sus huesos) se siente frustrado y perdido por no poder comprarlo. Tal sería el mate, mi herramienta de trabajo y el dulce de leche. ¿Dónde iba? Hum, ¿no sería mejor que fuera yo a lo del abogado en vez de mandar a cada uno de mis personajes? Estoy seguro de que me saldría más barato. O tal vez al psiquiatra al que me manda mi cara mitad cada noche".

Un levísimo cosquilleo en la planta de sus pies. Chupó el mate y pasó a la segunda pregunta, "El Ambiente o el Decorado".

"Digamos que el personaje está definido. Ahora, ¿dónde cuernos yo, demiurgo, insuflándole una apariencia de vida, lo haré circular o bailotear de alegría? ¿En un escenario dinámico, moderno, en los aeropuertos, con los aviones que revientan los tímpanos, chupando whisky, por eso del *jet set* internacional, sumándole hoteles de seis estrellas, salones de *mitings*, rodeado de secretarias libres e independientes, con las minifaldas subidas más arriba de las caderas y esos zapatones de taco alto y ancho para conseguir mayor estabilidad? No sé, no sé. Dicen que lo único que le falta al mundo es amor. Tal vez sea mejor un escenario nostálgico, romántico, con un *chú–chú–chú* de locomotora a vapor como fondo musical —si es que el lector fue al museo tecnológico y sabe qué es una locomotora a vapor—, que se desliza rauda entre verdes campos y prados infinitos, en los que saltan las ardillitas, corren los niños felices, cantan los pajaritos, y un tipo deportivo o una tipa con botas en pleno verano, que llega allí con su auto *sport* y un perro para cumplir con su tarea al sano aire libre. Bajo su mirada amorosa, una vez cumplida la tarea con facilidad (no por el mate sino por los alimentos balanceados científicamente), el perro, o la perra, no nos olvidemos de este asunto de la igualdad, agradecido, se pone a jugar con él o ella para entretenerlo. Pero, si mal no recuerdo, había hablado del amor. Bueno, fácil, si el perro no está capado como la mayoría, o la perra esterilizada, aquí hay una apertura para otra vida alternativa, solo quedaría por definir quién manda en la relación de pareja. Pero basta, esto ya pertenece al "Tema o Argumento". Además, temo que esté exagerando. Sin embargo, reconozcámoslo, son notables las ideas que tengo cuando no escribo".

Los cosquilleos en la planta de los pies se intensificaron. Más mate y otro cigarrillo. Ahora le tocó a "El Tema o Argumento".

"Hum, esto es fundamental. Atañe directamente al grave dilema de los escritores modernos para sobrevivir honestamente. Además de las biografías, novelas históricas, necrofílicas con las revelaciones de todas las porquerías (siempre con un toque humano, claro) de los grandes personajes del tinglado mundial, ¿qué tema vende más? ¿el del herpes o el del sida? Pero un curado del sida, aunque sea con alguna penicilina diluida en agua bendecida por Dios o uno de sus intermediarios, por la falta de fe en este mundo de incrédulos, sería inverosímil. Sin embargo, de alguna u otra manera, el herpes y el sida están conectados con el sexo y el sexo, el instinto más poderoso del mundo, es lo que más vende. Sin embargo, hum, según los últimos estudios, ya sea por esta búsqueda de igualdad en la pareja, a quién le toca arriba y a quién abajo o quién se mueve y hace el trabajo como lavar los platos, es una problemática que se resuelve por medio del diálogo y cuando este termina sin haber llegado a una solución, las ganas ya pasaron, ya sea por la liberación de la mujer que sin miedo muestra los colmillos y a uno se le contrae, ya sea por la desocupación y la consecuente pérdida de autoestima. Pero vamos, este es un problema mundial, no le demos importancia, el sexo, repito, *the studies show*, en el sentido clásico, cada vez se practica menos. No por nada hay tantos manuales sobre el tema que glorifican el alivio manual ya que, con esa práctica, sin interferencias molestas, todo 'depende de su imaginación'. No, no es tan simple; también debemos tener en cuenta otras variaciones y orientaciones con instrumentos auxiliares como látigos, suplementos, fetiches, sustitutos y las competencias desleales de las y los profesionales. Como conclusión, ¿sí o no? A pesar de todo lo último, o por eso mismo, ¿no es lo que más se vende?

Sin embargo, cuidado, en este asunto de la venta, hay que considerar a los analfabetos, el 35% de la población ¿De dónde saqué este porcentaje? Ah, sí, de un *Royal Bank Letter* que hablaba de la tragedia del analfabeto fuera del mercado, al margen de la sociedad. Sí, me lo imagino, si limpiando oficinas se ganan unos dolarcitos y sedientos por la vida, por no saber leer en vez de Nar–Coc compran Ban–Ana. Sí, me imagino su frustración. En fin, hablo, no, pienso como si los que saben leer, leyeran algo más que folletos turísticos y las cifras de sus saldos en el banco. En consecuencia, el tema debe ser llevable a la pantalla fácilmente y a bajo costo para que los analfabetos tengan la oportunidad y el ¡derecho! de verlo y disfrutarlo".

Cigarrillo y mate. "Pero volvamos al asunto; para apostar sobre lo seguro, ¿no sería mejor alguna novela especializada? Sí, como el tema de la escritora esa, la trágica, pero feliz historia de la mujer con el seno amputado para salvarla de un cáncer. Una mujer con ¿vasectomía o estrectomía?, estigmatizada, quien, por culpa de su amante incomprensivo que siente un rechazo manifiesto y no puede cambiar de punto de vista o por lo menos disimular como caballero inglés, aquí no pasó nada, pobrecita, mientras observa su cara disgustada, no puede obtener el orgasmo. ¿La solución? Una verdadera y auténtica aventura; ella se toma el avión y se va a una isla del Caribe (no se especifica cual, todas deben ser iguales), donde se baila el merengue agitado de una típica revolución latinoamericana, bim bam bum, tiros, corridas y tole toles en los que ella conoce a un periodista–fotógrafo latino típico de bigotes y ojos negros brillantes. Gran final: cae el típico dictador latinoamericano, se establece la típica democracia norteamericana y, en un hotel de segunda pero de ambiente familiar y hogareño que la chica añoraba, sin que las típicas cucarachas y chinches latinoamericanas de la cama de un hotel de segunda, fenómeno cultural, le hayan repugnado como las cucarachas en Canadá, enceguecida por los *flashes* del fotógrafo con otro punto de vista diferente o más corto, obtiene el orgasmo típico tan necesario para una vida feliz e íntegra, ah, y para combatir el estrés. En resumen, la solución del estigma, aunque el estigma no tenga solución y estigma quedará. Ahora comprendo por qué Platón rajó a los poetas de la República. Pero ¡basta!, a laburar".

Al cosquilleo de la planta ya no le quedaba lugar y le empezó a subir por las piernas. Mate y otro cigarrillo. Miró lo que estaba escribiendo y, como siempre, tuvo que ir a buscar los anteojos. Volvió a mirar, leyó algunas líneas y comprendió por qué no podía seguir: el personaje se había atascado en una estación de trenes y con él su narrador. "Basta. Voy a empezar otra novela con el sello del espíritu del tiempo, la era posmoderna, con algún tipo de fenómeno como personaje que llame la atención, pero llena de ternura y comprensión". Arrancó la hoja, la dejó de lado, metió una nueva diciéndose: "Para hacer las cosas bien tendría que haber hecho un estudio del mercado o por lo menos consultar algunas estadísticas con tipos de estigmas. Pero, ¿desde cuándo hago las cosas bien?".

Una vez más, posponiéndola para después del triunfo popular, dejó de lado la "gran novela" que lo convertiría en "gran escritor", con personajes como Neruda o Menem o Evita o San Martín o Gatica, a quienes, como ya no les quedaba sangre, como un Drácula del intelecto, les chuparía el alma y el espíritu, levantó la mano, apoyó los dedos y le sonrió a la Musa sentada en la huella. Ella le devolvió la sonrisa, se puso en cuatro patas y balanceando las ancas más que nunca, arrancó *clip–clop* por la senda de la creación. Y Ernesto, "No me tentés maldita, no me tentés", decidido a utilizar el sentido común, nada de extremismos, lamentando no pertenecer a ninguna minoría visible, negra o amarilla, no ser mujer o por lo menos homosexual para poder ejercer un poco de terror sobre los aparentemente normales, *clip–clap–clop*, se dejó arrastrar por la Musa e inspiración por medio, *tic–tac–toc,* tecleando en su máquina una vez más, vaya a saberse cuántas, después del título, teclearía las primeras páginas de una nueva novela.

JOHN, el rengo tipo latino, en busca de su destino

NOVELA POR ERNESTO...

(Hum, ese título, ¿no será demasiado largo y poco tentador? Además, estéticamente hablando, "latino" y "destino" riman y esto no es un poema. Por ejemplo, "John, the Wonderful o Nice Guy", ¿no sería mejor? Bueh, ante la duda, abstente, después lo arreglo. Adelante, que si no, no salgo del título.)

Capítulo I
"Se llamaba John y había nacido en Texas. *(Ejem, con esto, ¿no estaré cerrando o limitando un mercado? ¿Cuántos habitantes tiene Texas? Además, allí hablan el inglés. No importa, el verdadero arte es universal y ahora está de moda zarandear a los personajes de un país a otro como si la tierra fuera una coctelera. Sin embargo, para conseguir más realismo, ¿no tendría que consultar antes algunos folletos turísticos sobre esa tierra afanada a los mexicanos? Bah, quién no sabe que en Texas los inodoros son de oro.)* Nació, peladito, a la edad de 0 años, con los ojos cerrados. Cuando los abrió, esperando que fueran azules como los del papá y la mamá, resultaron negros. Una sorpresa para el papá. La mamá aplaudió contenta, le gustaban las

sorpresas y los cambios en la vida. El papá, un ricachón petrolero, propietario de una cadena de estaciones de servicio, le preguntó al médico la causa y obtuvo una respuesta clara y científica sobre una batalla tradicional, el combate eterno, que viene desde el pasado, entre los genes recesivos y los dominantes. Un combate en el que un gen, como la liebre, salta cuando menos se lo espera, como en este caso, los que determinan los ojos negros. Es muy probable que en su árbol genealógico, entre sus antepasados, tuviera alguno con ojos de ese color. El papá, que sabía mucho de densidades de petróleo y porcentajes de asfalto y nafta, no sabía nada de genes. Bajó los párpados y su mirada interior recorrió su noble pasado: desde la lejana Inglaterra, hacía ya uno o dos siglos, alegres y borrachos de esperanza, los vio llegar a estas tierras de las oportunidades y, si bien la mayoría eran bandoleros y asesinos liberados de las cárceles de Londres, todos, pero todos, eran rubios y de ojos azules. No, en su familia no, tal vez en la de su mujer".

Chupada al mate, yerba fría, corrida a la cocina, calentamiento del agua, corrida hacia arriba, cigarrillo y continuación.

"No, en la de ella tampoco. En el fondo, lo que ocurría era que su marido era un anticuado, un conservador cabeza dura que no aceptaba los misterios y los mandatos de la ciencia moderna si no se trataba de un estudio de mercado para vender más petróleo o nafta. Ella, con una sonrisa tierna, indulgente y comprensiva del empacamiento de su marido y otra hacia las travesuras de los genes, entendía perfectamente al médico y no hablemos más del asunto. Y mientras amamantaba por primera vez al pequeño John, sintiendo el placer del cosquilleo de la boquita en sus pezones, como su marido, cerró los ojos, y también miró hacia el pasado. Pero no fue tan lejos como él, más práctica pero romántica, no pasó de nueve meses, y recordó aquella noche caótica, pero llena de sorpresas dulces e inolvidables con un final feliz".

(Hasta ahora va bien. Sigamos mi Musa querida, sigamos.)

Una hoja nueva en la máquina.
"Una fiesta en la majestuosa mansión de otro petrolero. Inodo-

ros de oro en los baños, gruesas alfombras en las habitaciones y corredores. Música de 400 wats de potencia, mucho *whisky* y cócteles, alegría y felicidad. La noche estaba avanzada. La dueña de casa, un poco para variar y otro poco como siempre, había reservado una sorpresa: se apagaron las luces. Grititos. Miedecitos; para combatirlos, para no estar solos, se empezaron a buscar en la oscuridad. El mozo mexicano, para... *(epa, casi me olvido)* mexicano de ojos negros y brillantes, dejó la bandeja sobre un piano para tener las manos libres y poder colaborar con su calor latino, consolar y calmar los ánimos. Pero el pánico ya había cundido y alguien, probablemente una mujer, por su perfume, se aferró desesperadamente a él. De esta manera, para combatir el terror tan típico durante las tormentas, se armó una orgía absolutamente espontánea y natural. El jardinero, otro mexicano con ojos negros y brillantes, ah, y bigotes, el encargado de apagar las luces, salió de su posición de acecho para participar en... *(no)* colaborar con entusiasmo. Motivaciones e incentivos le sobraban".

(¿No será esto la falta de ternura? Bah, lo hundiremos todo en la charca de la reconciliación final.)

"La madre no sabría si fue el mozo o el jardinero porque esa noche hubo varios. Pero de una cosa estaba segura; John era fruto del amor espontáneo, ergo, tenía un sello romántico inconfundible". *(Bien, si esto no es ternura y comprensión de las debilidades humanas, no sé qué corno es. Adelante, siempre adelante.)*
"Mientras la madre, una mujer de buen gusto y que sabía combinar los alegres colores como ninguna otra, especulaba con cómo quedaría la combinación de ojos negros con el pelo rubio, apareció otra sorpresa: el que le creció en la cabecita, en armonía con los ojos negros, fue negro precisamente. Ella, ya al tanto de las últimas investigaciones, nuevamente le explicó a su marido ignorante e incrédulo, un cabeza dura con pelo rubio, que el pelo negro de su hijito era la confirmación de la teoría de los genes y un triunfo de la ciencia. Además del natural e intenso amor maternal, lo cuidó y lo amó como a un ser original, único".
"Tuvo una tarea más. Protegerlo de su marido que, a pesar del psi-

quiatra que lo trataba, por el respeto a sus antepasados, no podía aceptar fácilmente esa intromisión de un gen de otro color en su árbol genealógico, quién sabe si no un fruto del pecado, un emergente bastardo. La madre tenía que proteger al pequeño John, y para protegerlo y de paso protegerse, como muchas mujeres a sus perritos, lo metía en la cama entre su marido y ella. El marido, siempre incomprensivo, un padre intolerante (*¿será como yo? Ay, el maldito subconsciente o inconsciente*), no lo soportó y dejó de dormir en la cama matrimonial. No hay mal que por bien no venga: John tuvo más espacio para crecer y desarrollarse".

Otra hoja en blanco.

"Pasaron los años y llegaron los famosos 16 de la mayoría de edad del niño. En la nueva etapa de su vida, los genes dominantes volvieron a aparecer en los vellos negros de los labios de John. Hacía años que el papá no dormía en la misma cama, sino en la de otra habitación, cama la que, para ahorrar energía durante el invierno (no por nada era millonario), invitaba a una de sus secretarias. Como hombre prevenido que piensa en el futuro, coherente con su nobleza, ya había hecho su testamento en el que desheredaba al pobrecito que llamaba bastardo. Veamos si se merece ese apelativo o insulto.

Con el entusiasmo de la ternura, típico de todo latino ya que lo lleva en la sangre, para consolar a la mamá, en la nueva etapa de los vellos negros en los labios, John seguía en la misma cama, incluso se metía con entusiasmo allí. Más sorpresas para la mamá; descubrió en un lugar especial más vellos negros".

Toc, punto. (*Hasta ahora todo está de acuerdo a las estadísticas. Pero, ay, ¿por qué me tiemblan las rodillas? Hum, muy bonito, pero falta dramaticidad. Un esfuerzo, a ver Musita, una mano. Así, mové las ancas y sonreí. Ah, ya sé.*)

"Y se armó la bronca... (*no, esto no va, es muy argentino, falta poesía.*) Este mundo malo está lleno de celos y lo que más se envidia es la felicidad. Las malas lenguas, en vez de comprender y adoptar un nuevo punto de vista, hicieron circular rumores —como es habitual para las almas dichosas—, venenosos y no muy claros sobre frecuentes abusos, violaciones y por supuesto, cuándo no,

sobre un incesto. No podía ser menos en una sociedad democrática, ávida de justicia: se armó el escándalo. *(Bien, así va bien.)* John, desesperado, pobre bastardo incomprendido, una víctima, no teniendo otros modelos que los de la televisión, sin consultar a ningún consejero escolar o psicoanalista que le hubieran aconsejado un cambio en su vida o un viaje. O consultar algún poeta o escritor que le hubiera dicho con entusiasmo '¡Vive!' John, después de robarle las joyas a su mamá y de vaciarle la billetera a su papá, o supuesto papá *(voy a ver cómo arreglo esto)*, para salvarse de los mordiscones de las lenguas viperinas, sin tomar el Lincoln dorado con chofer, valiéndose por sí mismo, se escapó con uno de los autos descapotables de su mamá o de su papá (para el caso es lo mismo.) Raudo por la autopista, pasan los árboles, postes telefónicos, las vacas y torres de petróleo tejanos, embriagado por el vértigo y por la sensación de libertad, va apretando el acelerador, 120, 150, 200 por hora. Un descuido, un desliz, pierde el control, vuela en el aire... y una torre de petró... *(no)* un poste de... de... *(¿de qué corno? Bueno, poste basta, el lector debe tener imaginación)*, poste grueso detiene su vuelo trágicamente: un accidente en el que pierde una pierna. *(Por fin, no sabía cómo cortársela con verosimilitud.)*
Diarios, la radio, la televisión, llenos de noticias sobre la tragedia. El petrolero es el centro de atención de las multitudes y de los medios de difusión. John en el hospital con su psiquiatra, el papá y la mamá en los consultorios de sus respectivos psiquiatras".
Hoja en blanco.
"La mamá se sentía un poco culpable. El psiquiatra le explicó que no tenía por qué sentir culpa. Que, después de todo, era una de las pocas mujeres que había visto realizados sus sueños, sus amores más imposibles, prohibidos y por lo tanto más intensos: el amor edípico. Y eso sin pensar en su hijo, a quien le había resuelto el conflicto universal, así no tendría que pasar por esta vida con sueños llenos de deseos nostálgicos irrealizados y destructivos, siempre frustrantes, por el amor a la madre. Lo de la pierna no tenía tanta importancia. Que era malo, pero no terrible ni el fin del mundo. Bastaba aplicar el pensamiento positivo, que con la tecnología de hoy... Por último, que le dijera la verdad, lo más im-

portante, ¿le había gustado o no le había gustado? ¿se sentía realizada? La mamá sonrió con ternura y bajó la cabeza con... *(¿Con qué? ¿amor, comprensión, satisfacción por la envidia que sentirían las amigas? Voy a ver...)*, el psiquiatra también sonrió y, diciéndole que no se preocupara, que le mandaría la factura a su domicilio, "Al contador", le aclaró la mamá, se despidieron. La mamá volvió a casa para explicarle a su marido que lo que había hecho el nene, era natural, muy propio de la edad, del joven que buscaba su destino y a sí mismo. No estaba segura de sí podía meter el asunto de los genes por medio o la teoría del Edipo.

Pero no fue necesaria ninguna explicación. El psiquiatra del papá le había explicado más o menos lo mismo, Freud y la atracción del amor más prohibido que, justamente, por ser prohibido, era el de la atracción más fuerte, imbatible. Que había que aceptarlo con un punto de vista más actualizado. Que por último, había que considerar todas las alternativas, ni esto ni aquello, y buscar el justo medio. Vaya a saberse qué hubo realmente: si incesto, o violación, o sencillamente un afecto profundamente humano mal interpretado. Que quizás, probablemente, todo se debería a la envidia de su fabulosa fortuna, a malas lenguas y los medios de difusión masiva en busca de sensacionalismo. Una cosa le podía asegurar, que no hubo violación, que en estos casos, estadísticamente, la mayoría de las veces, el violador no soporta la culpa y en vez de matarse, dialécticamente, suele degollar a la víctima. Por último, el psiquiatra de John pasó su informe. Según él, este en el fondo era un buen chico y con mucho potencial. Lo que necesitaba era comprensión y apoyo; ser alabado para no lastimar su autoestima y recibir una oportunidad.

Si bien el papá de John quedó un poco mareado por estas explicaciones, se convenció de que había algo de verdad en ellas cuando se enteró (las columnas de cifras no mienten y de esto sí sabía mucho) de que, gracias a los medios de difusión masiva, se había hecho popular y sus estaciones de servicio habían aumentado las ventas en un 70% debido al público que afluía a ellas tiernamente interesado por la salud de John. Por fin permitió que lo entrevistaran y apareció ante las cámaras de televisión. Como corresponde a un caballero descendiente de nobles, agradeció a los medios, y al público, sus queridos y adorados consumidores, el interés y la comprensión que mostraban. A una pregunta sobre su futuro, respondió que a él le gustaba decir que sí, y que por la popularidad alcanzada, probablemente se presentaría como candidato a la gobernación de Texas, escalón previo a la presidencia de esa gran nación que era Estados Unidos".

(Fantástico. Esto es verosimilitud, algo bueno dentro de tantos males. Estos son hechos positivos. Mis lectores me van a adorar. Bien, John ya no tiene pata, sin embargo tengo que hacerlo circular y dar vueltas, si no, no habría acción y sería muy aburrido. Dios, este temblor... no me deja... Ah, otra hoja.) Y rápidamente continuó tecleando.

"John, arrepentido, salió del hospital. El papá le compró una pierna artificial de oro a control rem... *(no, creo que esto es exagerado)...* una pierna artificial articulada *turbo (Ernesto, Ernesto, no estás tomando en serio tu trabajo)...* articulada más moderna. Lo proveyó de American Express, Visa y Master *(puf, ya era hora),* y después de una cena de reconciliación —porque su padre no solo era noble sino también profundamente religioso—, lo bendijo y le abrió las puertas de la libertad, para que utilizando su potencial encontrara su destino y a sí mismo.

Así John, lanzado a la aventura, se encontró un día en Canadá, caminando por un pasillo largo, con una puerta al final. Llegó, la abrió y..."

El temblor que había subido hasta la cintura y seguía subiendo, se convirtió en una especie de trepidación nerviosa que lo sacudía de pies a cabeza. Abandonando su personaje en el pasillo, más precisamente en el marco de la puerta, manoteó los cigarrillos y el encendedor, pegó un salto, y gritando "Los demonios están adentro, los demonios están dentro", por suerte con los anteojos puestos, bajó las escaleras mientras la casa retumbaba con sus pasos. Fue al *living*, se abalanzó sobre la guía telefónica, la Biblia cotidiana de la comunicación, entró en la cocina, para, por una cuestión de comodidad, depositarla sobre la mesa. Imposible, estaba llena de tazas, platos y restos del desayuno de su "cosa especial". Rechinó los dientes pero nada tuvo que decir. El acuerdo estaba claro: por la noche su mujer, por la mañana él, "y no te quejes, por la noche hay muchos más platos que lavar que por la mañana".

En vez de volver al *living* y sentarse cómodamente en un sillón al lado del teléfono, con el nerviosismo en aumento, metió la vajilla en el lavaplatos y, limpiando la mesa, casi tiró a la basura el texto sagrado, la lista perpetua general. La alzó y rápidamente, para no distraerse en sus objetivos, la volvió a dejar.

Por fin, la mesa limpia, la guía en la mesa, él en una silla, fueron pasando las hojas hasta la hache y: "Ho... Howard... Hue...", "Hum, algo anda mal".

La palabra "huevo" no es un sustantivo propio y hasta es probable que en inglés se escriba de otra manera. "Ah sí, eg, pero ¿con una g o egg? con dos g". Como el huevo no puede presentarse como un norteamericano, "Soy Walter, doble v, a, ele, te, e, erre, y soy de Alabama", se levantó y se lanzó sobre la heladera.

Sobre esta costumbre, esta forma tan agradable y educada de presentarse para saber quién es quién, un día escribió a un amigo lejano: *"Se te presentan como emergentes únicos, ricos, simpáticos, originales, sonrientes, entre 240 millones, convencidos de que con el nombre deletreado y el origen, sus marcas de fábrica, te lo han dicho todo. Y podés estar seguro de que es un arquetipo clásico de un norteamericano. Una tarjeta en su pecho o un brazalete con su nombre grabado te reaseguran lo que dijeron y, a pesar de la sonrisa, no necesariamente son mogólicos que hay que devolver a la casa cuando se pierden. Si te queda alguna duda, basta preguntarles qué les gusta más, y confirmando su sello original, te van a decir sin vacilar: 'Adoro o amo las hamburguesas y las papas fritas con kétchup'. Hay muchos, a los que les gusta con vinagre o mostaza".*

Ernesto ya había abierto la heladera, sacado una caja, leído la etiqueta y vuelto a poner la caja en su lugar. Efectivamente, con la pureza y con el candor de aquí, sin ese retorcido y doble sentido latino, allí estaba escrito en la caja: *"We are Andrew Smith's eggs, from his pretty farm".*

Volvió a la guía.

Después de 'La comisión de la Defensa de los Derechos del Huevo', 'La secta de los Adoradores del Huevo Original', 'Los Productores de Huevos Asociados', descartados por ser privados, y aunque mejores, por eso mismo los más mentirosos, encontró: 'Huevos: Véase 'Gobierno'. Las páginas azules, pero, ¿gobierno provincial o nacional? Los dos, 'Comisión Provincial de los Huevos de Ontario' y 'Comisión Nacional de los Huevos Canadienses'. "Bien, en un mundo perfecto, todo está previsto, no podía ser menos. Pero, hum, ¿a cuál recurrir? ¿a la Provincial o a la Nacional? Con el federalismo exacerbado y rabioso de aquí, al no poder hacer una república de su país, lo hacen de su provincia y estoy seguro de que, a los huevos de Ontario, provincia de puritanos serios y graves, los rige otra ley de gravedad que a la de Québec, provincia de latinos desordenados, irresponsables y ruidosos como yo. Bien, busquemos en la unidad, en el Uno. Recurriré a la Nacional. Sin contar que a su burocracia la conozco al dedillo y esta vez no me voy a dejar engrupir con palabras, cosa que siempre logran. Ay, es un arte que requiere mucha nobleza y no lo domino".

Final de razonamiento y comienzo de la acción; como un perro de caza que conoce el calibre de su presa, se puso de pie, y, anadeando, entró en el *living* para hablar por teléfono. Que tuviera que regresar para buscar el número de Informaciones de la Comisión y anotarlo en un papelito (la Biblia cotidiana era pesada e incómoda), es otra historia. Que diera algunas vueltas, para ver si todo marchaba bien en el mundo, antes de sentarse y levantar el tubo del teléfono, otra más.

8. BUROCRACIA

Sí, Ernesto sabía perfectamente que la burocracia canadiense era totalmente distinta de la latinoamericana, o la argentina en su caso. La obligación de la primera es atender al público en francés o en inglés y conseguir simpatía para el gobierno de turno. A la segunda, uno la tiene que atender, se despreocupa del gobierno ya que sabe que más o menos todos son iguales, los mismos ladrones; a todos los juzgará la historia por su inutilidad. La burocracia canadiense no aparece tan mortalmente seria, disciplinada e imponente como puede imaginarse a la alemana: una gigantesca colmena que zumba enérgica, en la que cada papel, cada lápiz, cada ser humano, tienen su lugar. Cada burócrata sin pretensiones, está consciente de la jerarquía que le corresponde en el escalafón y acepta sin chistar su misión de abejita hacendosa o de ruedita en la marcha del estado más poderoso de Europa. No por eso la canadiense deja de ser eficaz a su manera; si a veces parece lenta, es culpa de los tiempos que se aceleraron hasta el vértigo —o la gente se volvió un poco narcisista e histérica—, al margen del corazón propio de la burocracia, a cuya sombra sus integrantes pueden envejecer sin problemas, jubilarse, morir e ir al Paraíso por la misión cumplida, probablemente de la misma manera que en la alemana. Pero eso no es todo. Con la burocracia canadiense se puede dialogar, comunicarse, y con buen humor, plantearle alguna pregunta angustiosa que lo carcome a uno y no lo deja vivir; o dos preguntas: (no importa), está montada de tal manera que pueden ser muchas, infinitas e infinitas las respuestas. No por nada su consigna, como la de muchos negocios, es: "Su pregunta no nos molesta". Apenas uno abre la boca, la burocracia, encarnada en su representante, especializado o no, en primera persona del plural, empieza a taponarla recurriendo a su arsenal, y despliega su artillería de misiles y en forma sonrisa, los lanza cargados de respuestas. Que Ernesto, ducho y experimentado en estas lides, las vea y las perciba como un contraataque alevoso, es su problema y nada más que su opinión. Las respuestas son suaves, persuasivas, insistentes y siempre las mismas. Suelen durar hasta que el individuo, satisfecho por la atención brindada a costa de su propio dinero de contribuyente, se convenza. Rara vez ocurre que falten las respuestas, eso sería reconocer la inutilidad de la burocracia. A veces tienen el tufillo de apariencias, pero, gracias a los estudios, las apariencias se han convertido en imágenes más sólidas que la realidad. Y si por alguna razón faltaran, no van a faltar las explicaciones de por qué faltan. Y si las explicaciones se deslizan demasiadas veces por la ladera de las justificaciones y excusas, ese es otro problema. Probablemente no sea más que un profundo error, un sentimiento equivocado del que indaga, un cabeza dura que ha enfocado la proa de su alma a un puerto donde no hay leña para alimentar la estufa interior de su importancia. De cualquier manera, no volverá con su bodega vacía; si no leña, se llevará alguno de los recursos de la burocracia: se investigará el asunto; estamos esperando una nueva computadora con un nuevo programa; vuelva de nuevo, o mejor no, no se moleste, apenas tengamos algo le informaremos; haremos todo lo posible; sí, como no, pero tenga en cuenta que nadie es perfecto, que ni siquiera sabemos con seguridad si hay Dios o no. Y cuando la artillería, frente a sujetos como Ernesto, parece realmente agotada, no lo está; con autocrítica, como una confesión, una limitación de las posibilidades humanas, con filosofía, buen humor, antes de que el cliente, dándose una importancia vana, levante la voz o mande una carta de protesta acusándolos de falta de sensibilidad, racista o lo que fuere, una amenaza que los desbancaría de su rincón, su pesebre cálido para toda la vida, viene la confesión, el último tiro a boca de jarro que da el burócrata: "Es la burocracia. Usted ya lo sabe. Qué le va a hacer. Hay que aceptarla cómo es y aprender a convivir con ella".

Y esto la burocracia y Ernesto lo sabían mejor que nadie.

LA TECNOLOGÍA NO ES BUENA NI MALA, DEPENDE DE CÓMO SE LA USE

Ernesto, estaba sentado en el *living* con el papelito en la mano y con el tubo aerodinámico pegado a las orejas, esperando el tono para marcar el número de Informaciones con los botoncitos del teléfono iluminados de un verde trasparente.

En vez de enojarse por la falta del tono, estaba relajado y fumaba con placer. Sonreía con satisfacción, tal vez cinismo, por no decir como un bobalicón. Por qué exactamente, vaya a saberse. Pero podemos conjeturar que en una mente fértil puede haber muchas razones; hablemos de una: quizás estuviera satisfecho de que en un mundo tan perfecto, Utópico, el de las mejores líneas telefónicas, en el que los teléfonos se encargan por teléfono, no hubiera tono. Sería la prueba rotunda y definitiva de que no lo era tanto. No se trataba precisamente del anuncio del fin del mundo tan esperado, pero era bastante, una buena prueba de que se conformaba con poco, diría él, como para darle un mentís a los optimistas.

Hubo una vez un teléfono viejo, negro, pesado y a disco. Tanto por los adelantos técnicos como por su fealdad, su diseño y el color negro sombrío asociado a la muerte y hasta a la vida eterna, pasó a la historia. El nuevo que había comprado su mujer ubicada en la realidad y pensando en el futuro —"nunca en el presente, como hubiera sido pensar en mí, por ejemplo. Yo no debo ser parte de la realidad y vivo en otra dimensión"—, era de líneas dinámicas, el tubo liviano como una pluma, sin cable y portátil, cosa que daba libertad si no absoluta, por lo menos de movimiento. El disco lento y pausado había desaparecido; lo habían reemplazado botones iluminados que entonaban una alegre melodía cuando uno los apretaba. La melodía del progreso para la cual Ernesto era sordo. Una pantallita para leer el número y nombre de la persona que llamaba y que daba la posibilidad de elección —"una vez más la libertad"—, de atenderlo o no. No hacerlo si se sospechaba que el que llamaba lo hacía con una cuerda al cuello o un frasco de pastillas en el estómago. Si uno no conocía ni el nombre ni el número de teléfono del que llamaba, atender por la posibilidad, en el caso de Ernesto, de que fuera un llamado, si no para el Premio Nobel —"hay que ser modesto"—, para cualquier otro. O, impulsado por la curiosidad y el anhelo de llenar ese vacío, esa insatisfacción que nos ronda para escuchar no una voz humana, sino la de una computadora que ofrece inversiones, descuentos especiales, ofertas limitadas, que si se pierden jamás será llenado ese vacío ni la insatisfacción satisfecha. Su color (hablamos del teléfono), en contraste con el negro, no podía ser menos, era alegre, un beige suave que hacía juego con los colores del *living* y era fácil de combinar con la profusión de colores de la Catedral, a donde, sin sentir un complejo por estar mal vestidos y fuera de lugar, se podía llamar para saber si había alguna oferta que no mereciera el gasto de nafta para ir a comprarla, pero no dejaba de ser una confirmación de se preocupan por nosotros. Su color también combinaba con el de las flores del jardín o de la calle. "Pasearse con el tubo como con un perro o un idiota con un celular, no tiene por qué dar vergüenza". Dijo esto y sin embargo siempre quedaba atado al antiguo cable que solo existía en su imaginación. Contenía todos los adelantos modernos teóricamente posibles. "Cuando algo es teóricamente posible, temblemos. Tarde o temprano, cuando se haga realidad y nos adapten a su realización, perderemos una parte de nuestra humanidad, si es que nos queda alguna". El manual de instrucciones para su uso correcto, para sacarle todas las ventajas —"Saber vivir, claro"—, de 80 páginas, estaba allí, debajo del teléfono mismo. Manual que, por supuesto, no había leído jamás.

Hoy, milagro, irritable e impaciente como era, seguía aguardando satisfecho, contento como un bobo, la llegada del tono.

Era un teléfono tan complicado que como pieza de conversación, serviría (y servía) para rellenar horas de aburrimiento de una docena de canadienses en un *party*. Realmente era una maravilla tecnológica; tenía una "doble línea" con la que podían interrumpirlo en cualquier momento y él, para atender al que interrumpía, educadamente, tenía que interrumpir con quién estaba hablando, aunque fuera el Santo Padre. Podía programar las llamadas comunes y habituales con solo apretar dos botones; un amigo, el taxi, el Supermercado, la hora, el servicio meteorológico o lo que fuera. Otro programa le permitía pasar la llamada a otro teléfono en el que estaba para no estar en paz en ninguna parte. Un programa para conferencias telefónicas con hasta ocho personas a la vez, suficientes para sentirse como en el mundo presente: un manicomio. Uno más para que cada dos o tres minutos, si al teléfono que se llama está ocupado, se repite automáticamente la llamada. Un contestador automático conectado con la compañía. Además de todos estos, había otros, muy útiles si se les sabía dar provecho, o, con un pequeño esfuerzo, aprender a dárselo, que es el sinónimo de aprender a vivir.

El narrador pide disculpas. Quizás el lector, si es que llegó a leer hasta aquí, esté impaciente para saber cómo continúa la historia de Ernesto, o por lo menos saber si hace o no esa maldita llamada. A pesar de ser un teléfono moderno, ya tiene una historia, una historia de amor, muy tierna, además de ser profundamente ilustrativa sobre el carácter del personaje. Si el lector se siente excesivamente apurado y quiere saber cómo se resuelve esta situación, pase las líneas y continúe leyendo donde vea una ? amiga que lo orientará. He aquí la historia:

¿DE QUÉ HABLAMOS CUANDO HABLAMOS SOBRE EL TELÉFONO?

El día en que apareció el teléfono crema y habiendo desaparecido el negro, Ernesto, como ocurría frecuentemente, se olvidó de los manuales que hablan sobre la armonía del matrimonio, y de una manera bastante intempestiva, no muy delicada, preguntó a su mujer "Qué m... es esto? ¿Dónde ca... está el otro?"

Ella, que quizás en ese momento sí haya tenido en cuenta alguno de los manuales, en vez de pegar una patada en piso que hiciera temblar la casa y responder "Ni siquiera tengo la libertad de comprar lo que quiero con mi plata", tal vez buscando el reencuentro del desencuentro ocurrido quién sabe cuándo, buscando la paz y la calma —tan necesarias para el desarrollo armonioso del mercado, la confianza de los inversores, la estabilidad para el desarrollo de nosotros mismos—, le respondió dulce y suavemente: "Por una vez en tu vida, por el amor de Dios, escuchame". Y a Ernesto, Ulises perdido y sin destino claro, conmovido por ese canto de sirena, un poco alelado, desarmado, no le quedó otra cosa que dejarse caer en el sillón y escucharla. Ella se sentó a su lado, lo tomó de la mano y, apartando de la frente la masa de pelo negro que surcaban unas pocas canas, sus ojos grandes, verdes, brillantes como esmeraldas, enfocaron los de él, de color castaño. Los músculos de su cara, cuya piel ya formaba algunas arrugas, se suavizaron y él vio una cara tan bella y hermosa como cuando hacían el amor, situación jamás denegada pero demasiadas veces sin luz que apagaban en un vano intento de ocultar las broncas.

Ernesto se derretía. Esperaba esas palabras que producirían el milagro, pero ay, no sabía qué palabras ni cuál milagro. A esta altura de su vida ya desconfiaba hasta de las palabras "Te quiero" o "Niños pobres", si no les seguían obras o no confirmaran su vida, sus ansias y deseos de "intelectual disconforme, tal vez un poco histérico y atropellado, pero que no se entrega". No, su mujer no dijo esas ni similares. Como si hablara a su hijo, siempre suavemente, en paz y calma, le explicó que para usar ese teléfono, un modelo nuevo y mejorado, no se necesitaba tener un doctorado ya que era fácil de usar, y si no se peleaba con él, de él dependía, lograría muchas cosas. Le habló de sus ventajas y le explicó algunas de las posibilidades y usos que tenía, y que el lector ya conoce.

Ernesto escuchaba mudo, como un cura que escucha una confesión; fue apartando los ojos y bajando la cabeza, pero su oreja seguía pegada a la ventanita del confesionario y escuchaba el murmullo de la voz.

Ella le confesó que, aprovechando una oferta de Bell Canadá, lo había comprado pensando en él, en su seguridad, para su protección y la de la familia. Ernesto la miró de reojo. Ella, pensado en que no la había comprendido —cosa que era la pura verdad, especialmente eso de la "seguridad y protección"—, le volvió a explicar alguno de sus usos y continuó: que además de la pantallita que alcahueteaba al que llamaba, había todo un sistema de bloqueo para que cuando uno llamaba a alguien que tuviera un teléfono similar, en la pantallita (con solo apretar estrella–67, antes de digitar el número del que se llamaba), no aparecería "nuestro número" (aquí su mujer le apretó cariñosamente la mano), ni quedaría registrado para que en caso de no estar no pudiera devolver la llamada y perturbar nuestra privacidad (énfasis.) Este servicio, que se llamaba *Pre–Call–Bloking*, era gratuito (aquí Ernesto se mordió el labio para no decir "Gracias Bell Canadá.") Eso no era todo. Ella había aprovechado la oferta para comprar otros opcionales: *Permanent Blocking, Smart Touch, Call Return, Pre-Line Blocking,* todo en un solo paquete, por la módica suma de $ 3,99. *Operator–handled call–blocking,* a $ 0,75 la llamada. Cada una de estas funciones le fueron explicadas en detalle, y volvió a insistirle en este mundo inseguro y peligroso, que las funciones de *Blocking* son para "nuestra seguridad y la de nuestros hijos" (otro apretón de la mano), y no afectaban los números del servicio de emergencia.

Tanto el centro de suicidas, los bomberos, la policía, en situación extrema, si al que llamaba solo le quedaba la fuerza de exhalar el alma (este, probable pensamiento de Ernesto), el número quedaría registrado para que los protectores de la sociedad, los que velaban por nuestra seguridad, con la eficacia y rapidez que todos conocen, no solo entraran en una acción meramente autista, sino que supieran para qué y adónde. Quedaba un servicio que ella no había contratado, pero que creía, sería conveniente hacerlo. No lo había hecho porque, si bien estaba en oferta, ese servicio solo estaría a disposición de los consumidores dentro de tres meses. No, no solo por eso, también había pensado en él, en pedirle su opinión, ya que eran dos y había que compartir. Se trataba del *Call Trace,* un servicio que registraba la llamada quisiéralo o no el que llamaba. Era ideal contra las llamadas de acoso, "sucias", o de provocadores anónimos. Se necesitaba un permiso especial del juez y de la policía. Solo costaba $ 5 el registro de cada llamada. Para terminar, era una máquina flexible, adaptable a todas "nuestras necesidades".

El mundo se había dado vuelta y estaba patas arriba desde hacía rato. Si se hubiera tapado los oídos con cera como los marineros de Ulises, a pesar del paso de los años, ante la belleza de su mujer, su cara suave, el vestido ligero que dibujaba los contornos de sus muslos, sus ojos brillantes por la confesión que llenaría de orgullo su alma, la flexibilidad blanda, floja, de entrega de su cuerpo mientras hablaba, el calor de su mano que él había abandonado hace rato, Ernesto hubiera hecho el amor ahí mismo para festejar la compra de esa maravilla y satisfacer una de "sus necesidades". Lamentablemente, curioso como Ulises, sin atarse a ningún mástil, había escuchado y, si bien al principio estuvo fascinado por el canto de la sirena, poco a poco, la barca que lo llevaba como consumidor indisciplinado que se niega a ser atraído al redil y devorado, pasó de largo.

No estaba enojado por el trato de su mujer, quien le había hablado con dulzura y suavidad, como se les habla, acariciándolos para obtener su voto, a los imbéciles de este mundo, quienes, aunque nieguen serlo, aceptan con placer y docilidad ser tratados como tales. El afecto hacia el niño malcriado que era él estaba bien claro y patente. Al fin y al cabo, su mujer, una académica, una gran matemática y experta en estadística que volaba a grandes alturas, había hecho un esfuerzo y, en aras del amor, había bajado y vulgarizando su conocimiento, dándole una lección que hasta el tonto hubiera entendido y agradecido, menos él. Lamentablemente, no hay peor tonto que el que no quiere entender.

Sin embargo, había paz y calma; el deseo había nacido y apagado por su impaciencia (así son los hombres) durante la larga explicación, pero, ya con la batería cargada, quizás resucitara esa misma noche, no convenía perturbarlos. Así que, identificándose con Jesús, un gran revolucionario en su momento, ahora un poco pasado de moda, y enriqueciendo una de sus Frases célebres, se le ocurrió decir: "Perdónala Dios mío, no sabe lo que hace ni lo que dice" pero no lo hizo y sí dijo: "A mí, salvo quizás Dios para llamarme a rendir cuentas de mis pecados, ya prácticamente no me llama ni me llamará nadie, salvo los promotores de felicidad. O los insoportables malditos del Club de los Optimistas. Desde luego que no me quejo, ya que, por mi parte y por mi conducta, lo puedo considerar una conquista social".

Su mujer iba a replicar. Sin embargo, en la paz y la calma, su sexto sentido le había advertido la posibilidad cercana de un encuentro armonioso de otra naturaleza que no fuera el diálogo verbal, sino, cargado de amor, un diálogo de los cuerpos, aquello que las mujeres resentidas por no poder comprar lo que quieren, llaman despectiva y vulgarmente arreglar los problemas en la cama.

Ernesto continuó:

—Debo reconocer que la compra de este teléfono, una maravilla de la tecnología, si no una hazaña, ha sido una idea brillante. Es tan maravilloso y tan complejo que me asusta; tiene tantas funciones y utilidades que temo que vuelvan inútiles la única utilidad que tiene sentido: ser llamado o llamar a alguien.

—Si dijiste que no te llamaba nadie.

—Igual que la humanidad, te olvidás de Dios, a quién nombré.

Y obligado por las circunstancias también llamo. Si no a la Catedral para saber si hay una liquidación de hostias, a la Argentina, a un pequeño pueblo, al vecino de mi pobre vieja viuda, sola y que no tiene teléfono, vecino que le suele avisar a la pobre viejita que mira por la ventana y tararea alguna vieja canción que habla de un hijo que se fue a la guerra y espera su regreso a casa (en este caso yo, soldado raso de la democracia y de la libertad). Como si esto no bastara, la muy curiosa también espera noticias de sus nietos, su descendencia, la prolongación de su propia vida. Y una vez avisada, con el corazón henchido de gozo, la abuela de mis hijos trota con la lengua afuera por las calles polvorientas de su pueblo para acercarse a su hijo y nietos. Pobre vieja, encorvada por los años. Para ella los años parecen no haber pasado desde que dejamos el país y cree que todavía sus nietos llevan pañales, dado que pregunta por el color, forma y consistencia para establecer el diagnóstico de su salud.

Ernesto se mordió los labios, tragó y terminó:

—Decime, para esa llamada, aunque negro y feo ¿no servía el teléfono viejo?

Con los vasos comunicantes de su alma, por donde circulaban las ideas y las asociaciones en líquidos muchas veces turbios, recalentados por las informaciones candentes de último momento, con los que no sabía qué hacer, pura frustración y furia, Ernesto solía ser peligroso y contagioso. Si en ese estado, con una o dos preguntas sencillas era capaz de transtornar la estructura mental de una simple cajera de banco conformada por la empresa de la que es parte como un remache de un puente de hierro, y borrarle o inmovilizarle la sonrisa ("Esa sonrisa, ¿la compró o la diseñó usted misma?"), no es de extrañar, entonces que, a pesar de estar solidificada por cálculos diferenciales e integrales, con su discurso haya logrado transtornar la de su mujer. Así, en lugar de responder sí o no, o continuar el diálogo armonioso en la paz y la calma, se puso de pie descubriendo que estaba mareada y olvidada hasta de la última estocada de amor que solía dar en los estados de *statu quo* antes de que se volviera a la guerra, "¡Pero yo te quiero!", se escapó corriendo para recuperar el equilibrio en otro lugar. Tal vez la prueba de que realmente lo quería, aunque a su manera, que no solo se olvidó de la estocada, sino también de las puñaladas que circulaban en el medio ambiente como manifestaciones de la libertad: "Si querés, no lo usés. Nadie te obliga", "De vos depende", "Es tu decisión", "Seguí usando el viejo", cosa esta imposible ya que, en armonía con el teléfono nuevo a botones, todo y todos en la misma red, la central telefónica ya no daba acceso al viejo teléfono a disco.

Su mujer, con los ojos húmedos, lo dejó. Él se quedó satisfecho por el ambiguo triunfo mientras una leve acidez subía de su estómago. Para volver a empujarla, o por menos detenerla, se prometió escribir al estilo imperante "Instrucciones para cada día y cada minuto, cómo matar la posibilidad de tener una mujer".

Y ahora en el *living*, esperando el tono. Lentamente, como si se diera cuenta de dónde estaba, una respuesta a su pregunta de cada mañana, la sonrisa satisfecha de bobalicón se le fue borrando. Por más que no hubiera tono, como antiguamente en el teléfono de su departamento en Buenos Aires, que nunca funcionaba, eso no quería decir que estuviera en la Argentina ni que las cosas fueran tan mal aquí como allá. Con la culpa del mal consumidor que no sabe aprovechar los beneficios que se le brindan, o que no sabe vivir de acuerdo con lo que le dictan, recordó otra utilidad de su teléfono del futuro: estaba preparado para tres líneas directas con tres botones más y había que apretar uno para encontrar el tono. Con la esperanza para probar que el mundo andaba mal, la ley de Murphy, se inclinó, apretó el botón y, fatalidad, una pequeñísima derrota: el tono apareció en el acto. Do–re–mi–fa–sol–la–si, digitó los números, y con un suspiro volvió a su posición anterior.

9. EL PRIMER GRAN PASO A LA EPOPEYA O SU PREGUNTA NO NOS MOLESTA

Alegres corrían por los cables los números digitados, sin que escuchara esos *mric mruc*, como resortes de un colchón vencido, típicos de las líneas de Buenos Aires (ahora ya no los escucharía, allí. Junto con los años de las vacas flacas había llegado la fibra óptica), oyó un clic, y allá lejos, en el centro, en una agradable oficina, una amable secretaria que estaría pensando con pena en la soledad del perrito que la esperaba en su departamento, o que para poder salir y entrar cuando quisiera, había desechado los animales porque traen muchos compromisos, y en consecuencia estaría especulando con la compra de alguna cosita después de las cinco, para compensar la falta de afecto y de paso realizarse, o se estaría pintando las uñas para llegar a la perfección, se vería interrumpida y molestada en sus sueños de estrella de Hollywood por el teléfono que sonaba en ese momento.

Por más inteligente que sea o se crea, Ernesto no controla los procesos de su inconsciente. Si se le dijera esto estaría completamente de acuerdo. Es más, enumeraría todos sus fracasos y las sorpresas que le dio la vida. Sin embargo, así como la ley es la ley, el inconsciente es el inconsciente. No es de extrañar que la resolución de una simple pregunta acerca del tamaño de los huevos, sin que se diera cuenta, se le estuviera convirtiendo en una epopeya asociada con las respuestas finales y definitivas. Tampoco es de extrañar que en el instante en que escuchó el ring del teléfono, se le hubiera acelerado el corazón. Por si era mal atendido —cosa prácticamente imposible con la burocracia canadiense que se sabe las leyes de memoria—, con la clara conciencia de un contribuyente y sus derechos, se preparó como un perro de presa para el ataque y el rechazo imaginario. Contra lo esperado, para amargarle el día, la voz sexofónica, oxigenada de alegría y despreocupación, tintineando y desparramando felicidad como una campanita de Navidad, saludó:

—Buenos Días (en francés) —se presentó— Comisión de Huevos (en inglés o francés), ¿En qué puedo ayudarlo? (en inglés).

—Buenos días. Ernesto hablando —en inglés y con azúcar—.

Deseo, desearía encontrar una información.

—Con placer lo ayudaré. ¿Qué información?

—Bueno... —vaciló y por las dudas gruñó—. Desearía información sobre el proceso científico, pero cien–tí–fi–co, de cómo se determina el tamaño de un huevo.

—¡Ohhh! ¿Realmente? Qué interesante. Terrorífico. ¡Jamás se me hubiera ocurrido! Por favor, le ruego que espere un segundo.

Ernesto se sintió halagado, henchido. ¡Nunca pero nunca se le había ocurrido a nadie! Era el único, ya no le quedaba espacio en el mundo; este se había achicado o él agrandado.

—Un segundo, por favor— la voz de la secretaria.

"Ja. Todos los segundos que quieras". Y apartó ligeramente el tubo de la oreja por si sonaba alguna musiquita de esas que, sin tener en cuenta el gusto del cliente, se ponen para hacer más agradable la espera o disimular la ineficacia o la falta de personal, cosa que solo se justifica en las grandes empresas para ahorrar dinero y servir mejor al cliente con productos más baratos. Esperó con la confianza y la seguridad de que en la democracia cualquier estupidez puede ser noticia y él hacerse famoso. Ya se sabe, lo que no se ve por la televisión no existe y durante una vida uno puede aparecer en la pantalla, aunque sea por veinte segundos, como un mono, agitando la mano frente a la cámara en una cancha de fútbol. Casi la inmortalidad.

—Perdone, un momento por favor, estoy tratando de ubicar al experto en el problema —rogó la voz, ya un poco ansiosa.

"Ja. Experto, sigo siendo tratado y acunado por expertos, como si no lo tuviera bastante por mis doctores. Esto es vivir. Todos los minutos que quieras. Me imagino el brete en que los metí. Corridas de un lado para otro en la oficina. Todo acción. Ja".

Por unos segundos, tal vez un minuto, se sintió adaptado, ajustado a la sociedad e inmensamente feliz. Parecía que eso de "Todos podemos llegar a ser presidentes" o "Todos podemos ganar, basta querer, o basta tener actitud ganadora", eran principios reales, por lo menos como principios, y lo único que faltaba era saber cuándo, dónde y cómo se logra. El momento parecía haber llegado.

Un suspiro de alivio en la línea y un uffff.

—Lo sentimos muchísimo pero no tenemos ningún folleto

explicativo e informativo sobre el proceso. Esto se debe a que estadísticamente es la primera vez que surge esta pregunta tan importante y no hubo justificación para pedir un presupuesto para su redacción e impresión. Pero nuestro director, asesor–coordinador–consejero estaría realmente encantado y entusiasmado con la idea de concederle una entrevista personal, poner a su disposición todo el material existente y, además, aclararle todas las dudas que usted pudiera tener. En inglés o en francés, a su elección.

Loco de alegría por la inexistencia del folleto, no solo por la imperfección del mundo perfecto, sino porque tomarle la dirección y mandarle un folleto para que lo digiera con mostaza o kétchup, era el proceso rutinario para sacarse a alguien de encima. Ante las palabras "todas las dudas", ante tanta amabilidad y atención, se olvidó de sus broncas y preocupaciones, de la decadencia de Occidente en la que no podía participar, el agujero de la capa de ozono, la polución, la profunda injusticia social, la explotación del hombre por el hombre, los niños hambrientos del mundo, el destino inseguro de sus hijos, y aceptó. Deletreó su nombre y apellido, anotó el del asesor —nada menos que un doctor—, la dirección, la oficina y la fecha de la entrevista: el día siguiente a las nueve de la mañana, y aunque esta hora significaba interrumpir su labor creativa, París bien valía una misa. Eligió el inglés y oh, milagro, dio las gracias sinceras en el momento y en el lugar justos, y de la misma manera en que ella lo había hecho, le deseó un buen día a la chica y colgó suavemente el teléfono.

Se recostó en el sillón; un *feeling* (hasta le pareció que en inglés se podía expresar mejor) raro y embriagador lo invadió. ¡Una entrevista con experto, un doctor– asesor– coordinador– consejero! Una combinación que sonaba fantástica y esperanzadora, un rabino–demiurgo–padre, ordenador del caos. Y había sido nada menos que ¡él!, "Yo", el que consiguiera la cita.

Y se siguió olvidando de sus broncas, de su personaje varado frente a la puerta abierta, su "gran novela", de sus conocimientos sobre la burocracia; de sus deseos de viajar al Polo Norte y dormir por lo menos un invierno, con ositos, sus hermanitos, en el regazo de una osa polar cariñosa. Pero el peor olvido, el más grave y casi diríamos fatal, fue el de una ficha en "Frases célebres" o "Mis-

celáneas", lo mismo da, en la que un día de profunda sabiduría
e iluminación (así lo creía él) garabateó: "¡Atención!, si hay oro
falso, es porque hay oro verdadero. Si hay inteligencia y sabiduría,
ergo, hay falsificaciones. ¿Cómo se falsifica a un sabio? Se toma
un ser humano con buena memoria, amplia y dura como un disco de la computadora *(ya sería hora que la usara, las estupideces se
escriben más fluidamente y aparecen más bonitos en la pantalla de
colores que... pero, ¿en qué estaba?)*, se lo manda a la universidad, se
le abre en la cabeza un fichero, un *data system* o depósito del saber —para no llamarlo cloaca—, se lo rellena con informaciones
que repite como un loro en los exámenes, se lo bendice, perdón,
se lo aprueba, finalmente se le da un título. Si sigue acumulando información, obtiene el grado más alto, el título de doctor y,
dándole cuerda se lo empuja a la calle como experto. Gracias a
sus conocimientos limitados, por no ser peligroso, obtiene trabajo
inmediatamente: y se le da un puesto en un pesebre de una insti-
tución estatal o privada. Y ya tenemos a un hombre de confianza.
No hay peligro que altere el orden establecido ni que lo cuestione,
ni menos que se cuestione a sí mismo. A sus conocimientos limitados, sólidos en el disco, escondidos en la oscuridad de su mente,
nunca llegará ni la luz ni el oxígeno; el tufo a podrido que emana
lo disimula con algún desodorante popular. Cuando uno lo en-
frenta, está ante un verdadero terrorista, pero no lo nota y lo confunde con un sabio. Sentado detrás de su escritorio, no golpea ni
amenaza (para eso está la ley.) No. Con elegancia y graciosamente
se pone a tocar la flauta y hasta astutos como yo, que se creen
serpientes, caen y son devorados como pajaritos hipnotizados".

Sea como fuere, por fin tuvo momentos de reconciliación con
la vida. Y qué fácil había sido. A través de un cable telefónico,
apretando unos botoncitos, había salido de su barrio–catacumba
hacia el sol que, a partir del próximo día, tendría para él forma
y tamaño de huevo. Dentro de un día dialogaría, se comunicaría
como un ser humano normal, común y corriente. Sería mayoría.

10. ENSOÑACIONES DE GLORIA
O SOÑAR NO CUESTA NADA

Con esa sed de Ernesto por el tiempo brahmánico e infinito, con la tranquilidad, la paz (la paz interior tan cacareada; la exterior le revolvía la sangre) que, como un milagro, aterrizaba sobre él cubriéndolo con sus alas, se dejaba llevar. Nunca sabía cuánto tiempo pasaba en ese estado bienhechor que algunos, muchos, de acuerdo al consenso general, definen como "improductivo".

Antes de hundirse definitivamente en el baño relajante de la beatitud, recordó un detalle "importantísimo" para la futura entrevista y que tendría mucho que ver con su presencia y actitud "pesimista u optimista". Buscó el papel en el que había anotado los datos del asesor–padre, y para presentarse como un hijo modelo, sonriendo a pleno, sin huecos, anotó: "Ponerme dentadura postiza". (La dentadura que había sido uno de los tantos intentos de recuperar lo perdido en su vida.) Ahora sí, prendió un cigarrillo y se dejó ir.

"Hum —pensó—, no estaría mal charlar con un amigo sobre la epopeya que voy a emprender. Pero, ¿con cuál? " Vagamente, recordó que el teléfono tenía un servicio para los momentos de total soledad. Y no se trataba del Centro de Suicidas. Pensaba en el *Party Line*: por dos dólares cincuenta el minuto, una telefonista con voz materno–vaginofónica, para que pudiera charlar, dialogar y compartir, lo conectaría con alguna o algún ansioso, desesperado. Una especie de modelo ejemplar necesitado de todo para quien el *Party Line* no fuera más que el escalón previo al Centro de Suicidas. "No hay por qué preocuparse, su desaparición no se notaría, como que no se nota su existencia".

Por suerte, todavía él no había llegado a eso; él todavía se mantenía firme.

En un mundo donde todo "depende de su imaginación" porque la realidad se esfumó, podríamos decir que Ernesto era el rey de los imaginativos. La imaginación da alas al ser, lo eleva en el aire como si hubiera perdido la gravedad y estuviera en un baño flotante californiano con música celestial, hermético para aislarse del mundo ("como si los males no se llevaran adentro, salvo los que están vacíos"), y relajarse en una hora de las tensiones de toda una vida. La imaginación es una herramienta útil para compensar todas las deprivaciones. Gracias al ingenio humano, estudios de por medio, se ha convertido en técnica y si antes, como ahora a la mercadería, adornaba a los seres amados para compensar todos sus defectos y carencias y poder seguir amando, hoy, sin tener en cuenta al otro ni sus defectos, ni tan siquiera su existencia real (incluso puede no existir), se ha convertido en la técnica sexual favorita del *New Age*. Que la imaginación se haya convertido en fantasía e ilusión, es otro problema. Todo depende de la metodología. En resumen: la imaginación abre puertas inimaginables.

Así, Ernesto, sin estar en el baño para flotar, sin escuchar música celestial, ni siquiera cantos gregorianos, como si un ángel o dos, tomándolo de los sobacos, lo fueran subiendo, no hacia Dios, sino hacia la gloria, empezó a prepararse.

Pero con ese vuelo no llegaría.

En ese mismo instante, de manera muy distinta a la de aquel negro y feo, cuyos timbrazos ponían los pelos de punta, pero también en estado de alerta, el teléfono nuevo, como quien no quiere la cosa, susurrando sonó.

Ejerciendo su libertad y los Derechos Humanos, limitando los del intruso, se inclinó y leyó en la pantalla: un número desconocido.

Sonó de nuevo.

¿Qué hacer? ¿Atender o no atender? ¿Ser o no ser?

Otro susurro del teléfono. El tercero; al cuarto generalmente lo colgaban. El 50 o 60 % de las personas no dejan mensajes.

Antes de que terminara de sonar por cuarta vez, no vaya a ser que esa fuera la llamada que había esperado toda su vida (el primer premio en un concurso en el que no había participado, sin hablar del Nobel, un primer premio porque sí, o un editor para publicar su novela de manuscritos que no había enviado, o su agente o promotor que no tenía), levantó el tubo y siempre consecuente, no con el mundo en que vivía sino con el suyo propio, dijo "Hola" en español.

—*Hi, my name is Nancy Clark, Mister* Ernesto...? —en inglés, una voz tintineante, entusiasta, cargada de energía.

—Yap —sí, podría ser el llamado esperado, pero también podría tratarse de alguna oferta de limpieza de alfombras, o de algo mucho más importante para la salvación del alma, una secta religiosa vieja o nueva. "Estamos muy contentos de anunciarle una buena nueva", generalmente el fin del mundo, para el que, aunque poéticamente lo esperara todos los días, cargado de pecados, nunca estaba preparado. Y mucho menos para presentarse ante Dios a pesar de su fanfarronada de esperar su llamado. Si dijera eso, la secta le ofrecería un curso de entrenamiento para la ocasión probablemente acompañado con el librito *Las diez maneras educadas de presentarse ante Dios, qué decir, cómo vestirse*. O una encuesta telefónica para ayudar a la marcha de este mundo afinando la democracia como un instrumento de música para domesticar animales o para descubrir el producto más popular.

Nada de todo eso.

—¿El gran escritor?

No cabía duda, se trataba de él.

—Yap —con prudencia, siempre en guardia; más de una vez lo habían llamado para pedir una donación; su nombre figuraría en una lista de bienhechores, una manera muy humana de promoverse. O para ser "padrino o patrocinador", de algún grupo de discapacitados con taras diagnosticadas o no.

—Alegría por escucharte. Soy productora de radio, periodista y escritora como tú. (Relámpago en la mente de Ernesto: "tres personas en una".) Sé que los grandes escritores, a los que conozco muy muy muy bien, están muy ocupados en las nubes de sus creaciones, ja ja ja. También sé que, y esto toda mujer comprensiva debería saberlo, pobres escritores incomprendidos, que cuando un gran escritor mira por la ventana, también está escribiendo. (Relámpago: "Ojo, esta leyó muchos manuales sobre la comprensión".) Pero también sé que por una entrevista de tres minutos, venderían su alma al diablo, ja ja ja. (Relámpago rojo en las mejillas de Ernesto: "Yo no", débil, muy débil.) Yo te ofrezco una de cinco. ¿Qué tal? Tu último libro fue sensacional. ¿Qué contestas?

El dinamismo y el entusiasmo de Nancy Clark eran abrumadores, si no aplastantes. Sus carcajaditas, irritantes. Ni siquiera perdió el tiempo con la pregunta ¿qué piensa? Pero era como si la hora hubiese llegado. Hacía mucho tiempo que no le hacían una entrevista si es que se la habían hecho alguna vez. Su fama había traído una periodista como el azúcar a la mosca. Se le había acercado con la soltura que caracteriza las relaciones de estos tiempos y de las que nada queda. No creyendo que en una persona que encarnaba la trinidad cupiera una más, la de una buena amante, dejó de lado las ganas de conocerla, lamentando que la entrevista no fuera por televisión para existir un poco más; sin siquiera preguntarle a qué libro se refería por la sencilla razón de que hasta él se había olvidado cuándo publicó por última vez, respondió:

—Mi querida Nancy. Encantado de conocerte. Acepto la entrevista, pero bajo ciertas condiciones.

—¡Magnífico! Natural, todos tenemos nuestras condiciones, nuestros propios pensamientos y nuestra personalidad. Sin olvidarnos del mercado, debemos tratar de conservarlos. ¿Qué condiciones?

Por lo que parecía, Nancy no tenía que pensar mucho para hablar. Ernesto tampoco; ya había imaginado todas las variantes y se lo sabía de memoria. Pero no, ¿cómo no se iba a olvidar de algo? En este caso, de preguntar cuánto le pagarían.

—Condición número uno: la entrevista debe ser más larga, por lo menos veinte minutos. En cinco minutos no se puede decir nada. Condición número dos: que no se me corte las... la palabra con "gracias por haber venido" o "gracias por su amabilidad, paciencia o gentileza". No soporto la idea de que se abuse de mí y se hiera mi autoestima echándome a las patadas para dejar el lugar a otros idiotas que no hacen más que decir estupideces.

—Oh, totalmente de acuerdo. Yo no soy de esas que hacen morder el anzuelo con veinte minutos y el pescado, desesperado por ser noticia, se traga un minuto. De ninguna manera. Aunque sabes que un gran escritor tan inteligente como tú, es capaz de decir en un minuto lo que otros ni en una hora. Debes reconocerlo.

Por qué los ojos de Ernesto se adelantaron en sus órbitas y casi se le salen como globitos, podía deberse a muchas razones: el esfuerzo de tragar el anzuelo que ya había mordido, la furia por haberlo hecho o la vanidad que es aire calentado por las alabanzas y que buscaba un lugar por donde escaparse.

—¿Qué contestas? —urgió con bastante impaciencia la comprensiva Nancy.

El "Sí" de Ernesto fue casi tan inaudible como el de una virgen, pero Nancy, muy humana, sabía a qué atenerse.

—Bien, casualmente estoy en los estudios de la emisora CHO. FM. Saldremos al aire directamente. Ahora bien, aunque tu inglés es excelente, extraordinario (relámpago: "Lo sé desde hace veinte años"), te ruego que hables lenta y claramente, modelando bien las palabras. Esta es una audición popularísima y los escuchan niñas, adolecentes, mujeres, ancianas...

—¿Ningún hombre? ¿Ni siquiera un niño?

—Oh no no no. El programa se llama "La mujer de hoy" y está dedicado exclusivamente al mundo de la mujer.

—¿Hablaremos sobre mi obra en general o sobre mi último libro en particular?

—Oh, no, no podemos complicarle la vida a la gente. Perderíamos audiencia. Hablaremos de un tema mucho más candente y de actualidad. La gran pregunta que se te ocurrió y que ya está causando revuelo y que algunos ya llaman escándalo, revolución, subversión.

—¿Cuál? —preguntó asombrado de todo corazón. Se apresuró a corregirse—. Digo, ¿cuál de ellas? Porque se me ocurren tantas y hasta tengo una cajita donde...

—Sobre el tamaño de los huevos.

—¡Cómo corren las noticias!

—También, una idea tan brillante, casi filosófica, pero esa palabra no la uses, trataremos de hacer llegar la idea en forma sencilla y simplificada. Pero rápido que el tiempo pasa. ¡Atención! (Se oye un clic, un fondo musical, la voz de Nancy se metamorfosea en feminofónica.) Queridas amigas, en un esfuerzo periodístico especial, tenemos con nosotros al gran escritor Ernesto... Un libro bajo su brazo, un par de anteojos, detrás, un par de ojos negros y brillantes, una frente angosta surcada por vellos negros, unos bigotes negros, todo su aspecto tan típicamente latino como... como, EXACTO amigas, de un latino, un cuaderno de apuntes en la mano, un lápiz en la oreja, el pasaporte y un boleto de avión en su bolsillo, lo pintan de pies a cabeza: el escritor moderno siempre en acción. Ha sacrificado preciosos momentos de su labor creativa para acompañarnos y aclararnos este misterio de los huevos y la verdadera revolución que ha provocado su sencilla pregunta sobre los mismos. Ernesto, ¿cómo se te ha ocurrido una pregunta tan brillante?

Mientras Nancy largaba su párrafo introductorio, Ernesto, a quien modelos de "grandes escritores" no le faltaban, más bien sobraban, y aunque en ese momento no había un embajador a quien saludar, ni un rey frente al que inclinarse, sabía muy bien a qué atenerse en aras de la popularidad, ser querido y admirado.

—De pura casualidad, digamos que la idea me golpeó. Un día paseaba por mi increíble Supermercado en el que las cosas son más baratas, entre gente agradable y educada, en esta ciudad capital tan pintoresca con tulipanes que es Ottawa y que tantos genios del arte y bienhechores de la humanidad alberga. En mi último libro hablo de estas bellezas. Ah, y las de Canadá. Yo paseaba sin estrés, escuchando la música, embelesado en la contemplación de los globitos de colores en las alturas, con la ventana de mi espíritu abierta con deleite a los nuevos productos como Nar–Coc y Ban–Ana, siguiendo el riguroso orden de la lista que había preparado mi esposa, porque tú sabes, yo soy rabiosamente muy colaborador con la mujer moderna que tiene sus derechos igual que el hombre... y ya basta de opresión. Porque la mujer, en la creación, en el mundo, en los países civilizados, ocupa exactamente el mismo lugar que el hombre.

—Es decir, que hablas de un momento poético, de inspiración cuya descripción es magnífica, terrorífica. ¿Cómo surgió, cómo hizo "plop" la idea, la pregunta?

—En un momento en que, por mi estado místico, por la paz interior que me atrapa cuando paseo por una Catedral, por el amor al mundo, una de las ventanas de mi espíritu estaba abierta y, frente al altar de los huevos, arriba una paloma blanca que, ahora estoy seguro, era el Espíritu Santo que la sopló y, como un relámpago, la pregunta penetró por allí.

—¡Fantástico! ¡Terrorífico! La pregunta, la idea, ¿tuvo algún significado en tu vida? ¿Marcó algún cambio? ¿Te sentiste realizado, pleno, te dio más confianza?

—Indudablemente. Sin ninguna duda. Ahora veo al mundo de otra manera, más alegre y más bonito. A las mujeres también.

Me parecen más receptivas; mi autoestima se reforzó, mi potencia creativa y de la otra se han triplicado.

—Extraordinario. Suena interesantísimo. Hablando de mujeres, ¿tú crees que tu pregunta genial sobre los huevos es importante para la mujer moderna? ¿La puedes considerar una conquista para ella y que le va a hacer la vida más fácil, más natural? ¿Cómo la conectarías con ella?

—Bueno, es muy fácil. Yo... yo... yo... nunca... sí, con palabras...

Un relincho lejano hendió el aire.

PLOP.

11. AY, HAY QUE VIVIR LA VIDA

Sus ojos de sapo, como le habían dicho sus hijos que tenía, re-corrieron el *living*; no había sol, los muebles y objetos sin sombras, aparecían estáticos, sin dimensión. La casa estaba más vacía y más ideal para la creación que nunca. Otra vez el relincho; no, no era un caballo libre y al galope sobre la pampa sino la Musa, una yegua, atada al carro que lo reclamaba y esperaba. Miró la hora: las diez. Crujieron sus huesos cuando se puso de pie. "Ay, hay que vivir la vida. Sigamos trabajando en el único trabajo que me da libertad, aunque eso sea otra forma de esclavitud". Subió, preguntándose si las yeguas relinchaban como los caballos, y con una respuesta no muy lógica, "Hoy más que los caballos", bajó con la pava y el mate, cambió la yerba, calentó el agua y como quien lleva los males del mundo, volvió a subir. Se sentó (cigarrillo y mate); después de ordenar las hojas y numerarlas, releyó lo que había escrito vaya a saberse cuándo, podía ser hasta el día anterior. Llegó a otra etapa del día, a la autocrítica. Estaba muy orgulloso de no ser uno de esos escritores vanidosos que creen que por cada palabra que escriben, ponen un huevo de oro; autocrítica que con el afán de ser único y perfecto, lo destruía. "Hum, muy esquemático, muy esquemático. Si bien hiede a americano, ideal para el mercado hasta en Tombuc-tu, le faltan esos toquecitos graciosos típicos. Por ejemplo, habría que retrabajar la parte en que pierde la pata en el accidente de auto. Allí, mientras corre raudo, habría que poner a dos tres tipos que casi atropella y que graciosamente saltan para salvar su vida. De acuerdo, pero dejémoslo para otro momento. Ahora que abrió la puerta y está en acción, sigamos antes de que se paralice y yo me quede empantanado. Arriba. Vamos Musita, adelante". Aparecie-ron más dudas, como rueditas, solo trabajaron sus circunvoluciones cerebrales: "Hum, algo no anda. Si bien hacer el amor con la madre es humanamente comprensible y hasta tierno, todavía no parece una práctica de la mayoría, es decir, normal, natural y popular. Pero digamos que me adelanto a la época, ergo, una vez más seré un in-comprendido. Basta. Adelante, siempre adelante, aunque no se sepa a donde voy". Como si hubiera hecho restallar el látigo, el carro de la creación arrancó bruscamente. Él, el carretero del intelecto con el cigarrillo colgándole de la boca.

Clip–tic–clop–tac... "Y lo que había creído que sería un hermoso prado verde con florecillas silvestres, pajarillos piando bajo el sol que alumbra *(creo que 'cantando' sería mejor)*, perritos correteando y jugando con sus dueños, con ardillitas saltarinas y graciosas, un nuevo mundo, resultó una estación de trenes *(esto ya estaba escrito)* siniestra, envuelta en brumas. Se asombra, pero disimula su asombro *(asombro asombra, no es una combinación muy feliz)* ante los pocos pasajeros que encorvados y agazapados en las sombras lo observan con los ojos, dos cuencas vacías *(órbitas o cavernas, ¿no sería mejor?)*. John se dice: "Qué raro. En el folleto 'Descubra Canadá', no leí nada sobre esto. ¿Cómo vine a parar aquí, a esta estación con pasajeros que parecen cadáveres? Es como si alguien me estuviera empujando. *Fuck*, no veo ni siquiera una cafetería para comerme una regia hamburguesa y papas fritas con kétchup. Veamos".

John se siente invadido por una extraña sensación *(por una frase así, entre nosostros sea dicho, yo colgaría a cualquier escritor)* de total desorientación *(bueno, esto ya es algo, muy de la época, con un poco de ternura y comprensión, hasta puede resultar positivo)*. Da vueltas y vueltas buscando un lugar donde poner el cu... sentarse. No lo encuentra. Sigue dando vueltas y vueltas y por fin toma una decisión *(menos mal)* y se dirige *(¿o encamina?)* hacia una ventanilla. El empleado detrás de las rejas *(ay, en Canadá no hay rejas. Ni siquiera en los bancos. Sería como poner una barrera entre esa relación tan amistosa con las cajeras sonrientes. Por otro lado, ¿quién roba hoy día? El dinero está mejor vigilado que la vida y solo se roba legalmente. Pero me parece que me estoy distrayendo. ¿Dónde iba? Ah, detrás de las rejas... dejémoslo, es un toque romántico de los tiempos de los cowboys. Entonces... rejas)*, tiene puesto un casco de obrero y en su cara, una máscara de la muerte o es la muerte. El empleado con voz cavernosa le habla:

—*Hi*, señor, ¿cómo está usted hoy? ¿Está listo para Halloween?

John se golpea la frente.

—Ah, claro, hoy es fiesta y hasta aquí llegó la alegría.

Y para participar de la alegría, canturrea:

—Sí, estoy listo estoy listo.

Y pega unos brincos y saltos *(mierda, ¿con su pata artificial? ¿es verosímil? Bueno, con la tecnología de hoy)* y sigue canturreando:

—Y estoy bien, francamente muy muy bien. Es un día hermoso, el sol brilla y la bruma está llena de lucecitas fosforescentes. Los ojos de los pasajeros son globitos de colores, verdosos y amarillentos... "

Y *bramm*, la Musa se frenó, se sentó en el suelo y empacada, miró a Ernesto sonriendo.

Supo, lo más probable, que John se quedaría varado en esa estación para siempre, ni más ni menos como él en Ottawa y su barrio. Ese era el verdadero drama. Segundos después, más paralizado que nunca, con las manos detrás de la espalda, estaba mirando por la ventana.

A través de ella Ernesto contemplaba uno de los tantos elementos que se le habían vuelto irritantes: la niebla de Ottawa. Una bruma que surge de la tierra en primavera y otoño en la que la calle, las casas, parecen hundirse y desaparecer. Sus ojos se detuvieron en el único árbol de su jardín frente a la casa; todos los días a las once, desde hacía meses, solía visitarlo una señora con su perrito o un perrito con su señora, diría él. Con su tolerancia habitual, cansado de las deposiciones del perrito, ayer le había gritado que cumpliera con la ley, que levantara la deposición del perrito, si no la denunciaría. Fue duro, no había traído la bolsita especial para el caso, ni siquiera una del Supermercado ya usada, ni un papel y debió hacerlo con la mano. Suspiró, quién sabe si volvería, la gente es menos comprensiva de lo que parece.

Buscando alivio, para que los fantasmas y los sueños muertos que poblaban su estudio se escaparan también aliviados, abrió la ventana. El aire que penetró, lo sabía con más seguridad que aquella con la que esperaba que se descompusiera su teléfono, era nauseabundo.

Cuando olió la niebla por primera vez fue horrible, era como esos aires venenosos que encontraban los antiguos conquistadores, y que los mataban. Como a las vetustas damas de los antiguos salones el vapor del alcanfor o las emanaciones de los frasquitos de sales, el olor de la niebla le había activado el cerebro; con un sentimiento de felicidad, se imaginó que habían abierto las bocas del infierno y los vapores mefíticos envolvían la tierra, que surgían arrastrándose reptiles gigantes, alados o no, viscosos o no, vomitando azufre derretido o fuego o alguna materia hedionda, putrefacta, amenazante para la humanidad pervertida que vivía soñando despierta, creyendo que salía o entraba cuando quería, que compraba lo que se le daba la gana. Se imaginó luchas titánicas y castigos infernales por pecados no redimidos. De allí a la tierra en llamas girando en su órbita solo quedó un paso. En la "Oda al fin", o algo así, que había elucubrado y escrito algunas páginas, la humanidad chapotearía en aguas servidas hasta el cuello, rezando inútilmente a Dios, quien, allá arriba, si bien no se agarraría la panza con un ataque de risa, diría con una sonrisa bondadosa: "Joderse, vosotros os la buscasteis". Su felicidad sádica le había durado muy poco. En un intento de ser admirado o querido, le había leído a su mujer la "Oda al fin" y una vez más, sin muchos comentarios (el paciente empeoraba), fue mandado al psiquiatra. Bueno, no exactamente: como una alternativa en la vida rica que vivía, simultáneamente una muestra de amor y comprensión, le aconsejó que para una explicación del fenómeno, consultara a los expertos en la materia.

Siguiéndolo por primera vez, Ernesto consultó a los servicios burocráticos, meteorológicos en este caso, y, quejándose delicadamente por teléfono del mal olor, obtuvo la siguiente respuesta: "Qué raro, usted es la primera persona que se queja. En fin, se lo voy a explicar. Ottawa está en un valle, por debajo de los niveles normales del mar. En consecuencia, cuando hay niebla, los gases de las cloacas, en vez de evaporarse rápidamente, en los días de tanta temperatura se mezclan fácilmente con ella y se percibe el olor. Sí, por una cuestión de niveles, densidades y volatilidad de los gases, es difícil de entender. Dénos su dirección y le mandaremos un folleto ilustrado. No, no señor, no implica ningún peligro para su vida. Hasta ahora no se ha registrado ningún caso. No, no se puede hacer nada, salvo mudarse a otra ciudad o aprender a convivir con el olor". La frase famosa de ese día fue: "Ningún creador que quiera llegar a algo, así como no debe leer el diario local, tampoco debe seguir las actividades de un político, ni mirar televisión, ni pasear por un Centro de Compras ni, por una cuestión de higiene mental, hablar con personas sensatas y con sentido común como las esposas, especialistas, o con los servicios burocráticos".

La niebla, más espesa y nauseabunda que nunca. Afuera, más desierto que nunca. Extrañó hasta los mogólicos y los espásticos, dadores de felicidad. Con la vaga esperanza de que se animara milagrosamente, aunque fuera con la resurrección final, continuó observando la calle poblada de ausencias. Más de una vez le ocurrió que paseando por la calle oía una trompeta y, loco de alegría, creyendo que era la del Arcángel del Apocalipsis anunciando el fin del mundo, corría para encontrarse con la orquesta del Ejército de Salvación. En ese momento estaba combatiendo uno de sus miedos; distraído en su creación, temía perderse hasta la resurrección final. A no ser que uno de los esqueletos resucitados, generoso, con la sonrisa eterna en la boca, le golpeara la ventana y, además de decirle optimista: "Qué hermoso día. Terrorífico", le informara: "Eh, camarada de la causa, el momento ha llegado. El buen Dios nos espera en el Centro Cívico. Para que vayamos con entusiasmo, nos motivan repartiendo caramelos".

Nada, absolutamente nada, ni siquiera un italiano gordo en camiseta que sacara su silla a la vereda para pispiar y chimentar, o una doña María que arrastrando sus chancletas buscara a quien quejarse de sus callos plantales. Vereda que, por otra parte, no existía.

Un ladrido. ¿Cómo? ¿Sería ella? Hubiera jurado que nunca más volvería, pero parecía que al perrito le gustaba el árbol y en este mundo los perros son quienes mandan, son los amos.

Arrastrada por el perrito entusiasta que movía la cola, la vieja surgió de la niebla. Sus pasos eran vacilantes; sus gruesos anteojos, como rayos láser, bombardeaban los alrededores y la ventana de Ernesto, de la que este se apartó para seguir mirando por el costado. Se sintió contento. No estaría mal bajar, saludar a la viejita, preguntarle cómo estaba hoy, si tenía callos plantales, hablar de la hermosura del día ya que de la del mundo no se podía, intercambiar ideas sobre el perrito, qué vitaminas le daba, qué comía, si movía bien el vientre, cómo combatía las pulgas, en resumen, dialogar, convivir, comunicarse.

Ernesto se sintió bueno y tierno. Con cariño, bautizó a la viejita "La última sobreviviente" y uniendo deseo, pensamiento, y acción, bajó la escalera, cruzó el *living* y abrió la puerta: verlo, pegar un grito, espantarse, arrastrar al perrito que gemía y ladraba, correr, fueron acciones simultáneas. Era inútil que Ernesto gritara: "Eh, señora, señora, no soy el jorobado de Notre Dâme, mi espalda está encorvada por la artrosis y no la depresión. Venga, charlemos". La viejita desapareció.

"Maldita vieja, no sabe compartir. Esta también debe hablar mucho sobre la importancia del diálogo, con su perrito seguramente, y leer notas sobre el tema en el diario local o en *Selecciones*".

Sin darse cuenta de que en su carrera hacia los brazos de la buena mujer se le había abierto el salto de cama y la hoja de parra faltaba donde hubiera tenido que estar, se quedó allí como quien no encuentra el camino para dar el primer paso. No hacía frío, pero a través de sus pantuflas empezó sentir la humedad del pasto que, por falta de corte, le llegaba más allá de los tobillos. Vagamente recordaba que algún vecino ya había señalado, no a él, a quien le tenían terror por sus simples respuestas, sino a su mujer, que el césped estaba demasiado largo en relación a los otros de la calle y que podía albergar ratas y vaya a saberse qué otros monstruos además de gérmenes, microbios, plagas e hierbas malas que matan las buenas, como los dientes de león.

"Bien, matemos dos pájaros de un tiro. Antes de que el vecino me denuncie a la municipalidad que con el imperio de la ley me lo va hacer cortar, y para animar la calle que nadie anima, voy a proceder a cortar el pasto hasta la raíz para que nada original, nuevo, por lo tanto peligroso, pueda crecer. Es probable que si muero electrocutado por la humedad, me entierren con honores como buen vecino y constructor del futuro. Espero que para la tarea pueda poner la sonrisa de felicidad adecuada".

Y lanzando un *kikirikí*, fue a buscar la máquina y volvió a los treinta segundos. Había cambiado de idea. En vez de cortar el pasto y hacer algo útil para los vecinos y la belleza, bajar la tensión con un ejercicio sano imaginando que cortaba cabezas para aliviar su alma, volvió a su morada para hacer algo útil para la familia célula de la sociedad, ergo, a la sociedad toda.

12. PASA EL DÍA, EL TIEMPO Y LA VIDA

Ernesto nunca supo, ni pudo explicarse, cómo una determinación tomada con serenidad para actuar de una manera, se le escapaba de las manos a los pocos segundos. ¿Qué mejor recurso y más reconfortante que echarles la culpa a los efluvios de la humanidad presa de una exaltación más contagiosa que la lepra?

En el *living*, miró el hermoso reloj cucú encima del hogar —que jamás se encendía—, una verdadera joya asociada a los nostálgicos cuentos infantiles. Lo había comprado de paso por el país de los relojes y cuando se lo entregó a su familia después de un pequeño discurso pedagógico acerca de las bellas leyendas olvidadas, descubrió que era *Made in* Hong Kong. Eran las 11:05 hora local. Faltaban 55 minutos para el noticioso de la televisión de las doce a una, que nunca miraba. Estaba convencido de que sentarse frente al televisor era morir un poco. Sin embargo, de haberlo mirado tanto ya se le había metido en el cerebro. Cuando el pajarito del cucú salía para cuquear las doce, como a un perrito de Pavlov al que las glándulas salivares se ponen en marcha al oír el timbre, él sentía que las células de su cerebro vibraban hambrientas por la información, ni más ni menos que las de un drogadicto por la heroína.

Preguntándose "¿Para qué diablos habré entrado?", siempre con las manos detrás de las espaldas, como un burgués que las cruza allí para ayudarse a mantener en equilibrio su panza voluminosa, a través del ventanal del *living* observaba la niebla que iba desapareciendo; como si surgieran de una Atlántida perdida, las casas recuperaban sus contornos y pronto saldría el alegre sol que le amargaría aún más la vida. No era de esos que negaban la aflicción señalando el sol.

Como a sus personajes, sus piernas lo inmovilizaban en una estación a la que el tren que lo llevaría a mundos mejores, no llegaría nunca. Pero, como la fe mueve montañas continuaba esperando, a pesar de saber que cuando la búsqueda de la paz, la serenidad y la felicidad, se vuelve un mandato es irrealizable.

Gracias a Dios recordó una frase que había subrayado, no se acordaba dónde: "Ya nadie contempla el cielo a través de los dedos de los pies, recostado bajo un árbol". Así que en vez de ducharse, vestirse, ir en auto a *Vincent Massey Park*, pasear una hora según el mandato de su médico generalista, disfrutar del sol, festejarlo, relajarse, y una vez relajado tirarse bajo un árbol, sacarse los zapatos y las medias, contemplar el cielo a través de los dedos de su pie y ya totalmente reconciliado con el mundo, sin culpas porque se sentiría bueno, dándole rienda suelta a su imaginación, fantasear que le arrancaba el corazón no a una víctima inocente como los sacerdotes aztecas, sino a un enemigo (¿cuál? No importa, sobraban y en este caso lo importante era la catarsis); en vez de hacer lo anteriormente descripto, la frase de los pies, por oposición, le trajo otra, bíblica esta vez. "Dios mío, ponlos a rodar como torbellino y que no encuentren paz jamás", frase que sin duda era mucho más coherente con la época y la describía a la perfección. Y se quedó en casa.

Entró en la cocina y se precipitó sobre la lista general, el Texto Sagrado de este mundo. En las Tareas Perpetuas, 1. además de los días que había que sacar la basura 1. 1, los días que había que comprar leche 1. 4, leyó cortar el pasto 2 en primavera 2. 1 verano 2. 2, y otoño 2. 3.

¿Hay que explicar por qué sintió un golpe en la mandíbula y se sentó?

Sus ojos de sapo recorrían las paredes empapeladas con motivos campestres chinos, de una cultura de ocho mil años adaptados a la cultura occidental. El motivo (al fin y al cabo, era uno solo) se repetía precisamente como se venía repitiendo desde los tiempos de los Grandes Emperadores; arriba en el cielo aves volando, más arriba, la luna o el sol, sobre la tierra un campesino con los pies en el agua, el pantalón recogido hasta las rodillas, sombrero chino, encorvado y trabajando en una plantación de arroz para uno de los Emperadores, si es que no estaba pescando ranas para consumo propio.

Como si se le hubiera pegado a la mano, sin haberla soltado, miró la lista de nuevo. En el capítulo Compras 3. leyó: "Comprar y probar el To–fu 3. 1, ojo, del especial para freír".

¿Y qué diablos sería To–fu? Hasta ese momento había vivido totalmente convencido de que era un sabio o monje budista ja ponés o chino. Pero, parecía que no. Por lo visto, se podía comer y, según le dictaba su *data system*, los únicos que se comían a los monjes eran los caníbales, fritos o hervidos o asados. Por una simple asociación la palabra To–fu —por lo chino suponemos—, lo llevó de nuevo a contemplar el empapelado. ¿O fue la soledad? Largó un profundo suspiro: es mucho más fácil imaginar otros mundos mejores que vivir en el suyo propio.

El punto siguiente no parecía pertenecer al Texto Sagrado, más bien a un capítulo filosófico o moral: "Cocina a microonda, ¿comprar o no comprar? Ver ventajas y desventajas. Marcas, calidades y precios, consultar el "Perfecto Consumidor".

Ernesto largó un silbido. Tanto hablar mal de su mujer, de su seguridad férrea y ahí tenía una prueba patente de sus dudas interiores. Ese o no comprar, ¿no era un equivalente a un ser o no ser? Y leer el "Perfecto Consumidor" en vez de la Biblia como él, ¿no indicaban un mayor sentido de la realidad?

El resto se lo sabía de memoria. Apenas le echó una ojeada a *Tareas Cotidianas Perpetuas* 4, Poner en marcha el lavaplatos 4. 1, el lavarropas 4. 2, el secarropas 4. 3... y como un verdadero torbellino, se echó a rodar.

Como un rayo bajó al sótano, vaciló frente a los tableros de mando con tantos botones; pero, recordó que su cara mitad, teniendo en cuenta "tu coeficiente mental", le simplificaba la tarea preparando el programa apropiado de cada máquina. Solo tenía que apretar un botón del lavarropas que de acuerdo con tareas específicas, lavado enérgico, lavado amistoso, según la ropa, entró en función con mayor precisión que cualquier ser humano programado genéticamente. El botón del secarropas. ¿Qué más qué más? Se inclinó sobre la lista; ah, pasar la aspiradora por el *living*. La sacó del armario, la arrastró al *living*, la prendió y el zumbido, como de avión -no por nada era una aspiradora turbo-, invadió la casa. Pronto pronto, un sexto sentido le advirtió, faltaba algo, pronto pronto. Dejó prendida la aspiradora y otra vez corrió a la cocina. Dudó. El Texto Sagrado. Ah sí, ¡el lavaplatos!, el botón, ¿cuál? Ya daba lo mismo con tal de que entrara en acción. Apretó. Volvió al *living*. Como si fuera un integrante del personal de limpieza a sueldo, no queriendo desgastarse en su trabajo para otros, solo pasó la aspiradora por los lugares clave, la entrada al *living*, el espacio frente al televisor y dio por terminado su trabajo.

La apagó y satisfecho con su trabajo —*Doing bad, feeling good,* la consigna de la época—, se felicitó: "Hum, decididamente, cuando me pongo en acción, mato".

El sol ya había inundado el *living* y la niebla había desaparecido. Sin estar imbuido de la ética de trabajo, satisfecho con la misión cumplida, ya estaba de nuevo frente a la ventana con las manos cruzadas detrás. Algo se movía afuera. Se acercó a la ventana. Al ver a la viejita con el perrito alejándose, sonrió tierno y comprensivo: "La muy ladina. Mujer al fin. A pesar de vieja y fea, conserva la intuición y sexto sentido femeninos. Aprovechó el ruido, perdón, mi actividad enérgica y vital para satisfacer los sueños dorados de su perrito. Tanta esclavitud, vamos, que el amor lo es, tanto descaro, una verdadera rebelión que en una anciana bondadosa y encima chicata habla de esperanzas. Vamos, no está todo perdido. Claro, no creo de todos modos que esté dispuesta a colaborar con mi Proyecto de Revolución o de Resistencia Pacífica".

Para poder gritarle antes de que desapareciera, o gritarle al otro día, se acercó al árbol para inspeccionar: ninguna huella del paso del perrito. "No solo astuta, también sabia, con capacidad de aprender. Hasta la tumba, como yo".

Antes de empujar la puerta para entrar, abrió el buzón del que se olvidaba durante días y sacó la voluminosa correspondencia que se había amontonado.

13. NO NOTICIA, BUENA NOTICIA

El *living*, lleno de alegres colores, y más por el sol, el teléfono beige en feliz y acertada combinación con los otros colores, flotaba en un hermoso baño de luz. Asombrosamente, se sentía bien, en paz consigo mismo, no solo por la misión cumplida —los mandamientos del Texto Sagrado— por la resolución del misterio de los huevos que ya definitivamente, se había convertido en una epopeya, en una revolución, siempre pacífica. En otras palabras, de acuerdo con los del Club de Optimistas, tenía un proyecto.

Reforzado por el débil y brumoso sentimiento de seguridad de la brillante idea de los huevos, dio alas a su independencia y seguridad y, señal de gran cambio, decidió que ese mediodía sería de fiesta. Se prepararía un par de huevos fritos con panceta; por ser fiesta y prácticamente mediodía (iba varias horas detrás de las costumbres culturales), en vez de un vaso de leche cuyas proteínas combinadas con las de la carne —según las últimas investigaciones—, duplicaban su rendimiento, los bajaría con la cerveza con alma de los monjes.

Mientras llega a la cocina y prepara los elementos, transcribimos una de sus misceláneas breves: "En este mundo ya no se come, se absorbe energía y se carga de azúcar su sangre; sí, digo bien, no busquemos sinónimos, se carga el cuerpo como una batería. Esta costumbre tan simpática y tan norteamericana de zamparse dos huevos fritos con una tonelada de panceta por la mañana temprano dando como excusa la necesidad de azúcar en la sangre, no es más que para llenarse la pancita e impedir todo pensamiento y reflexión, con toda la secuela de ansiedad, angustia y miedo que pensar y reflexionar trae".

En la cocina, había tirado la correspondencia sobre la mesa y, señal de confort, había sacado dos sartenes: una para las lonjas de panceta de la marca *Mister* Steinberg, cabeza de una familia antigua y tradicional que las preparaba al estilo del campo (probablemente no las comía por no ser kosher) y la otra para los dos huevos del *Pretty farm de Mister Andrew Smith*, con aceite de oliva ¡sin colesterol! Del congelador sacó el pan de nueve granos, dinamita en vitaminas y lo metió en el horno programable que prendió. Mientras esperaba, se dedicó a ordenar su correspondencia, según él, era la cosa más fácil del mundo. Excepto las cartas amorosas de Visa, Master, las facturas del teléfono y la luz, tiraba el resto a la basura. El resto no eran otra cosa que propaganda de su Supermercado con las ofertas, de otros comercios, folletos y bonos traídos por los proveedores de la felicidad. En dos o tres días, se podía juntar hasta un kilo de papel. Cuatro o cinco en una semana; papel suficiente para que su madre, allá en la Argentina, vendiéndolo al botellero, viviera holgada sin tener que pensar en su pensión. Los tiraba con un profundo dolor e incertidumbre, con la sensación de que perdía algo que nunca más recuperaría.

Basándose en la lógica de la flecha que jamás llega al blanco, no le escribía a nadie, pero se quejaba de que sus amigos, el mundo, se habían olvidado de él. "Así de contradictorio e insaciable es el ser humano". Revisó los papeles, ni Master ni Visa se acordaron de él. Suspiró, y lamentándose "Ay, nadie me quiere, nadie me escribe", extrañó la visita de los Testigos de Jehová que traerían a la puerta de su casa el Paraíso y a quienes habría mandado al infierno como ya lo había hecho más de una vez. Largó la frase acuñada en una de las tantas guerras en las que la noticia equivalía a la muerte de un ser querido, "No noticia, buena noticia", y con no poca rabia y frustración, se puso de pie, tiró los folletos a la basura y dio un paso hacia la heladera para sacar la cerveza, acción que no concretó.

Los objetos no tienen vida, pero a veces parecen animarse asemejándose a ella y hasta nos amenazan. En el momento en que los folletos caían en el tacho, un sobre blanco, inocente, saltó y aterrizó en el suelo delante de su pie que había dado el paso, deteniendo el siguiente. Oyó al sobre gimiendo y rogando con desesperación: "Por favor, por favor, ocupate de mí." Al sobre, o a algo o alguien que estaba adentro. Como en el fondo era bueno, "¿Y quién no lo es? Allá en el fondo solo hay oscuridad y uno ve lo que quiere", se agachó y lo levantó con una ternura infinita pero también con temor a que adentro viniera el fantasma de un ser querido. Miró el remitente: una pluma de ave como logo, y debajo: "Pen Club Internacional", el Parnaso Moderno de los Grandes Escritores.

La hora había llegado. Atacó y desgarró el sobre: papeles; los sacó, los desdobló y apareció una tarjeta blanca, más inmaculada que el sobre, que era de papel reciclado.

En ese momento se oyó un *rinnnnng* suave. El horno programado había cumplido el ciclo. Lo abrió, y quemándose la mano sacó el pan y lo puso sobre la mesada. Se sentó y estudió la tarjeta.

La miró de frente, en el ángulo superior derecho, un cuadrado punteado y dentro una leyenda: "Pegue la estampilla aquí". En el superior izquierdo, cuatro líneas para escribir un remitente. En el centro, la dirección: Vo Chi Cong/Chu Tich Hoi Ding Nha Nuoc/Hoi Dong Nha Nuoc/Hanoi/República Socialista de Vietnam. Lanzó un hum y la dio vuelta. A la izquierda, un cuadrado y dentro: "Foto indisponible." Murmuró "Qué lástima, una imagen vale más que diez mil palabras". Un texto: "Conjuntamente con el PEN, apelo a Usted por la libertad del distinguido sabio monje budista Thich Tue Sy que en 1988 fue condenado a la pena de muerte, conmutándosela más adelante por veinte años de prisión. Mientras nos alegramos por esta conmutación, apelamos a usted por la libertad inmediata e incondicional de Thich Tue Sy". Debajo, una línea y al lado las instrucciones: "Su firma".

Un petitorio. Nada nuevo. Y encima, probablemente porque se trataba de una vida humana, un vulgar cartón en blanco y negro, muy lejos de los petitorios que solían mandar por la vida de ballenas o de lobos marinos, fotografías en profuso tecnicolor, de ballenitas y lobitos sonrientes, retozando alegres en el agua.

Siempre con la tarjeta en la mano, Ernesto empezó a razonar. "Sí, el PEN Club, la mesa internacional de los grandes escritores, la antesala del Premio Nobel a la que soñé con sentarme un día. ¿Cómo demonios me llegó esto? Se acuerdan del sabio budista pero no de mí. (En los papeles se encontraba la solicitud para ingresar en el PEN inmediatamente con 60 dólares con la categoría de Miembro asociado, con voz, pero sin voto.) Se pide tu libertad, camarada... a ver, ¿cómo corno te llamabas?... ah, sí Thich Tue Sy, pero veamos, ¿por qué fuiste condenado? Falta la información. ¿Será por pasarte la vida rezando a Buda? ¿Por perder el tiempo meditando en vez de cosechar el arroz para contribuir al bienestar de la comunidad? ¿Será por colaborar con los norteamericanos o dedicarte al deporte de violar niños? Sin embargo, aunque comprendo que no puedas entrar y salir cuando quieras, ah, y comprar, no creo que tengas un lugar mejor que una celda aislada para meditar y unirte al Uno, a no ser que los aullidos de los torturados en la prisión te rompan los tímpanos y te perturben. Más de uno me dijo que no sé promocionarme y no me uno al coro de protestas y defensas de causas en boga, muy publicitadas, *Mister* Rushdie, la Guerra de los Balcanes, etcétera. Pero para que veas que puedo cambiar de punto de vista y no ser extremista ni exagerado, más bien piadoso, para que no me maldigas cuando estés a los pies del gordito Buda alzándole los potes de arroz para servirlo, con la mayoría y algunos selectos como el Papa, te dedico un pensamiento cristiano de compasión, dolor, amor, del tipo que se hace una vez al año, en Navidad".

Y farfullando "La caridad empieza por casa. Que Buda y el Tao aunados te ayuden", rompió la tarjeta en cuatro para que no volviera a gritar y la tiró a la basura.

La panceta ya se estaba friendo cuando, en el instante en que partía el primer huevo, el pajarito del reloj se asomó para cantar un cucuúúú armonioso y se volvió a meter para salir once veces más. Ernesto los contó: total, doce. Al partir el segundo huevo, como si hubiera golpeado un *gong*, las células nerviosas, electrificadas, vibraron, extendieron sus ramificaciones como si les hubieran acercado una droga, y su cerebro infectado por uno de los tantos males de los que no podía librarse por la mañana, empezó a proyectar el noticioso de las doce.

En la lejanía un punto que gira, se agranda y aparece el logo de *Global News*, redondo, muy parecido a uno de los huevos que estaba friendo. Una voz en *off* que anuncia el comienzo mientras la cámara enfoca a tres locutores sentados detrás de una mesa grande en forma de riñón. Mike y Jim en saco y corbata, Alison con la cara más pintarrajeada que el traste de un mandril. La cámara se va acercando (Ernesto saca los huevos fritos y los pone sobre un plato) a los locutores que tienen un aire negligente, ligero, suelto ("Probablemente por conocer su oficio y no creer en él", farfulla Ernesto mientras pone las tiras de panceta al lado de los huevos), como diciendo aquí no pasa nada y con nosotros estará seguro.

Los tres son figuras muy populares e incorporadas al habla común, más que Jesucristo. No puede dejar de percibirse en ellos un aire de familiaridad, como si estuvieran en casa para acoger las miradas de millones de televidentes. (Ernesto, que ya había concretado la acción que había interrumpido: sacar la cerveza de la heladera y antes de volver a cerrarla, repasar con los ojos la fila de cartones de leche mejor y más gallardamente alineados que húsares: leche al 1%, al 2%, al 3%, leche entera, leche sin lactosa, leche cultivada, leche de soya al natural; "Hum —farfulló—, si esto no es democracia e infinitas posibilidades en mi vida, no sé qué es", se había sentado, bebido un trago de alma y ahora mojaba el pan en la yema del huevo.) Los locutores entran en acción, saludan y le dan la bienvenida al público. Mike saluda a Alison y a Jim, Jim a Mike y a Alison, Alison a Mike y a Jim. (Ernesto a los tres *con Hi, Jim, Alison and Mike. I am from Argentina and I love the fried eggs*, y se lleva el pan a la boca.) Como corresponde a dos caballeros, le pasan la palabra a Alison, quien, articulando sus labios pintados y sin perder la sonrisa almidonada, como el perrito de la señora que viene a visitar el árbol de Ernesto sus deposiciones, deja caer los titulares de la noticias más candentes, mundiales o nacionales. Y ya dueña de la palabra, ilustrada en vivo y en directo, la primera noticia: un avión que se cayó en alguna parte del mundo. Imagen del avión y cinco o seis bomberos que trabajando con escobas y palas juntan los pedacitos. La voz en *off* de Alison tapa la del enviado especial e informa sobre la compañía a la que pertenece el avión, el vuelo, la hora en que se cayó, la cantidad de los muertos. Para destacar la importancia del vuelo que no llegó a destino, informa que en él volaba un personaje famoso, o una pareja de luna de miel o alguna abuela que lo hacía por primera vez para visitar a sus nietos a quienes no veía desde hacía dos décadas. (Ernesto levanta la botella de cerveza por el coraje de la abuela, *A new experience*, y brinda su salud y vida eterna.) Finalmente, Alison termina diciendo que los expertos están investigando la causa de la caída del avión. (Deja la botella sobre la mesa y lanza un suspiro, "No somos nada".) Quizás agotada por la emoción, Alison después de un "Mike!", sin decir "tu turno", le deja la palabra... un tornado en el Caribe, llamado Hugo o Pepe, que llega regularmente desde hace mil años pero siempre es noticia, el presupuesto de lo que destruye cada año es mayor... es que el costo de la vida aumenta... progresa... y por el problema de la superpoblación, los muertos son cada vez más, no está mal, los árboles se tuercen a ras del suelo, Mike explica, Ernesto observa maravillado cómo vuelan los autos con los techos de las casas. El turno de Jim; la pantalla se sacude y se sacude la cabeza de Ernesto, un terremoto en alguna parte... ruinas, llantos, lamentos, se busca a los sobrevivientes y siempre siempre hay un milagro, alguien que después de días bajo los escombros, sigue vivo o semimuerto, un Lázaro moderno con un olorcito sospechoso, prueba de que Dios no es tan inhumano y siempre queda una esperanza, aunque tenga un olor raro... ¡Atención! Un milagro verdadero, una casa que se incendió y los bomberos que siempre llegan tarde... no, no es culpa de ellos sino del intenso tráfico y de las casas que se queman en diez minutos. Con un esfuerzo periodístico notable, el enviado especial y el cameraman llegaron antes que los bomberos y registraron el milagro: no se salvó la familia —los abuelos sí, pero no es un milagro ya que están en el hogar de ancianos—, sino el perro que aúlla (primer plano) entristecido frente a las últimas llamas... (Ernesto pasa el pan sobre el plato.) Ahora una tragedia local... en Toronto... un dentista que tenía por *hobby* la caza, regresa a su hogar de una cacería de fin de semana, y con su escopeta a repetición, mata a su familia feliz, la mujer, los tres hijos y se suicida... El enviado especial en primer plano, al fondo la casa del dentista, con voz que sería triste y dolorida si no estuviera acelerada por el corto tiempo del que dispone, recuerda que "Esta es la tercera tragedia de esta naturaleza en Toronto (no se entiende bien lo que dice, porque Ernesto, sosteniendo el pan delante de la boca, y los televidentes, distraídos, tratan de ver los cadáveres que sacan de la casa detrás de la espalda del enviado). Los habitantes de Toronto se preguntan por qué ocurren estas cosas"... ("Muy simple, volvió frustrado por no haber cazado nada y furioso, confunde su casa con un coto y a su mujer con una fiera y *Just do it*". La ley de la compensación. Humano y comprensible, y se mete el trozo de pan en la boca.) Demasiadas emociones; por uno o dos minutos, gracias a Dios, la propaganda, tres saquitos de té bailando la danza del vientre al rito de música oriental *Made in* Hong Kong, traen un poco de alivio... El héroe de nuestro tiempo pasó el último trozo de pan por el plato, le agregó el último pedazo de panceta y se lo bajó con el resto de la cerveza. Coordinación perfecta, todo coincidía, sí. Eso era vivir, y más, saber cómo hacerlo; comiendo, bebiendo y dejando a todos en paz ya que nadie se ocupaba de él. Prendió el cigarrillo de rigor. Sin embargo no estaba satisfecho del todo. Las bolsitas de té seguían bailando en su cabeza a ritmo enloquecido. Trató de desconectarse del canal, pero inútil. Se levantó para sacar otra cerveza, y con la esperanza de que inundando su interior produjera un cortocircuito que lo desconectara; se prendió de la botella como un niño a la mamadera y succionó succionó... Lo logró, pero como no hay bien que por mal no venga, ese mediodía se perdió todas las buenas noticias finales que borran a todas las malas, dejan el camino iluminado y al ser lleno de optimismo y esperanzas... la brevísima entrevista de Alison a un poeta que era pobrísimo pero que se hizo rico y famoso gracias a un premio fabuloso porque la rima de sus poemas resuelve todas las contradicciones, es decir, tienen valor universal. El premio era una prueba suprema de que todos podemos triunfar y hasta llegar a la presidencia si así lo queremos, de nosotros depende. Alison le preguntó por sus *feelings*, responde: "Yo... yo... yo... yo…", y por fin, como si recordara que hay otros en el mundo, describe su interior como si hablara del baño dorado del fondo de su casa, y donde, como un diamante cristalino, brilla el inodoro de oro puro. Alison, con un graciosísimo "Gracias por haber venido", lo despide... Un informe sobre la guerra del tabaco entre fumadores y no fumadores ilustrada con muchachos zarrapastrosos de pelo largo fumando, de ninguna manera con Churchill, amante de los cigarros cubanos, ni tan siquiera con los *bad boys* latinoamericanos, Fidel Castro o el Che Guevara, guerra que, aleluya, gracias a la ley, van ganado los no fumadores... Entretenimientos: Mike, el amigo Mike, con cortes de segundos, presenta la película *Holocausto*, la última versión sobre los trágicos campos de concentración del pasado; las estrellas, la cantidad de extras que tuvieron que hacer régimen para aparecer flacos, y el costo final de la película, son impresionantes, pero la recaudación esperada es más impresionante aún... el índice de polución ha subido pero se mantiene debajo del nivel peligroso... entrevistas al hombre de la calle que ahora gracias los medios de comunicación masiva (tiene voz cuando tiene la suerte de que le toque), pero su voto de cada cuatro o cinco años se mantiene inalterable... Deportes, dos o tres héroes que marcaron tantos y batieron récords... Algunas novedades que aparecieron en el mercado, nuevos abrelatas y sacacorchos, maravillas tecnológicas... Un experto en cocina china o japonesa o mexicana... Un experto que en este mundo alocado del automóvil y con graves problemas de estacionamiento, da consejos sobre cómo cambiar el aceite de su auto... Una experta en niños, ya que tenemos continuidad, qué le vamos a hacer, algunos *tips* sobre el cuidado de los niños que son un problema siempre molesto entre las patas de la humanidad que avanza a pasos agigantados... etcétera. Y al final, el pronóstico meteorológico que anuncia el día de mañana desagradable, pero que de ninguna manera será tan malo como lo fue el del mismo día en 1896.

Pucha, ¿dónde se metió Ernesto? Medio mareado está sentado en el *living* con el tubo de teléfono en la mano, esperando. No se había olvidado de que tenía que apretar el botoncito para que la línea le permitiera conectarse con el mundo, no, estaba esperando que se le ordenaran las ideas. Ya en orden, tomaría una decisión.

¿Qué decisión tenía que tomar? Cancelar o no su clase de esa noche en la universidad. Pero, ¿por qué tenía que cancelarla? Simplísimo, para prepararse para la entrevista con el experto–padre–rabino. Con una actitud ascética firme, como los monitos de la sabiduría, no hablaría, no miraría no oiría nada ni a nadie, y finalmente, a falta de sacerdote para confesarse, haría el balance de su vida en cuerpo, mente y alma para purificarse, y puro sería auténticamente merecedor de la revelación que lo llevaría a la gloria.

Para eso tenía que cancelar sus clases. Y ahora, lejos de la idea de comprar algo, estaba enfrascado en el primer balance: el beneficio y el riesgo de su probable decisión.

El riesgo era el desequilibrio de la balanza de pagos de la igualdad y el amor matrimonial. Si bien ganaba lo suficiente como para pagar sus vituallas afinando el lápiz, probablemente se descubriría que quizás su salario no alcanzaba para pagar la cuota mensual a su socio, el *Royal Bank*, y lo que pagaba, se reducía a un humillante alquiler. Su mujer aceptaba la idea de que un gran artista bien podía no ser comprendido por su media naranja, y así se lo decía mientras le preguntaba dónde diablos se había metido. Sin embargo, también reconocía (una concepción romántica) que el gran artista era un incomprendido por sus contemporáneos y que seguramente triunfaría después de su muerte. Pero de acuerdo a la frase bíblica "Por sus obras los conoceréis", hubiera preferido ver materializado el triunfo y tener la prueba rotunda del talento de su marido en el volumen de la cuenta bancaria. Como esta no es una historia romántica ni psicológica, no profundizaremos en los conflictos que esta diferencia en la balanza de pagos ocasiona a la pareja formada por Ernesto y su cara mitad. Nos limitaremos a nuestro papel de cronistas, a contar la historia lisa y llanamente.

Por fin tomó una decisión; a pesar del ligero vaivén que sintió por el desequilibrio de la balanza de pagos, apretó el botón, marcó el número de la secretaría de la Universidad y sin aducir "crisis personal", refiriéndose a "una gripe general", canceló el curso de esa noche.

El alivio fue enorme. A pesar del mareo por el alcohol, o por eso mismo, se sintió tan liviano que al colgar el tubo, un impulso inverso lo levantó del sillón. Pensó un rato y hasta se le ocurrió una frase célebre: *"La vida no es otra cosa que una serie de toma de decisiones que nos destrozan"*, frase que anotaría más tarde; y arrancó para dar una vuelta, inspeccionar sus dominios y hasta jugar al buen vecino, antes de ponerse a la tarea fundamental, el balance de su vida.

14. HACIA EL BALANCE DE UNA VIDA

Después de haber salido por la puerta del frente vemos entrar a nuestro personaje por la puerta de costado. Es que los dominios de Ernesto no eran muy grandes y probablemente su juego de buen vecino —para el cual es necesaria la satisfacción del deber cumplido, ser buen ciudadano y tener una conducta como la mayoría—, haya sido muy breve, si es que lo jugó. Sobre esto tiene una Miscelánea muy breve que metió en la M de mayoría o en la I de Instrucciones; escribió influenciado por tantas instrucciones que encontraba a su paso (hasta en la lata de sardinas para abrirla), "Instrucciones para el comportamiento en el Nuevo Mundo" "Ante la riqueza y las novedades avasalladoras de este mundo, para saber cómo me tengo que comportar y qué comprar, debo vivir en un estado de alerta permanente. Para comprar es muy fácil; basta que el vendedor diga que es el producto más vendido, más popular, ergo, el más barato y el peor, para no comprarlo. Pero en los casos del alma, como la ternura, el amor, la cosa se complica un poco. Cuando uno pasea por la calle un día de verano, y la gente sale de sus casas de cartón, ve a una niñita o un niñito llevar un cachorro atado que da sus primeros pasitos en este mundo maravilloso, y siente la tentación de sonreír. ¡Atención! Antes de hacerlo debe observar la conducta de los demás. Probablemente verá que todos se inclinan, sonríen al cachorro, lo acarician, juguetean con él, y hacen preguntas: cuándo nació, cuántos días o semanas de vida tiene, qué come, etcétera, sin mirar a la niña o al niño. Uno sabrá inmediatamente qué comportamiento debe tener. Si en vez de un perrito se trata de un bebé, se puede pasar de largo con tranquilidad".

La puerta de costado se abría a un corredor que además de la cocina y los niveles superiores e inferiores, llevaba al *living*. Allí había llegado Ernesto y, frente al espejo, con la mano como Napoleón, sin invadir países, pero tratando de crear imperios mentales, se estaba mirando como un bobo. Miraba y miraba. Su *robe de chambre* estaba abierto y donde tendría que haber una hoja de parra se veía lo que esta no tapaba. Su pensamiento se encauzó y recordó a la viejita con el perrito que había huido espantada. Con un profundo suspiro ante las vanidades de la vida y su mente todavía flotando entre los vapores de la cerveza, elucubró: "Quizás cuando con los brazos abiertos corría hacia ella en busca del diálogo, se me haya abierto y ella… Maldita vieja que lamentando haber perdido el Sodoma y Gomorra de la época de la liberación sexual se da cabezazos contra la pared y que seguramente lee mucho sobre sexo en nuestro querido diario local, especialmente las cartas íntimas de los lectores y las respuestas sobre el tema, y se horroriza ante un simple Apolo sin la hoja. Lo que es del arte griego, esa…".

A pesar de su cultura, por haber perdido el tiempo en lecturas que le envenenaron la vida y lo deprimieron y seguían haciéndolo, y a pesar de sus ansias de elevación, pureza, y santidad, por no haber leído libros sobre las vidas ejemplares de los santos ni técnicas modernas, las ideas que tenía sobre la santidad y cómo llegar a ella eran bastante vagas.

De la misma manera (de manera vaga), creía saber que algunos puntos de partida eran la soledad, el retraimiento y el retiro. Gruñendo "A ver si todavía eso de la soledad del hombre moderno potenciada por los medios de comunicación que incomunican, la soledad eterna del hombre, la imposibilidad de comunicarse, resultan ciertas", buscando el aislamiento para el balance prometido y casi olvidado, se apartó del espejo, se dirigió hacia el teléfono, se agachó y lo desenchufó.

En esto de desconectarse del mundo, "si no es que vivo desconectado", —quizás para confirmar las influencias de las nefastas lecturas o evitar las toxinas—, era un experto, un verdadero elegido; sus métodos para lograrlo eran infinitos como su talento, jamás se perdía una oportunidad, tan siquiera hipotética.

Y si alguno de los amigos (de los pocos que le quedaban, tal vez uno solo), que conocían su actuación en las Cortes Diplomáticas, le pegara un telefonazo para invitarlo a una reunión, cosa más que hipotética, Ernesto le largaría el discurso semi pedagógico que ya, por si las moscas; dando vueltas por el *living*, y con la mano en la robe *de chambre* como Napoleón, estaba componiendo en su cabeza. "Hola viejo, ¿qué decís? Hum, ejem, tal vez no estaría mal salir de estas catacumbas y tomar un poco de aire fresco, renovador, ya que el frío sopla las veinticuatro horas. Y, quién, sabe hasta puede ser que me encuentre con mi amor ideal, otra alma en pena suelta como yo. Pero,

¿dónde dijiste que se hacía la reunioncilla? Oh, no, otra vez, una vez más. Mirá, ya conozco de sobra La Corte de los Emigrados Ilustres, formada por los aristócratas del profesionalismo. Es verdad que les debo agradecer la ayuda que me dieron en mis primeros pasos vacilantes por este mundo. No es casualidad que hoy, con orgullo, pueda pasear por mi Supermercado y comprar el papel higiénico correcto. Nunca me voy a olvidar del 'Economista' que me habló de comprarlo en el momento en que la línea del gráfico caía, es decir, los días de oferta. Es más, me dio herramientas intelectuales, cálculos estadísticos y de probabilidades para que no me quedara sin papel durante las epidemias de diarreas. Tampoco me voy a olvidar del 'Doctor Médico Cirujano', a quien dos aperturas craneanas como sombreros de mago, en vez de una paloma le daban un Porsche, y que calmó mis temores frente a los papeles higiénicos de colores. Me aseguró que, si bien se habían registrado casos de alergia virulentos, en la escala de beneficio y riesgo estadísticamente no tenían valor científico y que según la voz de la mayoría, los colores que alegran la vida, seguían teniendo valor. Sobre el 'Filósofo' ese, pelado como Sócrates, mis recuerdos no son tan agradables. Con pesimismo, me explicó que en la República, el papel higiénico "ideal" (¿sería el alemán?), todavía no se había creado. '¿Cuál sería ese?', le pregunté con auténtica curiosidad intelectual. Allí sacó pecho y mirando hacia la lejanía, como quien lee en cielo del horizonte, respondió: 'Frente a la crisis de valores morales, allí veo niebla, oscuridad, el papel higiénico reciclable', respuesta que picó aún más mi curiosidad. '¿Cómo sería ese?' Ya sea porque, seguramente debido a la angustia existencial se había metido —empujando el primero con el segundo y el tercero—, tres bocadillos de caviar en la boca, o, distraído, buscaba el vino para llenar su vaso, no entendí bien o escuché algo así como 'Plástico... especial... corrugado'. Lo dejé jurando que echaría a todos los filósofos de MI República y me puse a hablar con el 'Psicoanalista', de apellido ingles que sonaba a indio y que padecía de estreñimiento y que siempre hablaba de su Rabbit gasolero, el ahorro que significaba, muerto de envidia por la capacidad de vivir del doctor del Porche. De cualquier manera, gasolero—diesel, me dirigí a él como si me dirigiera a mi papá, confesando mis temores, mi malestar, mis ganas de salir corriendo cada vez que entraba en el Supermercado para comprar papel o lo que fuere. 'Claustrofobia, falta de autoestima', sentenció, pero como parecía que iba a agregar algo más, esperé a que terminara de comer el pedazo de torta, para luego escucharlo decir: 'O avaricia, temor al gasto. Lo conozco. Eso solo se vence teniendo Rabbit gasolero. Sus ventajas sobre el Porsche...'. Le alcancé un pedazo de torta que tomó con los dedos temblorosos. Lo dejé. Por todo eso estoy agradecido y ahora hasta puedo comprar huevos sin mosquearme. Pero —siempre hay un pero— desgraciadamente hay más. (Un suspiro profundo.) Lo peor es que esas reuniones me dejan de cama, más borracho que borrachera de inglés en la intimidad. Nunca sé dónde estuve, si en la cueva de Platón, en las sombras, o afuera, achicharrándome al sol. Sí, me dejan de cama y al otro día me levanto con la cabeza llena con imágenes de la belleza y alegría de vivir evocadas por las Señoras, el sol que sale y se pone, pajaritos que pían, ardillitas saltarinas que saltan en mi jaula cerebral. En fin, sabés que no me puedo aguantar y tarde o temprano hablo de retorcerles el cuello a los pajaritos para que la gente no se siga engañando o les recuerdo la última encíclica del Papa que habla de las señales de muerte, que, a pesar de Colón, que la tierra es redonda, que las naciones son un invento y sus límites dudosos como la Tierra Prometida, a las que el buen Dios, por falta del sistema métrico decimal en el momento de la creación, no les puso fronteras y menos que la muerte del planeta es una sola. Bah, pasemos a otra cosa. Vos, ¿cómo estás? ¿Igual que siempre?, vaya novedad; ¿cómo?, ¿que vas a ir a la reunioncilla a ver si pasa algo? ¿Qué puede ser ese algo? A ver, usá tu imaginación, cómo dicen por acá, en un mundo sin imaginación, y nombrame un solo "algo" ..., no se te ocurre nada ¿ehhh? Bueno bueno, andá, arrastrá a tu mujer, mejor dicho, que ella te arrastre a vos, a ver si bajo su dulce mirada y su tierna sonrisa en la que asoman colmillos, sos capaz de encontrar el amor que te redima. Sí, y seguí llorando por un mundo mejor en vez de hacer algo por él. Suerte hermano. De mi parte, deciles a todos que se vayan a... no, ni para eso vas a tener coraje... Bueno, no te agradezco que me hayas llamado, no soy hipócrita, pero eso sí, no te olvides de mí y volvé a llamarme. Chau y hasta pronto..."

Profundamente satisfecho por haber dado un paso firme hacia la santidad, siguió dando vueltas. Se felicitó por su constancia y firmeza, lenta pero segura hacia la perfección, que ya habían definido su hijo o su mujer con una frase del acervo cultural inglés: "A vos se te puede vestir, pero no se te puede sacar a pasear".

Se detuvo en seco; por fin recordó la decisión original que había tomado: "El balance de mi vida". Para empezar con cierta metodología, una vez más se planteó las preguntas con las que solía desaparecer en su lugar secreto, del que siempre volvía sin haberlas resuelto: ¿de dónde vengo?, ¿dónde estoy? ¿a dónde voy?

Aunque nadie haya medido con exactitud la velocidad de los pensamientos y lo recuerdos, las pocas horas que le quedaban, menos de veinticuatro para la entrevista, le parecieron demasiado escasas para un balance profundo. Con sensatez, como un boxeador que se prepara para la pelea del título mundial, decidió limitarse a su estado físico actual. Claro que, intelectual como era o creía ser, le pareció una barbaridad dejar de lado el espíritu.

Más dudas, pero para el alivio del narrador y del lector, gracias a dos mil años de cultura que llevamos sobre las espaldas y que según algunos nos aplastan y tratan de arrojar por la borda, sintetizó el balance en una sola frase: "Mens sana in corpore sano".

Satisfecho con la síntesis, a la que consideró una metodología según el modelo de los grandes investigadores que se pasan la vida creando metodologías en las que dejan el mundo afuera, y jurando a Dios que de ahí en adelante sería bueno si le ayudaba a triunfar, le entregó a la historia el juicio que se emitiría sobre él, con la seguridad de que con la metodología que había encontrado le bastarían un par de horas para hacer el balance y estar listo para recibir las órdenes o, en su defecto, ser ungido. Sin haberse detenido en sus vueltas, al paso aplastó el pucho en un cenicero, se encaminó hacia la escalera que en ese momento, simbólicamente, lo elevaría y acercaría a la purificación deseada. Mientras subía, su cerebro exprimió otra frase célebre: "Ay, estar solo en el mundo es jamás tener razón" y se metió en el dormitorio.

Ya en la cama —hasta a él le pareció mentira—, extrañó a su mujer. Se corrió, más bien rodó hacia el lado en que dormía ella, apoyó su cabeza sobre la almohada, cerró los ojos y mientras respiraba, oliendo un suave perfume, se fue durmiendo.

Y una vez más, como siempre, el territorio que vino a conquistar, si bien de su cara mitad, se redujo a una superficie de un metro por dos.

15. EL BALANCE PROPIAMENTE DICHO, SU CUERPO Y SU MÉDICO DE FAMILIA

Cuenta la historia que en esas veinticuatro horas Ernesto había desaparecido para el mundo. "Si el mundo hubiera tomado nota de mi existencia", comentaría él. Sin embargo, además de las de la Policía Montada, de la época en que enseñaba español en el Ministerio de Asuntos Exteriores de Canadá, figura en las fichas de muchos destacados profesionales. Sus aventuras por los pasillos de la casa de la salud comenzaron unos cuatro o cinco años atrás y, lo quisiera o no, también habían formado parte de su educación en la gran escuela en que vivía. En pleno invierno, estación en que las brujas lo perseguían con agujas de hielo, ya cansado de sus palpitaciones, mareos y del malestar difuso, consultó las páginas amarillas de la Biblia cotidiana en la que los profesionales de la salud figuraban junto a los servicios para arreglar lavarropas, televisores, lavaplatos y cañerías, y al tun tún eligió un nombre promisorio, Doctor Happy. Sin duda, además de dador de salud lo sería de felicidad, y pidió una cita que le fue concedida.

Y allí fue el día y la hora señalados. Una oficina ubicada en el cuarto piso del centro de la ciudad.

Detrás de una ventanilla, la secretaria le dio los buenos días amablemente y le preguntó "¿Cómo está usted hoy?" (gruñido de Ernesto que se irritaba ante esa pregunta estándar cuya respuesta nadie esperaba, pregunta que probablemente le subiera la presión). Respondió: "Si estuviera bien no estaría aquí". La secretaria asintió y después de pasar la tarjeta del servicio de salud por la maquinita, le pidió *Please* y *Thank you*, que se sacara las botas roñosas de nieve y barro (como en la cultura de ocho mil años, se las hubiera tenido que sacar antes de entrar) y el sobretodo, le dio un papel pidiéndole que lo llenara y le señaló una silla. Se sacó las botas lanzando una advertencia: "Deben tener microbios", frase que, famosa o no, cayó en saco roto.

Ya sentado, estudió el papel. Tenía que poner su nombre, dirección, teléfono y responder a una serie de preguntas relacionadas a las alergias, operaciones, consumo de cigarrillos, alcohol, etcétera y, no podía ser menos, su *hobby*. Miró sus pies enfundados en medias y les dio una orden. Lo llevaron frente a la ventanilla donde Ernesto devolvió el papel y como hacía en el banco cuando no tenía ganas ni de llenar un cheque, declaró casi con orgullo: "Soy analfabeto". Un ohh ambiguo, de pena o de irritación de la secretaria que tomó el papel y empezó a llenarlo por él. Después de los datos personales, a la pregunta: "¿Es alérgico a algo?", apoyó el codo sobre el borde de la ventanilla, miró a la secretaria y enumeró, "Sí, al feminismo, a la democracia, a la libertad, a los hombres de negocios, al Primer Ministro de Canadá, a los Profetas de la televisión, a los malos escritores a...". Se detuvo. La secretaria, sin la sonrisa, lo miraba como preguntándose si el paciente no se habría equivocado de profesional y necesitaba uno altamente especializado. Ernesto no se inmutó. "Dígame, el doctor ¿existe?"

Se abrió una puerta y salió una enfermera que tomó el papel de la secretaria, leyó su nombre, le preguntó "¿Cómo está usted hoy, Mr. Ernesto?" (probable salto de la presión) y lo invitó a pasar. La siguió y le lanzó la pregunta a la espalda: "¿Dónde está el doctor, existe?". Respuesta, "Ya vendrá", y lo hizo entrar en un cuarto. Ya convencido de que estaba en una pequeña fábrica o taxi de la salud, a pedido de la enfermera se sacó la camisa y se recostó en la camilla. Escuchó otro ohh. Miró: la enfermera había descubierto el papel sin rellenar. Sacó una birome, repitió la pregunta sobre la alergia y recibió un no. A la pregunta de si movía bien el vientre, dijo: "Con la regularidad de los paseos del filósofo Kant, un reloj, pero los males quedan adentro". Con buen criterio, la enfermera dejó de lado las preguntas y pasó a la acción. Quizá para que el cliente no creyera que le estaban haciendo pases mágicos, explicaba cada paso: "Ahora le voy a tomar el pulso. ¿Sabe qué es el pulso?" "¿El pulso del universo?" Le tomó el pulso. "Ahora le voy a tomar la presión. ¿Sabe qué es la presión?" "Algo de eso le oí a mi mujer cuando me habló de una olla fabulosa en la que se morían los gérmenes y microbios, pero se salvaban las vitaminas". Sonrisa incómoda que pareció aliviarse al meterle el termómetro en la boca y empezar a bombear el aire. La sonrisa, si es que quedaba algo de ella, se le fue borrando a medida que observaba la columna de mercurio en la pared. Pudo contener el grito, pero no controlar la cara de espanto; atravesó la puerta y afuera pidió socorro.

Probablemente no haya mayor desprestigio para un profesional, si no se la puede ocultar, que la muerte de un paciente en un consultorio privado. Raudo como un atleta, un inglés rebosante de salud para dar el ejemplo, entró el Doctor Happy vestido con impecable traje de civil, un estetoscopio como collar. "Buenos días Mister Ernesto, ¿qué tal está usted hoy? (aquí la columna de presión habrá estado a punto de reventar). No hay peligro, aquí estoy yo, su doctor, mi nombre es Happy", y le sacó el termómetro. Ernesto abrió la boca para decir algo, por lo menos saludar y su doctor, "Diga ahhh", aprovechó la volada para mirarle la garganta. No pareció haber encontrado nada y se quedó pensando, como para recordar por qué había entrado. Todo llega, entró en acción. Suponiendo que la enfermera ya le habría dado las lecciones básicas, emitió una sola palabra por cada operación: "Pulso", "Fondo de ojo", "Auscultación", "Reflejos" y por fin "Presión."… "*Waw!*" Se quedó estudiando a Ernesto como a caso sin remedio. "Bien, es necesario. Ahora la enfermera le hará un electrocardiograma y luego lo veré en mi despacho. Ah, ¿sabe lo que es un electrocardiograma?" "Sí doctor, el gráfico de mis acciones de un mundo feliz". El Doctor salía y entraba la enfermera empujando su carrito; ya no le cupo duda, estaba en una cadena de montaje. "Le voy a hacer un electrocardiograma, ¿sabe lo que es?" El electrocardiograma era computarizado; le pegó unas ventosas succionadoras, bzzzz, se las despegó, "Vístase, el Doctor lo espera", mientras salía con el carrito en el que se imprimía el gráfico.

Terminó de abotonar la camisa, se abrochó el pantalón y se fue a buscar al Doctor Happy, con el temor de no reconocerlo y preguntándose si no habría tenido una visión. No. Después de haberse metido en tres consultorios, por fin lo encontró detrás de un escritorio, estudiando su electrocardiograma. Vagamente recordaba su ropa de civil, pero lo reconoció por los vapores de salud que emanaba y por el estetoscopio; era alto, delgado, anteojos sin montura, una camisa rosa suave y corbata del mismo tono.

Se quedó en el umbral, observando el consultorio que más bien tenía el aspecto de despacho de ejecutivo o burócrata de alto rango; ni un esqueleto en un rincón, ni una calavera o un vulgar fémur, de vaca aunque fuera, como pisapapeles sobre el escritorio que indicaran que esa oficina tenía que ver algo con la ciencia médica o la salud y de paso nos recordaran que somos mortales. Allí todo destilaba inmortalidad y el Doctor era una prueba de ello. Apoyado contra el marco de la puerta, suspiró. El Doctor Happy lo redescubrió: "Ah, usted, pase y tome asiento". Se sentó. El Doctor abrió la boca para decir algo y Ernesto, señalando una foto sobre el escritorio, le preguntó: "¿Esta es SU familia?". "¿Cuál?" y miró hacia la puerta, para luego seguir la dirección del dedo de Ernesto: "Ah, sí sí, es". Ernesto se inclinó sobre la foto: el Doctor, su atlética esposa con sus atléticos hijos: una familia tipo. Sin embargo, la familia estaba incompleta, faltaba algo. Recordando uno de sus negocios sobre los que había especulado, pero nunca concretado, el de alquilar perros de diversas razas (o gatos, pero no habría tanta demanda) para fotos familiares de políticos, ejecutivos o profesionales que necesitaban publicidad con la imagen ideal, como quien hace un estudio del mercado, preguntó: "Doctor, ¿no tiene un perro o un gato?". El Doctor pegó un respingo. Ernesto sonreía. Era una pregunta muy humana: "Para decirle la verdad, no recuerdo. Tal vez mi esposa". Y como para terminar, continuó: "Bien, de acuerdo con su presión, usted tendría que estar volando o teóricamente, estar muerto hace rato. Sin embargo, ni el electrocardiograma ni el fondo de ojo indican una certeza inmediata, pero potencialmente, estadísticamente, puede colapsar en cualquier momento". Mientras se lo decía, anotó en una ficha: "Un superhipertenso que puede explotar en cualquier momento". Ernesto se sintió orgulloso: "Un peligro público, ehhh". El Doctor continuó: "Para hablar con exactitud, el pronóstico de su problema es muy simple. Con una medicación adecuada, los pacientes como usted, estadísticamente, el 60 %, puede vivir una larga vida. El 20 % no tan larga. El 10 %...". "Perdone Doctor, pero, por favor, ¿me podría decir en cuál de esos porcentajes entro yo?" El Doctor lo miró como si se encontrara frente a un hombre sin fe al que se debe convertir. "De usted depende". "Me lo suponía. También estoy seguro de que jamás se quejó nadie por..." "¡Nunca jamás!" Le recetó pastillas y una hora de caminata por día; una hora seguida o en dos partes, a su elección, un pequeñísimo acto de libertad. Y que tenga un buen día, vuelva dentro de tres meses.

No quedaba más que dar las gracias, desearle lo mismo al Doctor y mandarse a mudar. Ernesto, con humildad: "Muchísimas gracias Doctor Y ahora, dígame por favor, ¿no le interesaría saber por qué estoy aquí?". "¿Cómo? ¿Tiene más problemas? ¿No es suficiente con lo que tiene? Qué quiere que le diga, yo ya estaba contento de haber hecho un pequeño descubrimiento científico, un pequeño progreso, la solución de su problema. En fin (echó una mirada a través de la puerta), lo escucho".

Ay, se consideró su suave protesta, pero no era tan fácil. Ernesto ya se había dado cuenta de que al puerto que había ido por leña, si es que en alguno podría encontrarla, no era el apropiado. Con buen criterio, se limitó a los síntomas, dolor de espalda o columna, bien, reumatólogo. Mala visión o visión perturbada, bien, oftalmólogo. Dolor en las encías, ganas de morder, bien, probablemente rabia no era, tal vez caries, dentista de los que había muchos. Como si lo hiciera en pedazos, fragmentándolo, el Doctor Happy lo fue derivando a otros profesionales.

En resumen, una puesta al día, una actualización de su salud, o, como se diría en Argentina, cambio de aros, puesta a punto del motor, chapa y pintura para eliminar el óxido y que parezca nuevo.

Ernesto siguió allí, sentado, tal vez esperando lo que nunca se le daría, ni allí ni en ninguna parte. El Doctor Happy, un hombre mucho más práctico y ubicado en la realidad, con olfato adiestrado, husmeó el aire y no habiendo olido ninguna señal de un cliente en el taxi de la salud, le preguntó: "¿Me haría un gran favor?" Sin vacilar, respondió que sí. "Espéreme un segundo", y desapareció.

No tuvo ni tiempo de elucubrar la mitad de una "Frase célebre" cuando el Doctor reapareció metamorfoseado. Se metió detrás del escritorio y explicó: "Mi esposa me señaló que con el guardapolvo blanco creo una atmósfera más profesional, de mayor confort y, sobre todo, de mayor confianza del paciente. Por favor, dígame, ¿cuál es su sentimiento?", y, contorsionándose como un modelo, girando sobre sí mismo, dio unos pasos, con una mano sobre el escritorio, la otra alzada empuñando el estetoscopio como un guerrillero un fusil, y se quedó inmóvil mirando el horizonte, el futuro.

Se le preguntó por su sentimiento y no por su opinión. Ernesto dejó que la imagen circulara por su sangre hasta que le llegara al corazón, mientras pensaba que eso era un estudio del mercado muy similar al que tendría que haber hecho con los perros y que nunca hizo. "Doctor, usted se refiere a la imagen, ¿verdad?" Sin moverse, del costado de la boca del Doctor salió un enérgico y decidido: "Sííí señor". "Su esposa tiene razón. Las esposas siempre tienen razón y usted lo sabe. Personalmente, lo siento así, aunque no haya nada detrás, la imagen profesional y de confianza que emana de usted, es perfecta".

Dos "Gracias" pusieron fin al desfile. Contento, el Doctor husmeó el aire, no pareció percibir ningún olor a cliente y se sentó. Con un tono o acento bastante humano que sorprendió a Ernesto (ya estaba por mandarse a mudar después de la encuesta), le dijo: "No lo veo muy alegre. ¿Algún otro dolor?". Ernesto suspiró, ¿de qué hablar? ¿de las brujas que lo acosaban? El Doctor Happy lo mandaría a un psiquiatra y este a un manicomio. Optó por decir, "Dolor dolor así no más, ninguno. Tal vez un dolor en el alma bastante indefinido". "¿Depresión? No se preocupe. Eso se arregla con unas pastillitas o si quiere, lo puedo derivar a un psiqui... pero adelante, lo escucho". "Usted se habrá dado cuenta por mi acento que soy emigrante, que no soy de este mundo. Mi madre quedó allá lejos. Ya está vieja, llena de achaques y yo demasiado lejos para poder ayudarla directamente. Desde hace ocho o nueve meses se queja de un dolor intenso en la columna en la que se le soldaron dos vértebras. Se le dobla la espalda y se le hace difícil caminar hasta el teléfono cuando la llamamos. Lo peor es que vive sola y mi hermana está lejos para..."

"Ohh", exclamó el Doctor, "¿Cuántos años tiene su madre?" "Algo así como ochenta". "Hum, osteoporosis. Completamente normal a su edad. Una enfermedad muy frecuente en los ancianos, especialmente en las mujeres que fueron madres. ¿Cuántos hijos tuvo su madre?" Ernesto, que se había enojado por las ñañas y quejas de su madre ante una enfermedad "normal", distraído, dijo "Tres o cuatro", de la misma manera que hubiera podido decir una docena.

Un ruidito afuera; el Doctor husmeó, se fijó en una lista sobre el escritorio y continuó con una sonrisa bondadosa: "¿Ve? ¿Qué espera? Hoy la ciencia médica está muy adelantada; ese problema está muy estudiado y se previene magníficamente. Y le digo, su madre tuvo suerte y puede estar contenta de no haberse roto las caderas o cualquier otro hueso o que no se le hayan soldado más vértebras. Hoy, con una dieta adecuada y calcio en..."

Ernesto, sin dar las gracias ni saludar, desapareció. Esto habría sido mala educación si el Doctor lo hubiera notado pero ayudada por la enfermera, había entrado una anciana con la espalda encorvada a la que sentó frente al Doctor, quien, con una sonrisa comprensiva, tal vez contento por la idea del saquito blanco, siguió hablando sobre el mismo tema que encajaba justo.

Ernesto, camino a su trabajo, pensaba que además de cada tres meses, con sus posibilidades del 60 %, dentro de veinte o treinta años, encorvado como la viejita, también estaría sentado allí. ¿Y el Doctor? Con esa salud rebosante no envejecería ni un ápice, y si sucediera, uno exactamente igual estaría detrás del escritorio.

Esa misma noche, al regresar de sus clases, antes de la cena, se sentó a su escritorio, apartó la máquina y, con una cerveza al lado, con letras grandes para que su madre las pudiera ver, escribió la siguiente carta:

Ottawa, 10 de enero de 199...
Querida Madre de todos nosotros:
Hoy mismo te escribo, Aleluya, para darte una buena noticia. Esta tarde estuve con un distinguido y eminente profesional. Con generosidad, me dio algunas explicaciones e informaciones sobre la enfermedad que padecés. Su nombre científico es "osteoporosis" y no un "reuma fuerte", como decías vos. Es completamente ¡normal! y ¡natural! de modo que no tenés de qué quejarte. Es más, tenés que consolarte pensando en que a muchas viejitas les pasa lo mismo y cosas aún peores; roturas de cadera, piernas, o de cualquiera de los 260 huesos que conforman el esqueleto humano. Mirá si tenés suerte. En otras palabras definitivas; al 80 % de las viejitas les pasa lo mismo.
Sobre la distancia que nos separa y que, Madre de todos, extrañás a tus nietos a quienes no ves desde hace años, no hablamos con el Doctor. Es un hombre importantísimo y no dispone de mucho tiempo. Y supongo que debe saber las facilidades de comunicación de hoy día y que volar de un país al otro es una pavada, cuestión de horas. Seguí el ejemplo del Papa o de Jesús que con un burrito llevó su mensaje a todos los rincones de la tierra.

Pero ya ni sé lo que digo, estoy cansado de trabajar. Antes de que me olvide, vuelvo a lo que me dijo el Doctor. Me informó que la enfermedad es más brava cuando se tuvo hijos que se llevaron el calcio. Espero que no nos odiés por esto. También dijo que hoy en día esa enfermedad se previene fácilmente. Espero que en la próxima vida, en algo hay que creer, te vaya mejor.

Ah, tampoco hablamos de tu triste soledad (qué decir de la mía). Yo te aconsejo que si todavía sobreviven algunos de tus amigos o amigas, los busques para intercambiar ideas, compartir, informarse mutuamente; estarás menos sola, conocerás mejor tu enfermedad y aprenderás a convivir con ella. No te olvides que cuanto más se sabe de algo, menos temor se le tiene, como a las brujas. Aquí sí te educarían, ni quejarte podrías. Hasta te encontrarían trabajo en un Supermercado para que con tu dulce sonrisa repartas cubitos de queso y galletitas crunchi cranchi. Me voy despidiendo. Espero que nos veamos muy pronto. También espero que mientras tanto, goces de buena... Ya ni sé lo que digo. Afuera hay veinte grados bajo cero, sopla un viento fuerte y las brujas revolotean entre los copos de nieve. Hace más frío que nunca. Temo que ni un litro de vino me alcance esta noche.

Te dejo porque me espera un discurso pedagógico. Creo que después de estas explicaciones, te costará menos llegar al teléfono. Adiós Madre, cuídate; cariños y besos de todos, y un gran gran abrazo.

Tu hijo y tus nietos

P.D. Te ruego que no me preguntés más por el color y la consistencia de las deposiciones de tus nietos. Ya no están en edad en que pueda ir a inspeccionarlas. Y tampoco iría porque comen hamburguesas McDonald's. Para que te des una idea de cuánto crecieron, te adjunto fotos de tus nietos en evolución no se sabe adónde, un año más viejos, cada vez más grandes, más invisibles. ¿Ves bien todavía? Las fotos son extraordinarias, están sacadas con una máquina japonesa automática. Ay, Madre, yo también me debo estar poniendo viejo; ¿todavía hay tantas estrellas en la pampa con su cúpula celeste? En estos cielos muchas parecen haberse apagado y nacido globitos.

Tu hijo.

16. SU OFTALMÓLOGO

Ceremonia de recepción de la secretaria. "¿Cómo está usted hoy?" En el consultorio del oculista, un oriental bajito con los ojos enrojecidos, de ocho mil años de cultura en la que figuraba la invención de los anteojos y que sin embargo no le preguntó cómo estaba hoy. Ernesto se lo preguntó con placer especial sin obtener respuesta, salvo una sonrisa misteriosa. El oculista, ceremonioso, con inclinaciones, lo hizo sentar en una especie de sillón ortopédico rodeado de aparatos y, oh milagro, un gesto muy humano y profesional: le preguntó qué problema tenía. Ernesto respondió con toda sinceridad: "No es un problema, son muchos. Y lo peor, ni siquiera puedo nombrarlos. Pero para mantenernos en el encuadre, para el caso, digamos que tengo una visión perturbada del mundo y cegueras repentinas".

Sin decir palabra, el profesional asintió con una sonrisa ambigua que a Ernesto le pareció comprensiva. Luego de hacerle seguir con los globos oculares la punta de una birome a la derecha y a la izquierda, penetró con un aparato y reflectores en el abismo detrás de sus ojos y allí anduvo un ratito. Por primera vez en su vida sintió realmente iluminado su interior. Se apagaron los reflectores y con un aro verde, saltarín, le midió la presión de los ojos.

En la lectura de las letras en la pared, hubo algunos problemas culturales; Ernesto pronunciaba "be", cuando tendría que haber pronunciado "bi". Con buena voluntad, se superaron los problemas.

"Nada notable" dijo el oriental y, curioso, después de ponerse de acuerdo con Ernesto para el diagnóstico, lo anotó en la ficha. Escribió la receta para los anteojos y con una inclinación se la dio; Ernesto la tomó con una inclinación más profunda. Se dieron las gracias mutuamente jurando, con ceremonia, volver a verse dentro de un año.

Afuera, en la calle, caminaba con el alma ligera: no le habían deseado ni un buen día ni una semana mejor ni le habían dado las gracias por haber ido. Sin embargo, algo no estaba claro; el oriental, con sus ocho mil años de cultura, no le había explicado, o le había enseñado nada, o le había revelado ningún misterio de Oriente, la manera de preparar el té verde, por ejemplo. Y lo peor, no le había dado ningún margen, ni una rajadura en la que meter una cuña de sus disgustos pasados, presentes o futuros. En resumen, el oriental fue más preciso que un alemán, más rápido que un inglés, más encantador que un francés, más gentil que un caballero español. Fue la consulta más breve de su vida. "Sutil, el chinito o japonés. Este sí que domina la cosa". Aparecieron algunas manchas rojas delante de sus ojos cuando recordó el diagnóstico de ahora ya su oculista: "Presbicia. Visión perturbada del mundo y cegueras relámpago por la furia y la rabia".

17. SU REUMATÓLOGO

Ceremonia de recepción. Cansancio de Ernesto. Entró en el consultorio del reumatólogo encorvado como Atlas llevando el globo terráqueo sobre su espalda. Con los años que da la práctica, el reumatólogo, un gigante escocés, un bravo *highlander* que lo superaba por una cabeza, apenas le echó una ojeada lanzó un "Hum" significativo y le hizo sacar la camisa y los pantalones. Con delicadeza, como una pluma, con sus manazas lo aplastó de espaldas contra la pared, "Para verle la curvatura" explicó, le midió los ángulos de giro de la mandíbula al hombro y, encorvado, la distancia entre la punta de los dedos y el suelo (Ernesto se sintió un mono en las manos de un antropólogo), lo hizo girar, agacharse, doblarse hacia adelante y hacia atrás. Mientras sus huesos crujían el reumatólogo escuchaba; le pasó las manos por las vértebras como por un xilófono, le molió las articulaciones de los dedos que también crujieron. "Vístase". Ernesto se vistió. "Siéntese". Se sentó. "Hum. Usted ya no es joven. Por supuesto, eso no quiere decir que sea viejo". "Gracias". El reumatólogo puso los dedos contra los dedos, en una especie de rezo no se sabe a quién. Dijo: "Por lo que toco, los ruidos y crujidos que escucho, no me cabe duda, usted tiene artrosis. Aunque le parezca mentira, la artrosis está conectada y agravada por el estrés. Una vida tranquila y serena le va a ayudar". "Gracias doctor, veo que usted no solo toca de oído, sino que es un músico fantástico que conoce el solfa de la vida. Pero, por favor, escúcheme. A pesar de mi auto..." y allí Ernesto se largó a quejarse de las dificultades de desplazamiento y movimiento de la vida. Largas eran las rutas de Canadá. El reumatólogo bajó la barrera, anotó: "Artrosis agravada por las dificultades imaginarias en la vida." No le dio ninguna receta, solo que nadara una hora por día, que volviera dentro de seis meses, que tuviera un buen día.

Se retiró más encorvado que como había entrado. Juró en voz baja que, a pesar de haber ido a puertos equivocados para buscar leña, reencontraría lo perdido, aunque se tratara de sus molares.

18. SU DENTISTA O LA HISTORIA DE DONNA

De cómo el mundo se parecía cada vez más y cómo se achicaba, daban la prueba las ceremonias de recepción de las secretarias, probablemente diseñadas por algunos estudiosos de Harvard, expertos en Relaciones Públicas, en Mercado y en *Managment*, que se resumen en una técnica que también se puede llamar "el arte de…". Tal vez indirectamente, especialmente en el caso de Ernesto, este arte contribuía a esa sensación general de no saber dónde se está: si en el consultorio de un profesional de la salud, en un taller mecánico, en un Banco, en un Supermercado, en Canadá, en Inglaterra o en Estados Unidos.

Ese día, el tiroteo con la secretaria que le preguntó cómo estaba hoy había estado un poco alejado de lo que los estudios de Harvard suponían la conducta del cliente, en este caso Ernesto. Borrada la sonrisa de la secretaria por una de sus observaciones -por ejemplo, "Dígame, ¿a usted realmente le interesa saber cómo estoy, y justamente hoy?"-, le dio una tabla con una birome y un papel que tendría que rellenar en la sala de espera. Allí había mirado unas fotos en la pared, el dentista en el centro, aureolado por las de su *staff* de higienistas y secretarias: una de ellas (por lo visto el "stajanovismo" de la Unión Soviética que había desaparecido reaparecía sobre alfombras y acunada con música funcional) era la secretaria o higienista del mes. Debajo, sus nombres, deportes, costumbres, *hobbies* y pasiones: hacer *jogging*, jugar al golf, al tenis, leer en sus ratos libres, pasear el perro, mirar televisión, coleccionar ranas o búhos de porcelana. En fin, una lista que agotaba las infinitas posibilidades de la alegre vida de la gente de Utopía. Ahora, sentado, extrañaba la fabulosa desatención de las secretarias argentinas, cuyas sonrisas, más exacto sería decir muecas, destilaban amargura ante las miserias de la vida. Ellas, al no saber leer inglés, no habían aprendido las normas de Harvard. No todavía; pero gracias al asesoramiento del Fondo Monetario Internacional, a costa de su salud mental, pronto lo harían.

La secretaria, con un suave *"Excuismi"*, lo llamó para pedirle el papel en que figuraban preguntas como 1) ¿tiene mal aliento?, 2) ¿saliva mucho?, 3) ¿rechina los dientes cuando duerme?, 4) ¿desea conservar sus dientes originales a toda costa?, y otras quince que no había llenado. La secretaria miró el papel, "Ohh". Después de la lección anti–Harvard que le había dado Ernesto, su observación fue suave, casi inaudible, como si estuviera ante un ser de cristal: "Pero, tendría que haberlo llenado". Compungido explicó: "Es que soy analfabeto". El "Ohhh" de la secretaria, además de sorpresa, fue de dolor y compasión. "No se preocupe. Yo se lo lleno", dijo contenta. Ernesto la miró, sus ojos azules un poco apagados, su pelo castaño, le recordaron a su hija; su blusa barata, a los pobres del cuarto mundo (nombre que le puso la ciencia sociológica, para estudiarla mejor, a la resaca humana que va surgiendo en las sociedades ricas), su cara con manchas o tal vez granos disimulados con maquillaje barato, a la mala alimentación. Y vio, vio que el ofrecimiento era sincero, que la chica había encontrado una misión en su vida y que sería más feliz en cualquier lugar de la tierra, hasta en Latinoamérica enseñando a leer a los analfabetos. Suspiró y recordando "Bienaventurados los pobres de espíritu o de cuenta bancaria, de ellos etc...", en vez de responder: 1) Mefítico, sulfúrico. 2) Con mis deseos insaciados produzco inundaciones. 3) No lo sé, pero según mi mujer, como un bulldog, 4) Estoy decidido hasta a costa de mi vida; sus respuestas fueron de sentido común, aceptables por todos.

Por el exceso de población mundial, para no confundir a las personas que pululan como cucarachas en los pasillos de la tierra agotada, en los estadios, congresos y las grandes ciudades, para no perder el tiempo preguntando y saber quién es quién con un vistazo, la secretaria también tenía un cartelito con su nombre, técnica que a Ernesto le recordaba la Exposición Rural Argentina con las vacas y toros premiados. Leyó el nombre y, "Gracias Donna", se sintió bien, había hecho una obra de caridad, la chica también, estaba contenta, Ernesto estaba contento, todo el mundo estaba contento y el mundo seguía marchando. Pero entremos ya, un pasillo con cuartos en los que zumbaban los instrumentos de los higienistas, y en los que no, la atmósfera era de "actitud activa" a la manera de Harvard. La enfermera lo acostó en un sillón diseño ataúd. Si pensó que el dentista entraría raudo, estuvo equivocado.

Le pusieron un babero gigante y, explicándole qué hacían, le sacaron una radiografía circular con plena sonrisa solo perforada por los huecos que le dejaron los años. ¿El dentista? Oh, no, qué va, el Doctor está muy ocupado, ya vendrá, mientras tanto, ¿conoce las técnicas modernas de limpieza y mantenimiento de los dientes? No mucho. Clic, y sobre su cabeza empezó una película educativa con bocas abiertas, cepillos que se movían de arriba abajo y de abajo arriba, más bocas, la utilización del hilo para las placas llenas de microbios, más bocas con enfermedades diversas y cómo combatirlas, película que Ernesto consideró de terror, sutilmente pornográfica y *The End*.

Por fin el dentista. Una sorpresa, un francés con *charme*, tan distinto de los ingleses, con humor, un latino que sabía vivir, espontáneo. En un inglés de *MacGill University*, después del consabido ¿Cómo está?, ordenó "Abra la boca" y sin ningún disimulo, se precipitó sobre la abertura como si fuera la entrada a una mina de oro. La revisó con minuciosidad para no perderse ninguna pepita, murmurando "un cariado rico en caries", y le fue dictando a la enfermera, diente N°, superior, N°, inferior derecha... once en total. Luego revisó la radiografía y le anunció que dos molares tendrían que volar por las raíces infectadas; le dejaría más agujeros en su sonrisa, pero con una dentadura postiza parcial, lo disimularía a las mil maravillas.

Un suspiro de alivio del dentista, su cliente tenía potencial, se frotó las manos, y con la satisfacción de quien tiene el futuro asegurado le anunció el costo total del tratamiento desde el primer paso hasta la dentadura. Ernesto, como pez tirado en la playa, abrió y cerró la boca varias veces. Por fin repuesto, preguntó: "Doctor, ¿y los buenos viejos días?". El dentista: "Ay, los años no pasan en vano. Los molares que ha perdido y los que va a perder, ¡y tiene suerte que no sean los incisivos!, son consecuencia de un proceso natural, el paso lento, inevitable, de los años. Lo que fue nunca será. Es tristemente inevitable. Pero con la dentadura se tendrá más confianza y se sentirá más seguro".

Ernesto, que ya había oído lo de la confianza —seguramente a un mecánico que hablaba de los amortiguadores de su coche—, profundamente conmovido, recordando a los dentistas argentinos que a su pregunta habrían respondido "¿Que qué le va a hacer? ¡Joderse!", supo apreciar la delicada respuesta del canadiense. Se lo agradeció y teniendo en cuenta su rapidez en los cálculos, le dijo: "Felicitaciones, usted no solo es un gran matemático sino un poetazo, maestro. Y dígame por favor, cuando hablo, escupo por todos lados y muchos dicen que es veneno. ¿Se puede hacer algo para evitarlo?". "Póngase contento, una mayor salivación significa mayor acidez y muerte de los microbios, en consecuencia, estadísticamente, una vida más larga". Con la rapidez del relámpago, una vez más Ernesto dividió el mundo en dos: los que escupen, de vida larga; los escupidos, de vida corta. Suspiró: "Una vida más larga, ¿me puede decir para qué?". "Ese es SU problema; yo soy SU dentista y no SU consejero. Ahora le recomiendo una limpieza a fondo". Antes de retirarse, Donna le dio fecha y hora para la higienista.

Infinitas fueron sus visitas al calvario del consultorio. Infinitas fueron las veces que Donna —de cuya cara fueron desapareciendo las manchas para ir adquiriendo tersura y sus ojos azules brillaban cada vez más—, apenas lo veía aparecer, se ponía de pie contenta de ser útil, si no a la humanidad, a uno de sus representantes, y esgrimía la birome en cumplimiento de su tarea misionera.

El final de esta historia, sin saber si era una Miscelánea o parte del diario íntimo de su vida, está bajo la "P" de postiza, en la cajita más grande y el episodio se intitula "Mi encuentro con la dentadura postiza" o "Basta la salud".

"Ya había pasado el otoño, era invierno y hacía un frío de mil demonios. Bueno, no exageremos, el frío de siempre. Tuve que hacer un esfuerzo para superar la tentación de quedarme en casa, hacerme unas tortitas fritas y tomar mate. MI dentadura me esperaba y no le podía fallar.

Por las calles desiertas soplaba el viento helado. Llegar, entrar y ver a Donna, a la que hago tan feliz, me levantó el ánimo deprimido que arrastraba detrás de mí. Y yo el de ella; ya no me pregunta cómo estoy, sino que dice directamente: 'Estoy contenta de verlo'. Digamos que no es la mujer ideal, su salario mínimo, el de la mayoría, apenas es suficiente para una burda y frágil imitación de la vida de gran estilo, cosa que no importaría porque aprecio en ella esa profunda capacidad de sentir alegría por las pequeñas cosas, su interés por el otro y, más que nada, por haber elegido con toda libertad ese trabajo en vez de hacerse prostituta.

Como en cada visita, me encontré recostado en el sillón–ataúd. Apareció el dentista frotándose las manos, era día de liquidación de las cuentas, y anunció: 'Mírela, es PER–FEC–TA'. La vi sobre un mostrador. Sí, allí estaba mi dentadura con los molares, la que iba llenar los huecos, el vacío dejado por el paso del tiempo y la vida, para ponerme al día y nacer de nuevo; sí, era perfecta, la dentadura ideal, platónica.

Sí, la dentadura era perfecta, pero ay, Madre mía, yo era un ser imperfecto, y por lo que ocurrió, pienso que casi deforme. Para metérmela en la boca, a pesar de las pruebas piloto y tests anteriores, hubo dificultades. YO no coincidía con la dentadura. Se abalanzó sobre mí (tal vez exagere, pero YO lo sentí así) y explicándome qué hacía, sin dolor, suavemente, con anestesia, me pulió, me lijó, me torció dos dientes y por fin terminó de ajustarme y de meterme en la dentadura. Aplaudió, se frotó las manos, me anunció mi nuevo nacimiento, me dio un pequeño manual de instrucciones, me mandó a la caja deseándome un buen día y aconsejándome, paternalmente, volver dentro de cuatro meses para una inspección.

La dulce Donna apretó un botón y de la computadora salió la factura más larga y más peligrosa que esperanza de pobre. Miré la cifra final, y con los ojos seminublados, manchas rojas, pude ver, además otras cuentas de las que el poeta y matemático doctor no había mencionado por estar en el programa; la cifra de la radiografía semi–hemisférica era la de un meridiano, la limpieza de dientes por la higienista. Los diez minutos de la película instructiva costaban diez veces más que las diez horas de *La guerra y la paz* hecha por los rusos.

Ya ciego, pagué con un cheque, me despedí de Donna, quizás un poco bruscamente y me mandé a mudar. Pobre Donna.

Y aquí estoy con mi dentadura. Su mantenimiento no es un problema. Si tengo alguna duda, consulto el manual de instrucciones: no hervirla, no ponerla en el horno a 100 grados, guardarla en un vaso de agua por la noche, etcétera. Cuando me la pongo, me siento como un perro al que le pusieron el collar, y cuando hablo siseo como una víbora. Tendría que haber formado parte del *kit* de mi existencia como mi familia, el perro que no tengo, el vino y la cerveza. Solo la utilizo en ocasiones especiales como el saco y la corbata.

De todas estas aventuras por los pasillos de la casa de la salud como aquí se llama 'aventura' a cualquier cosa, hasta ir al Supermercado para descubrir cositas, me quedó un balance positivo. Por un lado, si cumpliera con todas las instrucciones para el mantenimiento de mi cuerpo, una hora de caminata, una hora de natación, cepillarme los dientes después de cada comida, una limpieza a fondo con la cuerda y masajes de las encías todas las noches, no me quedaría mucho tiempo para perder en especulaciones vanas e intentos más vanos de vivir, con dedicación exclusiva a mi persona, mi ombligo con todo mi cuerpo incluido, el centro del mundo, sería la vida misma en Utopía. Por el otro, las citas dentro de un año, tres meses, seis meses, cada cuatro meses, son una proyección en el futuro y debo reconocer que los interrogantes sobre el mismo han desaparecido y tengo razones más que suficientes para seguir viviendo. Con un psicoanalista dos o tres veces por semana durante diez años, el asunto sería perfecto. Como se ve, basta la salud".

Cansado de sus batallas interiores y exteriores, sigue durmiendo allá arriba. Aunque de vez en cuando repita la frase tan conocida "Nadie es perfecto", no parece creer en ella. Una prueba de que no lo es, es la historia, verídica en su desarrollo, mentirosa por omisión en su final, que escribió sobre el día del encuentro con su dentadura. Y esa omisión es más grave ya que se trata de un intento de buena voluntad para empezar su diario íntimo. Claro que si se le señalara esto él diría: "Bah, en esto no me diferencio mucho de los grandes escritores y/o benefactores de la humanidad, en el fondo sigo siendo bueno".

Y allí en fondo, remordiéndole la conciencia —o no—, está el verdadero episodio final en el consultorio. Efectivamente, al enterarse de la cifra aparecieron manchas rojas delante de sus ojos, que se nublaron. Tuvo que hacer un esfuerzo para rellenar el cheque y otro (se imaginó que firmaba la sentencia de muerte del dentista) para firmarlo. Con furia lo arrancó de la libreta y se lo alcanzó a Donna. Por más que las manchas siguieran allí, no pudo dejar de ver los ojos azules de Donna —dos estrellas húmedas que se apagaban— ni de escuchar su suave comentario que, por la desilusión profunda, ni siquiera era un reproche: "Pero... pero... usted sabe escribir... entonces...". La explicación de Ernesto fue inútil y hedía a la de un intelectual... "Donna... yo... sí... sé... pero como... como los hombres notables de este siglo, los *businessman*... solo... solo las cifras... lo demás no tiene...".

19. CONTINÚA EL BALANCE, EL ALMA
O FALTA DE SACERDOTES Y FE, BUENOS SON
PSICOANALISTAS Y PALABRAS

Si antes todos los caminos llevaban a Roma, ahora, por la falta de hechiceros, de curas, de amigos de una meta clara y un sentido de la vida, o sencillamente de un bar, todos llevan al diván. Cuando había terminado el paseo por la casa de la salud, recogido todas las informaciones sobre su cuerpo y lo habían ajustado a la dentadura, se dio cuenta de que faltaba lo esencial. El conocimiento de su alma, de sí mismo, el más difícil que hay.

Argentina, su país querido y añorado —además de por su corrupción como la de todos los países del mundo— era mundialmente famosa por la producción de trigo, de carne, de charlatanes, psicólogos y psicoanalistas. Gracias a la globalización, a la mayor movilidad en busca de El Dorado, en la Tierra de las Promesas habían anclado dos o tres, a su elección, sin que supiera cuál sería el mejor o el peor.

Eligió a un psicoanalista argentino para poder expresarse en su propio idioma y por otras razones. No quería enfrentarse con un inglés que probablemente, mientras le explicaba lo que hacía, le metería una picana con cables conectados a una caja en vez de su alma. Por una cuestión de empatía nacionalista, el argentino lo entendería mejor. Pero además, por algunas encuestas que había hecho por los pasillos de la emigración y el mercado del espíritu, se había enterado de que su futuro terapeuta era una especie de modelo inglés de la ética del trabajo; se sentaba en el sillón a las ocho de la mañana y se levantaba a las ocho de la noche. Esta laboriosidad, no cabía ninguna duda, daría sus frutos y el psicoanalista tendría un conocimiento profundo de las porquerías humanas en su arrastrarse cotidiano por el suelo, y del mundo real, de oídas. Esto estaría confirmado por el significado de su apellido ingles traducido: Pluma Piedra que sugería la sabiduría de los ancianos de la tribu: la capacidad de inmovilizar su traste mientras su alma flotaba en las alturas. En cuanto a modestia, humildad, sensibilidad para la economía, es decir, de equilibrio interior y sentido común, nada había que decir: se probaban con sus cinco propiedades rentables; y como con los boxeadores o futbolistas argentinos y jugadores de hockey canadienses, con un restaurante. La demora de tantos años para tomar esta decisión, probablemente se debiera a que su mujer lo mandaba todos los días a ver un psicoanalista o a un psiquiatra.

Llamó al consultorio del psicoanalista en diciembre, la Navidad cerca, la ciudad cubierta de nieve y con millones de lamparitas de colores para iluminar el camino al Niño Jesús. Se sabe que esa festividad, en la que reina la alegría por doquier, es la época más deprimente del año y nuestro héroe, con su empatía que absorbía todas las miserias humanas, se sentía más deprimido que nunca. La secretaria que atendió su llamada, le concedió la cita para mayo del año siguiente.

Al gemido de Ernesto, "Pero señorita, tengo una tentación espantosa de suicidarme", la secretaria le explicó que el Doctor no atendía emergencias y que si la tentación era muy fuerte, le aconsejaba ir a una Emergencia de cualquier hospital. Ernesto, muestra de salud, colgó el teléfono con furia, y se olvidó si había aceptado o no la cita para mayo.

¿Qué hacer? Sintiéndose bueno como los millonarios que piensan en los pobres en Navidad, pensando en sus hijos, decidió darles un descanso y suspendió sus discursos pedagógicos, aunque no se olvidó de la pedagogía. Les propuso que para esa ocasión tan magnífica, alquilaran una película, la *Vida de Jesús*, y que la miraran todos juntos, en familia. La palabra "película" les llamó la atención, mas, ya curados por el espanto de los trucos pedagógicos de su padre, ejerciendo sus derechos humanos y su libertad (si no la de entrar y salir cuando quisieran, la de ver lo que les gustara), dijeron que ya habían oído hablar de ese *Mister*, pero que irían a averiguar. Ernesto no pudo estar menos que de acuerdo, muy a su pesar, es cierto. Porque, ¿a dónde irían a buscar la información, clave del triunfo y del éxito? Seguro que a algún compañerito de sus clases que, si no estaba drogado con droga, lo estaría con información. O al mercado, a la lista de las películas más vistas. Volvieron enriquecidos; no papá, no querían ver una película de poca acción, el héroe no valía gran cosa, ni siquiera el 1% del hombre de los seis millones de dólares, que sus milagros eran de pacotilla, que era un tarambana por dejarse atrapar por la policía y encima dejar que lo crucificaran, que estaba medio loco por creerse Dios, que en fin, la película era aburrida, con una sola muerte. Fue inútil que Ernesto insistiera diciendo que sí, que era una sola muerte pero que valía por billones, muy refinada, que duraba horas, de una agonía interminable, y que era ideal para un sadismo exquisito. Para colmo su mujer, que escuchaba con las cejas fruncidas, por fin habló; le preguntó si no estaría confundiendo fechas, pues estaban en Navidad y no en Pascuas, que si hablara de un *"special"* que se limitara a la ocasión todavía, vaya y pase... Y Ernesto, una vez más, perdió como perdía todas sus batallas.

Tratando de adaptarse a la coherencia del medio ambiente, al *client oriented service*, durante los días que faltaban para la Nochebuena redactó una "Oda a La Navidad", un *special*, que leería antes de que atacaran el lechón. Lo redactó sí, pero nunca llegó a leerlo. Para cuando lo llamaron para cenar, ya fuera por la depresión que había llegado a tocar fondo, o por el remedio que había tomado para combatirla, casi tuvo que usar sus cuatro patas para llegar a la mesa.

Pasaron la Navidad, el Año Nuevo, los Reyes Magos que no existen en Canadá, pasó el deshielo, y se acercaba la fecha de la cita con el psicoanalista de la que Ernesto se había olvidado completamente. Una vez más hubo un mentís a sus quejas de que nadie se ocupaba de él; dos días antes la secretaria del Doctor lo llamó por teléfono y se la recordó con día, hora, dirección y autobús que podía tomar para llegar al consultorio, cosa esta última que consideró el tiro de gracia después de caer en la trampa.

Así, el día señalado, las luces de Navidad desaparecidas y reemplazadas por tulipanes de alegres colores, con los pajaritos que piaban, hasta quizás alguna golondrina, con la naturaleza que había renacido y la alegría reinante por doquier, por ser primavera o por haber sobrevivido a la Navidad, sin muchos motivos para ir, en un ambiente en el que reinaba una atmósfera optimista, corriendo el riesgo de pasar por un pesimista incurable por hablar fuera de lugar de sus depresiones describiendo su chiquero interior, Ernesto, ya que estaba, o quizás con vistas al futuro —esa aspiradora que nos succiona el presente—, fue.

El consultorio del ya desde el vamos eminente psicoanalista (así le dirían cuando lo despidieran en el cementerio), quedaba en el centro de la ciudad, en el famoso Triángulo de Oro para mayor exactitud, lugar que, el narrador está seguro, el lector no sabe dónde queda exactamente, pero le asegura que no pierde nada. Bástele saber que es el lugar —un triángulo inexistente inventado por los rematadores— más caro del centro. Si Ernesto pensó en un hermoso edificio de cristal, de esos que hay bastantes en el centro y frente a los cuales uno no sabe si está en Texas, Dallas o Chicago, lleno de confesionarios de psicoanalistas como un Supermercado del Espíritu o una Catedral con altares —cosa que le habría permitido acuñar una de sus Frases célebres o seguir tomando notas en sus Misceláneas bajo la "C" de ciudad—, estaba equivocado. La calle era uno de los lados del triángulo y el consultorio quedaba en una casa al estilo de la Nueva Inglaterra reformada, con tulipanes en el jardín, y en la que había cinco o seis consultorios de Sacerdotes Diplomados.

Apenas entró en lo que tal vez fuera el hall de recibo, encontró a la secretaria y/o recepcionista que con computadora y conmutador atendía las llamadas telefónicas y a los pacientes de los ingenieros de almas. La clasificó como Sacerdotisa Menor o de cuarto grado del templo pagano–científico. Ella estaba hablando por teléfono. Él se acercó y se presentó. El "*Hi*" distraído y tibio que recibió, no dejaba de estar en armonía con la temperatura de afuera, pero estaba muy lejos del futuro renacimiento que se anunciaba en esa estación. Siendo él —no podía haber actuado de otra manera—, dijo: "Señorita, ¿por qué no me pregunta cómo estoy hoy?" Como quien toma un momento de respiro de los estudios de Harvard del perfecto *timing* para exprimirle el jugo al tiempo, la secretaria, con la oreja pegada al tubo, dijo: "Espere un momento" al que atendía por teléfono y a Ernesto: "Perdone señor, no sé de qué me está hablando, pero sé por qué está aquí. Por favor, si fuera tan amable, tome asiento".

Ernesto la habría felicitado por la respuesta si no se hubiera tratado de él. Rechinando los dientes, se sentó y tomó una de las revistas *Time* de entre las muchas que vio en una mesita. En la tapa, la foto: una playa, mar, una lancha de desembarco en la que subían o de la que bajaban, sonrientes y felices por su misión, varios soldados de la democracia. Nunca supo si bajaban o subían. La secretaria hizo sonar el gong y Ernesto se precipitó en el ring para el primer round del alma.

Tal como lo sospechaba, era el mismo, estreñido, que le había dado los consejos sobre el papel higiénico en la Corte de Emigrados, pero, lejos de la Patria Querida, lo supieron disimular. Lo recibió familiarmente, de pie, dándole la mano y con esa cancha que solo tiene un argentino, "¿Qué tal? ¿Qué me cuenta? ¿Qué le trae por aquí?". En vez de responder, "Casualmente pasaba por aquí y como no tenía nada que hacer, entré para charlar un rato y tomar unos mates", saludo y señaló el diván verde esperanza. "Todavía no. Veremos si necesita un tratamiento profundo. Ni sé si dispongo de las horas para uno. Consultaré con mi secretaria. Por ahora siéntese ahí (señaló un sillón) y cuénteme su problema".

Ernesto ya estaba sentado cuando el gordito en forma de rombo, alto, el traste una pantalla de radar (Ernesto atribuyó el tamaño y la forma a la deformación profesional y pensó que el nombre Buey Sentado le quedaría mejor), se metió detrás del escritorio y se acomodó como una gallina clueca. Y con la sensación de que tiraba sus sentimientos a una jauría de perros y no a ese gordito simpaticón con cara rosada de bebé y al que por menos le haría falta un bigotito postizo para hacerlo madurar, en la hora de cuarenta y cinco minutos, después de una de sus frases célebres, "El inconsciente hablará por mi boca y usted es el exégeta que se encargará de interpretar su texto", contó lo siguiente:

"Bien, es probable que usted no tenga la solución para curar mis males diciendo que yo no tengo cura. Eso sí, si hay alguna posibilidad, le ruego que no me cure el odio, la única razón, parece ser, de mi existencia. Soy esposo amante de una mujer a la que quiero o no quiero y ella también o tampoco a mí, pero que de todos modos me definió con una frase famosa: 'Sos de esos que al subir a un colectivo, a pesar de encontrar asiento, se pase el viaje mirando si el de atrás no está más vacío'. Soy padre de dos que se pudren y corrompen allá afuera en la libertad y la democracia; eso sí, todo está estudiado y explicado. Soy escritor de profesión o quisiera serlo, creador que empantana a sus personajes en las estaciones de trenes y ninguno puede rajar pero que mis personajes se queden atascados en las estaciones no me preocupa mucho. Al fin y al cabo son personajes típicamente posmodernos que, en armonía con la época, giran sobre sí mismos con mucho dinamismo, sin saber dónde poner el culo ni dónde ir. Quizás este atascamiento se deba a la influencia del ruido del paso del tren de carga que escucho en la lejanía cuando abro mi ventana o en el silencio de la noche, a las tres de la mañana. Oh mundo laborioso, el pitido de la locomotora que no es tal, sino el bocinazo del diesel, penetra en mis sueños y me imagino o sueño con nostalgia que con una botella de tinto viajo hacia atrás, hacia el pasado, o que por fin me escapo a otro mundo. Claro que si mis personajes se quedaran varados en los aeropuertos chupando *whisky*, por eso del *jet set* internacional, según las estadísticas mis libros se venderían mejor; o si escribiera sobre las tetas cortadas... no sé si me explico... Basta, me voy a quedar varado yo también, cosa que me pasa frecuentemente... A ver, ordenémonos como hacían los griegos; en el aspecto corporal, según los expertos que me atienden, soy una especie de ruina humana. Y eso que no lo saben todo. A usted, que comprende la vida en toda su amplitud y profundidad, se lo puedo confesar: tengo hemorroides una enfermedad profesional. En cuanto al mental o anímico, usted tendrá la palabra. Vale la pena aclarar que como creador, soy fructífero y metódico. Fructífero, porque tengo tantas ideas que me confunden y me marean. Metódico porque para utilizarlas más adelante, no perderlas como me solía ocurrir, ahora las escribo en fichas y las meto, de A a la Z, en dos cajas como urnas, una más grande que la otra, depende del tamaño de la idea. En la más grande pegué un cartelito: 'Contenido; filosofía, dados, timba y la poesía cruel de no saber vivir'.

Dije que era fructífero, pero también debo decir que, quizá debido a la cantidad de ideas, me quedo paralizado muchas veces y extraños cosquilleos me llevan frente a mi ventana del estudio desde la que contemplo el mundo, agobiado por dudas existenciales o de creación. Mientras observo la bruma, la neblina un poco nauseabunda de la mañana de los días de otoño o de verano en la que está hundido el barrio, o, si no hay bruma, el bello paisaje del césped cortado de las tumbas que me rodean, a veces animadas por muertos voluntarios o un perrito con una anciana que todas las mañanas a las once viene a hacer sus necesidades, digo, el perro, a un árbol que se encuentra en el jardín del frente de mi casa, chupando el mate ya lavado, medito sobre las razones de mi parálisis y me digo: Últimamente te quedás paralizado muchas veces planteándote problemas estúpidos en vez de lanzarte a trabajar como un loco, ciego, como lo hace todo el mundo. *Just do it*. Perdiendo el tiempo como lo perdés, nunca alcanzarás la fama. Perdés el tiempo pensando en qué vende más, si novelas con tetas cortadas o patas, sin tomar una decisión de una vez por todas. Peor, invocando el arte y las musas, la belleza y las metáforas, te metés con las palabras sin considerar su sentido profundo y su valor actual. La otra mañana nomás, te sentaste a la máquina para liquidar de una vez por todas un capítulo de una novela en la que el día anterior habías dejado a una pareja pecadora revolcándose en la cama, pareja que había quedado en una posición que cansaría al más pintado como te cansó a vos. Para sacarla de ahí, darles un poco de reposo, tu subconsciente o inconsciente como el eco de un mercado, te dictó una solución altamente profesional y expeditiva: 'siguieron un rato más, trabajando como titanes y obtuvieron un alegre orgasmo. Luego, con la conciencia tranquila por haber terminado el trabajo, por haber practicado el *safe sex* y usado el invento de Lord Condom para evitar el sida, como buenos puritanos, con la conciencia tranquila, descansaron en paz'. Releíste lo que escribiste y ciego de furia, arrancaste la hoja y la hiciste pedazos. ¿Comprende Doctor?".

(El Doctor no pareció comprender.)

"Déjeme que le explique. La palabra 'orgasmo', es una palabra tecno–fisiológica. Desde el punto de vista del arte, me crispa los nervios, a pesar de que muchos escritores y escritoras la usan, sabiendo muy bien que —además de la economía del lenguaje, el secreto de la gran literatura y la poesía—, detrás de esa palabra estalla una asociación vertiginosa con los manuales sobre el sexo, la información, la educación escolar moderna, la pornografía, y otras formas o técnicas de obtenerlo, una auto descapotado, un lavaplatos, vibradores, látigos y otros frutos del ingenio humano que se pueden obtener en el *porno shop*. Sin tener en cuenta por ejemplo que la cola de los Kennedy frente a la puerta de Marilyn Monroe, pobre niña inocente, víctima y mártir de la sociedad, esa cola digo, con un poco de imaginación y la palabrita mencionada, adquiere un sentido, finalidad, y se sabe adónde va. ¿Para qué, entonces, romperse la cabeza, devanarse los sesos con metáforas que nadie va a entender o apreciar? ¿Quién entendería, si por ejemplo escribiera: 'y el éxtasis del placer fue un estallido de una estrella nova que lentamente, agotando sus energías, se contrajo sobre sí mismo y murió absorbido por un agujero negro?'. ¿Quién, eh, quién? Ni un astrofísico, Doctor. Por favor, ayúdeme".

(Aquí Ernesto se calló y miró al terapeuta. Este le devolvió una mirada que decía "Lo estoy escuchando para comprenderlo y ayudarlo". Suspiro y continuó.)

"Gracias, Doctor. En general, no soy feliz. A veces pienso que se debe a que no he triunfado, aunque no sé cómo mi triunfo haría feliz a mis hijos o arreglaría los males del mundo. Pero tal vez mi triunfo me haría más tolerante con mis hijos y esos mismos males. Vivir y dejar vivir; dicho de otra manera, el mundo se hunde, pero es la vida y *I am Okey*. La indiferencia completa y compensada, sin la pregunta ¿para qué estoy en este mundo? No, así no va, no vine aquí para dar clases de filosofía, sino para corregir mis males, mis defectos y encontrar las razones de mis fracasos. Estos son tantos que los cuarenta y cinco minutos, de acuerdo a una lista completa de mi mujer, no alcanzarían para enumerarlos. Se impone una selección. Uno de mis primeros defectos y tal vez el más grave, es que tengo una visión pesimista, perturbada y nebulosa del mundo. Mi mujer dice que esto se debe a que la ventana de mi estudio está llena de polvo, o que no llevo puestos los anteojos como debería. O a que hago preguntas que no debería hacer o fuera de lugar. Por ejemplo, pregunto o me pregunto: ¿qué es el ser humano o qué es lo humano? No encuentro las respuestas y lamento que los que la tienen bien clara, como el Papa, el gerente de la General Motors o del Royal Bank no estén a mi alcance para pedírselas. No menos grave es mi incapacidad total de integrarme en el medio en el que vivo, en el país, Canadá en este caso y que, según mi mujer, me tendría que gustar como la roña a los chanchos. Sí, hay una incapacidad básica, no me cabe duda. Perdida mi gran familia, si es que la tuve alguna vez, no me puedo integrar a ninguna de las grandes familias de brazos abiertos del momento; la familia Pepsi, General Motors, Bell Canadá, y menos a la gran familia japonesa que cada mañana, con el puño en alto, canta el himno al dios Toshiba o Mitsubishi. ¿Y qué decirle de la fabulosa y gran familia–empresa de hoy que es la humanidad? Técnicamente, tengo una falta de talento total para integrarme, y una de sus tareas Doctor, es integrarme y hacerme gregario, o, dicho de otra manera, hacerme creer que la vida simulada, esta sombra, este baile de sonámbulos, es real".

(Se detuvo para esperar, inútilmente, alguna pregunta aclaratoria o felicitación. La mirada del psicoanalista seguía siendo exactamente la misma.)

"Sí, probablemente la culpa sea mía por no saber bailar. No por nada, como un pendejo lleno de granos o una solterona vocacional, por timidez o falta del sentido del ritmo, calenté tantas sillas en los bailes de mi juventud: me pasaba la noche mirando cómo en la pista de baile se retorcían los demás. La cosa me viene de chiquito, tome nota doctor. Las conductas se repiten. Hum, veo que se aburre; lo comprendo, créame que me aburre a mí también, es mortal. Para animar la cosa, como los políticos y los conversos, ah, y también los escritores, le voy a contar una especie de anécdota ilustrativa para entretenerlo. Si supiera bailar no me acercaría a cada secretaria o a cada cajera de banco con la cara avinagrada. Ella que me recibe con un *HI!*, refrescante y vivificador, con una sonrisa amplia para la que apenas le alcanza la cara, y sigue con un '¿Cómo está usted hoy?', preguntas que no me habría hecho si me hubiera, a pesar de estar mirándome, visto la cara, cosa que recién hace cuando oye que mis dientes rechinan. Se pone en guardia, pero es tarde, mis preguntas o mis comentarios ya empezaron: '¿Le importa realmente?', 'Muy mal, especialmente hoy', 'Si realmente le importa, venga, la espero a la salida, vamos a tomar un café y le cuento', 'Dígame, por el salario miserable que gana, ¿cómo puede estar o parecer contenta todo el día? ¿Realmente cree que puede llegar a ser *manager* como se lo prometieron?'.

Ya la pobre cajera, que había elegido con toda libertad ese trabajo entre otros cien exactamente iguales y que había practicado esa sonrisa en un curso de Harvard en el que le explicaron que el Banco quería clientes felices, se le borra como por encanto y aparece una sonrisa de miedo, temblorosa y de culpa, no sabe qué hacer y lo más probable es que ni siquiera mentalmente se le ocurra llamarme un tipo jodido o bastardo. A veces, oh, más de una vez, me compadezco e inclinándome sobre la caja le susurro algo teóricamente posible: 'Esta vida es horrible. Aprenda español que le abrirá mundos, váyase al sur a buscar un amor, a encontrar una pasión y antes de irse, préndale fuego a todos estos billetes que al fin y al cabo no son suyos'. Una de cada diez sonríe contenta, nueve entran en pánico, ¿quemar la cara de la reina en el billete que se ha vuelto más sagrado que el pañuelo de Magdalena? Qué horror. No, si supiera bailar no entraría así sino, justamente, bailando el baile de San Vito y con la sonrisa sensible del mogólico que reparte bonos de felicidad, y al *Hi!* y a la pregunta que parece implicar que ayer anoche nos revolcamos juntos en la cama, respondería exclamando 'estoy magnífico, magníííífico, en un mundo magnífico y en un día magnífico; no hay sol, pero lo hubo el año pasado o lo habrá mañana'. Y como todo depende de mi imaginación, me lo puedo imaginar. No tengo ninguna noticia de mi madre ni de mi hermana, ni de mis amigos allá lejos, ni sobre nada importante que pueda cambiar radicalmente la vida, pero, no noticia es una buena noticia. Y a continuación, revoleando en el aire alguna tarjeta de crédito o la chequera, me pondría a charlar con la cajera sobre los intereses que nos chupan la vida pero la vida es así, sobre los costos de las trasferencias internacionales aunque no tuviera un mango para transferir, pero es información para el día que pueda, hablaríamos amablemente sobre las acciones de la Bolsa de Tokio y de Nueva York, de la fusión de las grandes empresas que echando a los empleados abaratará los costos, una ventaja para nosotros, un toque más, internacional, al asunto, y seguiría bailando, como una azafata en el avión que bailando explica cómo salvarse en caso de accidente del que no se salva nadie y participaría del baile general, de esa atmósfera agradable en la que las almas se retuercen en agonía pero el alma no hace ruido. Así, me quedo afuera. Punto aparte".

(A esta altura de la entrevista, Ernesto ya estaba tan cansado que con ganas se habría recostado en el diván para una siestita, o le habría pedido un traguito de algo, por lo menos un bombón de una caja que se veía sobre el escritorio, al lado de un farolito con buzón en miniatura, algo típico de Buenos Aires. El psicoanalista bostezó delicadamente, tapándose la boca. Ernesto subió el volumen de su voz.)

"Que la posteridad y mis biógrafos no digan que no tengo autocrítica y que no he hecho intentos para cambiar y adaptarme. Para combatir la depresión, el desánimo, el desaliento y el cansancio, me di un shock de vitaminas de la A a la Z; con mi piel hecha un colorinche, terminé en el hospital por vitaminosis que supongo envidiarían los muertos de hambre y se alegrarían los que aman los colores. Para combatir la ansiedad, la angustia, así como la furia que me nubla la vista y que me agarra cada tanto, salí a correr para levantar vuelo y mandarme a mudar de una vez por todas. Pero o la pista resultó demasiado larga o mi aliento demasiado corto. Además de los cursos regulares como 'La compra perfecta', hice otros para combatir la angustia existencial y de la muerte; el que hice para aprender a morir, fue notable, me pasé durmiendo horas en ataúdes de diversos modelos. Hice un curso llamado 'Nacer de Nuevo', intensivo de una semana, en un convento en las montañas de Gatinó; el primer día uno 'nacía' de una madre gigante de goma y se pasaba el día gateando, chupando la mamadera y diciendo dodó y ajó; el segundo día, etapa anal, alimentos más sólidos, papillita, y juegos haciendo tortitas con su propia... Bueh, el resto no interesa, sí interesa mi fracaso. Intenté poner en práctica las instrucciones de un librito que dice "El hombre se siente como piensa"; desencajé mi cerebro de sus carriles imaginándome ser feliz, amado por mi esposa y por mis hijos, mi espalda derecha como una caña, hasta sentí un dolor agradable: eran mis dientes que volvían a crecer; me paseé como Napoleón en el *living*, me imaginé que recibía el Premio Nobel. Hasta que mi cerebro se atascó y saltaron sus cuerdas, sus tornillos, como los de un viejo reloj. Su tarea es volver a ajustarlos. Gracias doctor.

Muchas veces, en los balances de mi vida, pensé que era una especie de personaje torturado, caído y poseído por los demonios de Dostoievski. Sin pensar en que esto implicaba un atraso de cien años con respecto al hombre moderno, más de una vez busqué la redención. En mi caso ir a la iglesia, por mi falta de fe, era y es un poco inútil. Probablemente por haberla perdido hace mucho tiempo, me es difícil aceptar cualquier altar y arrodillarme delante de él, como los altares del Supermercado por ejemplo. Por los años de desgaste con la mía, con esa facilidad con la que nos imaginamos la solución, se me ocurrió que necesitaba una mujer nueva, fresca, renovadora, que me mimara y me comprendiera. Sabía que el camino era duro, difícil, pero variado y entretenido como son las cosas en este mundo. En mi caja de la A a la Z, en la A, bajo 'Amores' y nuevamente de la A a la Z, disimulados como episodios ficcionales, los intentos de esta búsqueda de redención. Su subtítulo podría ser 'Qué hace Ernesto cuando no está en casa y su mujer no lo sabe'. Son mujeres que encontré y fasciné en el centro de enajenación que es cada clase de español que doy. Como no queriendo la cosa, hablo de amor, de la pasión, de la comprensión, del diálogo necesario entre dos seres, de la vida intensa allá lejos en el sur, un mundo romántico del que soy el representante, discurso que en general lo dirijo según la cara de la clienta. Si bien los resultados no son los que uno espera, con los Derechos Humanos los homosexuales también estudian español, ni la mujer de hoy es la de antes, ni yo soy tan joven, nunca deja de saltar alguna emergente, oportunidades de redención que, sumadas a través de los años, se vuelven estadísticamente una cifra significativa. Para evitar que algún homosexual romántico se me pegue como una sanguijuela, aclaro de entrada que por más que los griegos hayan dicho que estéticamente el hombre, por tener algo allí donde la mujer no tiene nada, es más hermoso, a mí personalmente no me gusta como idea estética el pegoteo de dos tipos con las cosas colgando.

Con la ilusión de todo hombre que se cree que fue él quien la consiguió, inicié el camino del calvario con Alison, una *muscle woman* o *body builder*, a la que fasciné hablando de la fuerza del espíritu. En su departamento, durante el combate para empujarla a la cama, me empujó contra el marco de la puerta del dormitorio y, llamémoslo un rapto de entusiasmo espontáneo, me partió el cráneo; luego de revisar el marco, me dijo que no me preocupara, que al marco no le había pasado nada.

Denise y Daniele o las dos gracias, eran dos pequeñas francesitas que juntas no harían una Alison; eran lesbianas, pero no estaban seguras, querían definirse y para eso dejaban las puertas abiertas a todas las oportunidades, a otras vidas alternativas. A ellas les llamé la atención cuando hablé sobre mi comprensión de aparentes desviaciones ante la necesidad de afecto y la soledad, y aseguré que contra la opinión de los griegos sobre la belleza masculina, la de la mujer era mil veces superior porque no le colgaban cosas sobrantes. Con ellas creí que realizaría mis fantasías de harén privado; tuve que recurrir a la oscuridad, porque doctor, una cosa son las fantasías y el deseo y otra la realidad, y allí, en la oscuridad, trabajaron como esclavas para plantar el mástil e izar la vela que nos llevaría rumbo al amor; una vez izada, discutieron por el turno para subir a la barca del placer, porque, oh sí, lo oí, 'todos los hombres son iguales y este es más igual que ninguno', no confiaban mucho en mi capacidad de generar huracanes para impulsar la barca, apenas una suave brisa. Durante la discusión se fueron a las manos, una relación sadomasoquista, o más vale malo conocido que bueno por conocer, me dejaron de lado para enfrascarse en los suyo: olvidado en la sombra, la vela se bajó y el mástil se tumbó.

Jocelyne o las lecciones de anatomía, quedó fascinada con mis opiniones acerca de la histérica necesidad de la información. Era una verdadera maestra con vocación pedagógica. Me recibió en su departamento y me presentó a su perro, con el que tuve un intercambio de rechinar de dientes. También me presentó su colección de ranas de porcelana. Tirados en el suelo (le pedí que encerrara el perro, cosa que después de una ardua discusión sobre los derechos de los animales, hizo), saboreando *whisky*, consultando manuales, tirando por la ventana todo lo escrito sobre el amor durante siglos, incluido el delicioso Kama Sutra, me puso al día con las metodologías más modernas sobre el sexo, especialmente la de esa parejita media perversa, Master y Johnson. Con dibujos anatómicos y flechitas, me señaló los puntos de placer que yo tendría que apretar como botones para que ella gozara como corresponde a un cuerpo bien explotado. De los míos, probablemente por pertenecer a otra especialidad, se olvidó completamente. Finalmente, después de una declaración de derechos femeninos, una condena al falso pudor, se declaró clitoriana y con orgullo señaló su 'penecito femenino', punto por el cual, de rodillas, tendría que empezar yo si quería que ella... Punto aparte.

Sin darme cuenta, me fui actualizando en los secretos del amor como en los de la compra. Karola o la viuda alegre, picó el anzuelo (o lo piqué yo, no nos engañemos), con mis alabanzas bien directas sobre la serenidad, el conocimiento, comprensión y la sabiduría de las viudas jóvenes. Fue una verdadera esperanza en mi vida; gordita, mediterránea, cariñosa, heredera de una pequeña fortuna, con tiempo libre para dedicármelo completamente, alguien que sabía apreciar el valor de un hombre, sus virtudes, que sobre todo, sabía agradecer. Su departamento era 'normal' de alguna manera; no tenía ni perro ni gato ni colecciones de ranas o búhos. Las infinitas almohadas, tamaños y colores, que poblaban su dormitorio, no fueron más que una profunda atracción de un nido cálido. Con ella inicié el camino del calvario con placer; después del primer paso, hundidos en medio de las almohadas, juntando las palmas de las manos y alzándolas hacia el cielo, dijo o me dijo: 'Gracias Señor. Alabado sea el Espíritu Santo, es un milagro, la tienes dos veces más chiquita que el finado pero me das el doble de placer'. Este rezo o agradecimiento me empujó a lo que se podría definirse como una situación de 'emergencia' por la que casi le pido una cita a usted. Durante meses me tuve que repetir que ella alabó en mí el espíritu que se manifestaba a través del órgano pertinente. La emergencia pasó, pero me dejó un agujero de duda en mi alma acerca de la solidez del espíritu, el arte y los sistemas filosóficos.

Monique o el mercado y los precios, se sintió atraída por algunas referencias que hice sobre el costo de la vida en Argentina. Curiosa, me invitó a su casa para charlar y obtener más detalles. Era, como se dice vulgarmente, una rubia despampanante. Me recibió en *robe de chambre*. Me paseó por su departamento. Digamos que no tenía una colección de nada, pero todo estaba abarrotado de pequeños objetos, cajitas, abanicos, estatuillas, ceniceros, etcétera, procedentes de todas las partes de la tierra. Acuciado por el susurrar de su *robe de chambre* y su perfume, no le pregunté por

qué de cada objeto colgaba una pequeña etiqueta con el precio.
No tenía ni perro ni gato, pero sí un canario que me fue presen-
tado con el nombre de Fred; de su patita colgaba una etiqueta.
Monique sirvió las bebidas y nos sentamos en sendos sillones, uno
frente al otro: ella se cruzó de piernas pudorosamente y el *robe de
chambre* cayó al costado dejándolas desnudas. Salud en español,
los primeros sorbos y ella, con voz dulce y sensual, dijo: 'Para abrir
el camino de mi corazón, háblame de precios, especialmente de
ofertas, no te imaginas cómo me excitan›. Un poco extrañado,
para ver qué pasaba, poniendo cara romántica, con pasión de enamorado, susurré una oferta de papel higiénico, la única que me
acordaba: las piernas se descruzaron; la inspiración vino sola, una
oferta de pasta dentífrica: las piernas se abrieron, ay, ¡qué piernas!,
y allá en el fondo, el sutil blindaje de una bombacha bikini, una
oferta de jamón, ¡Dios!, se empezó a bajar la bombacha; jabones,
la bombacha cayó al suelo; oferta de motos, se empezó a acariciar.
No aguanté más, espoleado por el amor, grité una oferta de auto
y me lancé por la cuesta del calvario, nunca había encontrado
una mujer tan excitada, y empezó el crescendo, tapado de nutria,
oro catorce quilates, de dieciséis, dieciocho, y, en la culminación,
aullé el precio de un Rolls Royce. Fue increíblemente bueno. Le
di las gracias y ella a mí y nos despedimos prometiéndonos ofertas
mutuas. Me fui loco de alegría, alabando al mundo occidental, la
democracia, la libertad, los Supermercados, el capitalismo y sus
productos, considerando a Monique la encarnación del capital
ético y humanizado que no produce armas sino rabanitos para las
tropas de ocupación. Por primera vez en mi vida me sentí integra-
do, y el deseo de volver me obsesionaba. A los dos o tres días, no
aguanté más, la llamé por teléfono y me enteré del desastre que
había producido yo. Al día siguiente de nuestro primer encuentro, ella había ido (para prolongar el placer supongo, ya me había
informado Monique que, según Master y Johnson, la mujer es
insaciable) al Centro de Compras y no había encontrado ninguna
de las ofertas que yo, desesperado y alterado por el deseo, había
inventado. Por lo visto, en el amor ya no está todo permitido. La
seriedad del administrador la invadió para siempre. Fue inútil que
le jurara un estudio o información de las ofertas siempre puestas

al día y hasta hora por hora, si fuera necesario. Me dijo con furia: 'Se terminó. Jamás me sentí tan frustrada. Esto me pasa por meterme con latinos machistas que desconocen la sensibilidad de la mujer moderna, ignorantes que deliran con oro de treinta quilates. Nunca me había ocurrido esto con canadienses o con europeos cultísimos que son capaces de hablarme horas sobre precios, acciones y tasas de interés'.".

(Ernesto se calló como abrumado por lo recuerdos. Recordó dónde estaba y miró al psicoanalista que en ese momento apartaba la vista del reloj. Asustado, el "tiempo es oro", continúo acelerado.)

Curioso burro es el hombre, el único animal que no aprende y se quema veinte veces. A pesar de todos los fracasos, cree que en la próxima encontrará lo que no encontró en las anteriores porque todas son fantasías. Zuleika, La–de–los–Ojos–de–Garza, Hurí–del–Paraíso, una árabe de piel morena, caderas generosas, piernas como columnas de Gi–bral–tar, ojos negros, dos almendras, dueña de los arcanos secretos del amor de *Las mil noches y una noche*, por tradición, pura, sin estar infectada por el medio ambiente, a pesar de ser mahometana, fue la última (quizás mienta, no sé, hasta las Musas me alteran) en la que deposité mi esperanza de redención. Con mi imaginación loca, hasta la creí con el sello intacto por el trabajo que me dio concretar el encuentro. Había llamado su atención con mis conocimientos de la cultura y cocina árabe–argentina, absorbidos en el barrio judío de Buenos Aires. No dejé de hablarle de un amor imposible que tuve, una odalisca que conocí en el club árabe de Buenos Aires y que ella me recordaba. Largo fue el camino para cruzar el desierto y llegar al oasis de su amor pero por ella habría caminado hasta los confines del Magreb. Y llegó el día en que estuve frente al oasis, toqué el portero eléctrico y mientras subía por el ascensor, me imaginaba ser recibido a la sombra fresca de las palmeras, con la danza del vientre en siete velos, durante la danza, suspiros, perfume de incienso embriagadores y manjares exquisitos que ella, con sus pasos, me traería a la boca, se irían cayendo los velos y... toqué la puerta de su departamento. Se abrió y... nada más, hum, extraño, la empujé; un fuerte olor a incienso o a otra cosa, entré y cerré la puerta, avancé en un sombrío ambiente que más bien me hacía recordar una iglesia; seguí, la vi: de espaldas, arrodillada frente a un cuadro de la Virgen María, dos velas, un solo velo en su cabeza, temblando, murmuraba una oración por el pecado que iba a cometer. Sin mirarme, me pidió que me arrodillara con ella, me arrodillé. Me pidió perdón, susurrando, como a un cura, me confesó que yo había hablado tanto de las bellezas y el atractivo de las mahometanas que, como me quería, nunca se había atrevido a confesar que era católica. Sin darme cuenta, yo también susurré: 'Idólatra'. Asintió con la cabeza, me pidió perdón de nuevo, me dijo que si no le gustaba la podía dejar, que ella me perdonaría a mí. Y me miró con sus ojos almendrados, brillaban húmedos. Oh, nos soy de piedra y eso era la auténtica redención; la tomé de las dos manos, me puse de pie, la alcé, tomados de la mano nos miramos, mis ojos húmedos, la abracé, le di un beso en los labios carnosos que ella bebió con avidez; la aparté, miré a la Virgen, dije 'Perdona nuestros pecados y bendícenos', soplé las dos velas y, orientados por una débil luz, ya medio casados, nos encaminamos hacia el dormitorio. Pegado a ella, la sentí blanda, floja, entregada".

(Ernesto se calló. Sus ojos estaban húmedos. Oyó un "¿Y?" y nuevamente recordó dónde estaba: con los ojos dilatados, con la cabeza y el torso adelantados, retenido por el traste, el psicoanalista lo miraba.)

"Soplos tibios, valle cálido, cabalgaba mientras la idólatra infiel gemía, 'Príncipe, cabalga mi príncipe del reino de Magreb', yo, ay, ¿cómo lo podía saber?, exclamaba qué hermoso qué hermoso, y cometí el error de variar como si exhalara el alma, 'Dios mío, que hermoso, Santo Dios'. Un grito y, la cabalgadura se clavó, sentí un dolor infernal. Nos quedamos paralizados, pegados, sofocados, humillados, como un perro y una perra. Parece que las palabras Dios y Santo, asociados a su pecado, generaron un espasmo o contracción muscular histérica que poéticamente podríamos llamar el sello de Solimán y científicamente vaginismo o algo así. No, ella no tenía valium en su mesa de luz pero había té de tilo en la cocina. Tratamos de ir al baño para una ducha de agua fría; el más mínimo movimiento, era una tortura de la Inquisición. Por fin, se me ocurrió y lo puse en práctica. Utilizando el mismo camino, pero en sentido inverso, recordé el diccionario ideológico de Casares (la única vez que realmente me fue útil), alguna de las palabras, Demonio, Lucifer, Pecado, San Antonio, Papa, paraíso, perdón, pecado, y de nuevo perdón, la aflojaron, me liberé y me fui. Pobre Zuleika y pobre de mí. Recordando el episodio, la única satisfacción que me quedó es la posibilidad de una aplicación práctica a mi caudal cultural–literario, o el renacer, leve por cierto, de mi fe perdida en el espíritu. Un paliativo al agujero de duda que me había dejado Karola. En resumen, nada resultó. De todas estas aventuras aprendí mucho, salí instruido y más informado que un sexólogo especializado en perversiones, pero en ninguna encontré el amor redentor y menos a aquella que estuviera dispuesta a cebarme mate o limpiarme los zapatos para poder creerme alguien y serlo realmente, claro. Ahora estoy, más o menos, en el mismo lugar donde están los niños pobres del mundo".

(El suspiro de Ernesto casi hizo volar las pocas chapas que le quedaban al psicoanalista, pero después de sacar unas fichas de su camisa de dos bolsillos continuó a la carrera.)

"Todo se acaba en el mundo y estoy llegando al final. Todavía queda algo muy importante, el *environment* y mi relación con él. Por un lado, en tres pocas palabras, nadie me quiere. Por el otro, mi sensibilidad de artista o mi fabulosa empatía, me hacen llevar sobre mis espaldas todos los males de mis semejantes a quienes no soporto. Para colmo, me llenan de toxinas de las que no me puedo purificar. Para decirle la verdad, no sé si lo que le cuento no es una magnífica excusa para justificar mi falta de talento. En sus manos está ayudarme a resolver este dilema. Por último, lamento profundamente no ser poeta y poetizar cada pajarito, cada florcita, cada monumento, cada ciudad, cada mujer, cada vivencia, en resumen, cada estupidez para que con las rimas de mis poemas se solucionen las contradicciones, y aullándolos en el desierto, logre la catarsis. Ay, pero esto es todo, Doctor, hay más, mucho más, no sé si...".

Un ronquido suave lo interrumpió. Sobre la mesa, en el pequeño farol de Buenos Aires, se había encendido una luz roja. Ernesto ordenó sus fichas, se puso de pie y se acercó al escritorio; la cara del psicoanalista era la de un bebé gigante, un poco desproporcionado a su cuerpo y gordura. Ernesto iba a suspirar, pero se contuvo; no quería despertarlo. Se limitó a preguntarse en silencio: "¿Cómo una cabeza tan chica puede controlar un culo tan grande? Misterios de la sabia naturaleza". De la caja de bombón con la tapa corrida sobre la que se destacaba una etiqueta roja que significaba saldo o oferta, sacó un bombón. Se encaminó a la puerta. Pensaba decirle a la secretaria que lo despertara. Oh, sorpresa, apenas abrió la puerta, sonaron unos golpes de bombo de música criolla en el consultorio.

Afuera suspiró: "Qué cosa tan argentina. Puro folklore". Se acercó a la secretaria y le pidió que le mandaran el diagnóstico por correo. Dijo gracias, que tenga un buen día, se metió el bombón en la boca y salió.

Ya en la calle, unos pasos y escupió el bombón.

Atardecer. Camino a su casa, se preparó para el discurso pedagógico. Se repetía: "¿Qué decirles, ¿cómo explicarles y prevenirlos? ¿Cómo?". Se mordía los labios: "A... veces... temo... es inútil".

20. FIN DEL BALANCE O A FALTA DE PAN...

Si el buen Dios allá arriba escucha lamentos y gemidos de dolor de todos los rincones de la tierra, también oye, de vez en cuando, suspiros de alivio que no siempre son de los muertos que le entregaron su alma.

De alivio fue el de Ernesto que, después de abrir los ojos, estiró su cuerpo y bostezó relajado. Sus ojos de sapo recorrieron el dormitorio y, ya sea por los alegres colores que no lo alegraban, o por esa culpa sutil de no ir a trabajar, o porque el sol ya había avanzado mucho en su camino descendente y las brujas que no tardarían en aparecer ya estaban revoloteando en su alma, su bienestar no tardó en esfumarse.

Desde abajo llegaban ruidos y el sonido de la televisión, señal indudable de que sus hijos ya habían regresado y se educaban quemando las células grises de sus tiernos cerebros. "Pero, atención, la televisión no es mala, depende de cómo se la use". Miró el reloj sobre la mesita de luz; las cinco y cinco, su mujer ya habría llegado o estaría por llegar.

Puso la almohada de su cara mitad sobre la suya y se retrepó. Seguía con la *robe de chambre* puesta. En el bolsillo encontró el paquete de cigarrillos un poco aplastados, sacó uno y los prendió. Pitadas y un pensamiento; "Dormí como un oso polar y sin embargo sigo cansado. Mi cansancio debe ser histórico". Y con un suspiro largó el humo.

Todavía medio dormido, vagamente recordó a su hija, o hijo ("No, mi hijo no, ese ya tiene 16 años y es muy popular"), que en esos momentos raros de la vida —cuando todo el tinglado de afuera sostenido con las grandes palabras o la cultura libresca, se venía abajo—, rendida, débil, lo abrazaba, se abandonaba, por suerte sin decir una sola palabra, sin comentarios, sin explicaciones, con su cabeza sobre el hombro paterno. Eso, ¿no era la vida o dar vida?

"Hum, ¿quién tiene razón? Los pájaros, digamos los pajaritos, una estocada poética en el alma... sin embargo, sin embargo, en lo de olvidarse vivir... en lo de vivir... Hum, ¿qué es vivir? Hoy por hoy, es seguir la corriente de... en fin, con toda honestidad ¿qué cuernos me amargó la vida y cuánto colaboré yo con la amargura en la que vivo sumergido como en una niebla? Por otra parte, ¿qué queda para alegrarla o alegrarme?"

Aplastó el cigarrillo en el cenicero y prendió otro. No cabe duda, a pesar de haber dormido como un avestruz para escapar del peligro del balance, este continuaba aunque estuviera despierto.

Su mujer. Como sus personajes, varados en las estaciones, así estaba varada la vida con ella. Nunca lo había resuelto. Ni lo resolvería. Toda pregunta, toda confesión, caían en el vacío. Todo reconocimiento o búsqueda de culpa llevaban a un camino muerto. El acercamiento silencioso, nocturno en la cama, inconsciente, que no fuere solamente la rutina, en el que Ernesto buscaba algo sin saber qué, quizás algo fresco, oscuro, quizás un lugar de descanso, almohada suave sobre un monte, se aceptaba. ¿Qué más podía pedir? No, sostenía que ella no era de él, pertenecía a otra familia. Consideraba que su mujer estaba infectada por el dilema moderno, muy estudiado por cierto, de mujer liberada, de carrera, amante y madre. Por otra parte, ser madre en la actualidad no era ningún mérito, al contrario, era algo despreciable que limitaba la posibilidad de entrar, salir y comprar lo que se quería. De allí que las llamadas mujeres "de hoy", con traje sastre y hombreras, mujeres que parecían descolgadas de los frisos egipcios, caminaban por la calle aumentando la sensación de desierto.

Lejos de ser el sabio que sonríe y escucha a la mujer que habla (cosa que dice que debe hacerse), Ernesto sabía (ahora ya no le cabía duda) que cada día, a cada hora, mataba la posibilidad de tener una mujer. Alguna vez pensó en escribir las "Instrucciones" de cómo hacerlo. Nunca lo hizo.

Se lamentó: "Ay de aquel que no haya aprendido a vivir como un chancho y ser chancho con los chanchos en el chiquero que es el mundo. Ay de aquel que no haya aprendido a bailar como un cerdo en la granja del tinglado internacional. Pero ay, ¿o esto ya lo dije?, el que está solo y no triunfó, es un fracasado y resentido y nunca jamás puede tener razón".

Nadie lo llamaría para cenar. Se suponía que a esa hora debía estar dando su clase como todo buen ciudadano consciente de su deber. Se levantó y abrió la puerta con sigilo: aumentó el volumen del televisor, los ruidos de la cocina indicaban que su mujer había llegado.

Caminó en puntas de pie escaleras arriba. Una vez en su torre de cartón, en donde NI su mujer ni sus hijos se meterían, luego de observar un rato los libros tirados en el suelo y de haberse dado cuenta de que, ya sea porque la historia los superó o, detenida como dicen que está, se congelaron con ella, se tiró en su catre de campaña y cerró los ojos.

Si se durmió o siguió haciendo el balance de nunca acabar hasta la cena, no lo sabemos ni tal vez nos interese. Lo cierto es que durante el silencio de los que comen, salvo el televisor que seguía funcionando sin que nadie lo mirara, proyectando sus imágenes fantasmales, apareció en la puerta de la cocina como otro fantasma. El silencio se ahondó: algo andaba mal. Él seguía allí, apoyado en el marco de la puerta, observándolos como un bobalicón. La pregunta de su mujer fue sincera: "¿Te sentís mal, estás enfermo?". Sí, era una pregunta sincera, ni Ernesto hubiera podido decir que no lo era. Y tenía su oportunidad; sentarse, comer lo que hubiera sin comentarios, contarle a su mujer sus problemas, sueños, deseos o afanes, hablarle de sus ambiciones, locuras, confesar que lo destrozaban, y, quién sabe, si hubiera asumido el riesgo de hacerlo, hasta hubiera sido posible que ella no lo mandara al psiquiatra. No, sonrió un poco dolorido, un poco sobrador, un poco misterioso y dijo; "Sí y no. Estoy preocupado. Mañana por la mañana tengo una entrevista importantísima que puede decidir mi futuro y quería prepararme", y se sentó a la mesa.

Planteadas las cosas de esta manera, a su mujer no le quedó otra que ponerse contenta aunque Ernesto no le hubiera aclarado que no era por un trabajo estable, un pesebre donde se pudriría, pero en el que se dejaría de joder y al mundo en paz. A ella le bastó seguir la dirección de su esperanza que, sin dudas, era la de la propia salvación.

Ya sentado, le bastó una dulce y leve sonrisa en la que asomaron sus dientes y una mirada a su hijo para que este se diera cuenta en el acto de qué se trataba. Entró en acción; se puso de pie, corrió, apagó el televisor y volvió a su lugar. Como dicen las malas novelas de los grandes escritores, el silencio se ahondó, no se escucharon ni los ruidos de los cubiertos tan típicos durante una comida.

Viendo los tenedores y cuchillos paralizados, como quien le tira una pelota a los perros para que jueguen, dijo: "No se preocupen, una buena noticia, esta noche no habrá discurso pedagógico".

¿Había que creerlo? Sea por lo que fuere, el hambre por ejemplo, los tenedores y cuchillos volvieron a entrar en acción.

Nadie lo había esperado para cenar. El tinto no estaba sobre la mesa. La sequedad de su alma era infernal. Se levantó para buscar la botella de vino y mientras lo destapaba, sus hijos mascaban, trituraban y embuchaban como segadoras para poder terminar y escaparse cuanto antes.

Apareció un plato delante de él. Como la revelación de esas cosas secretas que ocurren detrás de sus espaldas, esa noche había hamburguesas. Y no caseras. Su mujer alzó la mano y ya le iba a arreglar el pelo que le caía sobre la frente y quizá... pero no, la mano se detuvo. "¿Querés que te prepare un bife", desde la lejanía oyó la voz amable de su mujer. "Oh, no, gracias. Te matás trabajando y encima trabajo extra. No me voy a morir si las como una vez".

La cena fue silenciosa. A falta de discurso pedagógico, el silencio total de Ernesto que sorbía el vino creó más terror que un discurso vociferado con puñetazos sobre la mesa. Ese silencio fue percibido como un síntoma de un mal más profundo.

21. EL GRAN DÍA

El sol sale para todos cuando sale, menos para Ernesto. Temprano, muy temprano, abrió los ojos. Temprano para él; su mujer estaba en la cocina preparando el desayuno para sus hijos que estremecían la casa golpeando las puertas como si todas fueran de heladera. Con un esfuerzo sobrehumano para vencer todas las gravedades, físicas y espirituales, mal dormido, nervioso, se levantó, se puso su uniforme de fajina, salió del dormitorio y entró en su estudio. De la caja más grande sacó una ficha y anotó: "El día que conmovió el mundo", y/o "La Pasión y Muerte..." y/o "El día más largo del año", y/o, "La epopeya posmoderna", ficha que completaría a su regreso una vez que el misterio fuera develado. Su sangre bullía; para calmarse, aunque fuera un poco, se acercó a la ventana y le echó una ojeada al allá y afuera; una densa y pesada niebla retardaba la salida del sol, "si es que el sol había desaparecido del cielo mientras dormía". De cualquier manera era uno de esos días cálidos, los primeros de primavera, los primeros o últimos de verano, o los primeros de otoño. Nunca lo sabría.

Entusiasmado, espontáneo, vehemente, dinamizado "histérico", entró en el baño y con el primer cigarrillo de la mañana, se afeitó. Ritual (problemas por la falta de mate.) Dudó entre bañarse con sales para relajarse o ducharse rápidamente. Pero ya estaba dinamizado. Optó por lo último aumentando su histeria, "La ducha no me calma como a los locos". Se pasó media hora dando vueltas entre el *placard* y el espejo, dudando entre saco y corbata o riguroso sport. "Parece mentira; veinte años de profesión de escritor con una trinchera y no tengo definido mi uniforme de batalla como le corresponde a un escritor que se precie de serlo".

Por una vaga asociación, para estar más de acuerdo con el dinamismo y la energía inútil desplegada por la época de la que se burlaba y que quizá lo había atrapado, para estar más suelto para la batalla, decidió por sport. "Bien, la resolución está tomaba. Pero, ay, ¿qué clase de sport? ¿casual, riguroso o sobrio?, las posibilidades son ricas e infinitas como el mercado o los estilos de vida; sigamos diluyéndola. Veamos." Las diferentes remeras que fue sacando de los cajones que le habían regalado para que se le borrara la cara avinagrada, o que él mismo había comprado en un arranque de optimismo con el firme propósito de cambiar de vida, fueron arrojadas una por una mientras sus leyendas se arrugaban: *Everything is all right, The end of world is over, Be happy, Just do it, I am optimist, Live or die, I am going to get it.* "*Bah*, aunque a nadie le interese, lo importante es la actitud, lo que uno piensa, lo que uno siente, ¿o no?"

Tembló la casa. Como una tromba entró en la cocina "Buenos días integrantes de la cosa especial". Débiles holas y su mujer: "El mate ya está listo". Ernesto, contento de que la balanza del amor estuviera de su lado, sin mirar la hora, dijo: "Te lo agradezco de todo corazón, lástima que se me hace tarde". Y como un poseído, explicando que el mate era cosa de vagos, de soñadores inútiles y vanos, de latinos allá lejos en el sur que perdían el tiempo debajo de la parra o el paraíso o el ombú, que no fue una casualidad que la Inquisición católica, con buen criterio puritano lo prohibiera, se sirvió café que, como el ron, era una bebida de los conquistadores, triunfadores y de piratas. Se quemó la boca y chau chau chau a los integrantes, salió, saltó en el auto, metió la llave y... a los diez segundos estaba de regreso buscando los anteojos, la billetera, la dirección y el nombre del asesor, Dr. Tom Bigegghead (¿Tomás Grande Huevo Cabeza o Tomás Cabezón en castellano?), y arriba y abajo y de nuevo arriba, el baño, la dentadura postiza, abajo, se detuvo en la puerta de la cocina, entró y, ya sea porque la dentadura le apretaba, o convencido de que las palabras estaban de más y que como una lija habían gastado la vida, que más valía el silencio que a su vez, gracias a los estudios sobre el mismo, quedó destrozado por las palabras, sin pronunciar ninguna, le dio un beso a cada uno.

¿Existen los ángeles o es un soplo de Dios que nos advierte? Afuera, Ernesto tuvo un momento de vacilación; no saltó en el auto. Algo le decía, le susurraba, que no fuera, que ir no era coherente con su credo ya definido, que lo que no se dio no se daría nunca y era mejor buscar otra cosa, estudiar motores diesel por ejemplo o escribir la biografía —ya que las biografías estaban de moda—, del motor que no debía ser muy difícil con toda la información que había. Y no estaría solo, a las once vendría la viejita con el perrito.

Subió al auto con los ojos ligeramente húmedos, metió la llave y la hizo girar. Todo es uno; el golpeteo de los cilindros volvió a cargarlo con la energía que parecía haberlo abandonado por unos segundos; dos o tres aceleraciones que casi revientan el motor, la furia que se confunde con el impulso de vivir, se apoderó nuevamente de él, puso la D de *Drive*, bajó a la calle y se metió en la niebla.

Ya en la ruta hecha para él, su ruta exclusiva, abrió la ventanilla y el olorcito familiar le hirió la nariz; respiró a pleno pulmón. Con la lengua trabada por la dentadura, dijo en voz alta: "Snifs, snifis, snifis, qué olos embsiagados, único en el mundo. Las genesaciones que nacieson y musieson, vivieson en vano. No tuvieson idea de lo que se pesdieson. En fin, el hombse es lo que sespisa", y prometiéndose anotar la frase célebre que acaba de acuñar, apretó el acelerador. Para practicar un poco y eliminar las ssss de su dentadura que hacían su voz un poco sibilante o viperina —si bien armonizaban con su gran batalla, convertían las palabras prácticamente en ininteligibles-, tarareó y cantó *A les enfants de la patsie, nus...*

En medio de los gases que ya no eran ponzoñosos ni mefíticos a pesar de que a él le gustara pensar que sí, una vez más iba Ernesto, un héroe de nuestro tiempo, decidido a no pactar, a no negociar, a no entregarse (mientras las mercaderías circulan sin fronteras), a no tragarse las explicaciones en ese diálogo tan actual, orgullo de las naciones, y en los que, una de las partes, por haber dialogado, cree haber ganado cuando perdió antes de empezar.

Apretó el acelerador; zuum zuum zuum, pasaban los coches en sentido opuesto, "Si esto no es acción, no sé qué es lo que lo es".

Pasó por el MUST EXIT que lo hubiera llevado al lugar favorito donde perdía el tiempo y que generaba la pregunta de su mujer, y apretó más el acelerador para pasar los coches, aunque su auto no daba para mucho más.

Allí va rumbo a Ottawa, Ciudad Capital de la Nación Canadá.

22. LA CIUDAD PERDIDA

(De algunas fichas de Ernesto)

"La ciudad de Ottawa, sin murallas, es una ciudad desprotegida, abierta a los cuatro vientos. Es maravillosa y exacta: su vida se rige desde las 9 am hasta las 5 pm. Entre esas horas, se puede decir que la función comienza cuando usted llega y todo parece vivir; los bancos, las cafeterías, los comercios, los restaurantes, ah y la gente. El resto del tiempo está vacía y es una ciudad que no se vive, no existe o está perdida.

Por supuesto, aunque nadie viva allí, se habla de los habitantes de la ciudad. Pero, reconozcámoslo y no seamos exagerados, si de acción se trata, de 9 am a 5 pm, además de los esclavos modernos y útiles como las secretarias, el personal de limpieza y los choferes de los embajadores, pululan los seres más inútiles e improductivos de esta tierra; comerciantes que compran y venden, traficantes de lo que fuere, diplomáticos de todos los países, agentes de seguros y de toda clase, consejeros y asesores, sacerdotes paganos que dicen 'Haz lo que yo digo y no lo que yo hago', *managers* diplomados en Harvard fabricados por clonación espiritual, empresarios que fueron llamados 'Los mártires del siglo veinte', ejecutivos salutíferos que se creen empresarios con portafolios de ejecutivos que van y vienen, que hablan de cifras y estadísticas. Cada vez menos importantes, los políticos no contribuyen a esta sensación de vida activa; en democracia y libertad, se limitan a vociferar inútilmente de 9 a 5 en el Parlamento.

En los últimos años, para atraer turistas y poblar la ciudad, se han lanzado grandes campañas publicitarias: de los edificios se han colgado inmensos carteles que la rebautizaron como: *Super City, Special City.* Ciudad increíble (realmente lo es), y en los folletos que repartieron por el mundo, la consideran *Destination*, palabra esta seductora y atractiva si las hay, fácilmente asociable y confundible con el destino cuando ya no quedan destinos para vivir. ¿Quién no se va a precipitar como un muerto de hambre para encontrarlo? Aunque gastada, no menos hábil es la consigna "Descubra Ottawa", confirmación de que está perdida. Esta consigna (el que la acuñó debió morirse en un delirio de grandeza), se aplica a "Descubra Ontario" y "Descubra Canadá", pruebas definitivas de que vivo en un continente perdido que generosamente puedo llamar Atlántida, una auténtica Utopía.

Sin embargo, sigue siendo una de las ciudades más bonitas del mundo. La limpieza, el orden, la higiene, terminan por hacer desaparecer lo poco que podría brindar. Hay momentos en una basurita (un auténtico "descubrimiento") parece una manifestación de vida.

Veo que escribí la palabra orden. Es aterrador. Claro que no hablo del orden del fascismo ni del comunismo, sino nuestro estilo de vida. Sin embargo, sigue siendo aterrador. Aparentemente desapareció el caos que es el principio de todo lo nuevo. Basta pararse en una esquina donde se cruzan dos avenidas para observar la marcha ordenada de los automóviles y, a través de las ventanillas, los cuerpos mutilados que los conducen. Sin que uno sepa de dónde viene ni a dónde van —quizás ellos tampoco—, siguen con atención los cambios de luces, los respetan a muerte, así como respetan la ley y dejan para lo privado la inmundicia. Sí, orden y disciplina, controlados y vigilados por expertos; patrulleros con policías sonrientes en su interior que crean un sentimiento de modernidad reconfortante. Sin respetarse en ninguna parte, hablan de competencia leal en la que revientan cabezas subiendo las escaleras hacia el éxito, allí se respetan y muestran su amabilidad cediendo el paso hasta cuando tienen derecho a él. De allí que, a falta de toda cultura, se hable de cultura automovilística. Sí, es el modelo del orden, de la democracia y de la libertad encarrilada en marcha.

Pero, ¿qué es realmente el auto? Nada se dejó de estudiar en este mundo, tampoco el auto. Y como muchos estudios, salvo para becas de académicos o investigadores para vender más, tampoco sirven para nada. Según los freudianos, el auto es un símbolo fálico (en inglés símbolo vaginal ya que se habla de *she*, ella, según las freudianas. Creo que en francés también); según los marxistas, si es que queda alguno y serlo da dinero, el auto es un símbolo de *status* y de poder; según los mitólogos, el auto cumple la función de eterno retorno con los modelos nuevos; según los teólogos, es la nueva religión, su misa, la presentación ritualizada en los salo-

nes de exposición, la compra de un auto como comunión. Cuánta
cháchara, mi Dios, cuánta. ¿Quién le pone el cascabel al gato? Yo.

El auto es, ni más ni menos, un elemento concreto y real de
la libertad. Además de las enormes ventajas que brinda por el
confort y la comodidad, en cuanto a la libertad, siempre que un
marido intolerante o una mujer esclavizada no metan la cuchara,
está claro: está a mi disposición, entro y salgo cuando quiero, voy
a donde y cuando quiero, especialmente durante las dos o tres
semanas de vacaciones, es mi derecho que me da el patrón, los
pocos a los muchos. Alguien diría que esto es demasiado esquemático y que, además de las compras, están los fines de semana;
es verdad, es un elemento útil para escaparse de la neurosis de esos
días, lamentablemente no se sabe adónde. Hasta generosamente
puedo agregar que contribuye a la independencia (a la NO de-
pendencia), como el lavaplatos que le da libertad e independencia
a la mujer para, justamente, atarse libremente al televisor. Y digo
"libremente" porque es una elección atarse al auto. No faltará alguna (o alguno, seamos políticamente correctos) que diga que por
fin se encontró consigo misma o mismo.

Sigamos con otras funciones: la graduación como ser humano
responsable, la mayoría de edad de la persona 'Ya tengo 16' y
en este caso olvidándose del 'Solo tengo 16.' Desaparecidas las
pruebas y ceremonias de iniciación, actos de coraje, nobleza o
heroísmo, se las ha reemplazado con el examen para el permiso de
conducir que una vez aprobado, nos asegura la seriedad y responsabilidad del poseedor del permiso, quien, si se mata borracho o
drogado o mata otros, no tiene mucha importancia: la superpoblación es un problema y el que se mata o mata, aporta su granito
de arena para la solución.

Su función niveladora, humanizadora, la confirmación de que
la democracia existe y es buena, que con el auto se adquiere dignidad, es un poco más complicada. Si bien la frase: 'Tengo auto,
ergo soy alguien y existo', sería más que suficiente, yo no sería
un intelectual digno de ese título si no complicara las cosas. Sin
embargo, por culpa de los Derechos Humanos, todos los hombres
son iguales, así que mi especulación sobre si un negro que se pasea
con un perro (si es que tiene dinero para comprarle la comida, o

pasea el perro de una amiga gordita y entradita en años de la que es el gigoló) es más blanco o se le cambia el color de la piel por seguir modelos de los blancos amantes de los animales, es completamente inútil. El auto tiene la gran virtud de hacernos iguales con facilidad: cuatro ruedas, cambio automático, convierten en alguien, en ser humano, a cualquier oligofrénico, imbécil, mogólico, hombre o mujer, negro o blanco. ¡Mirad a través de las ventanillas esos cuerpos mutilados con el Celular pegado a la oreja! ¡Observad a esos coreanos, japoneses, chinos, paquistaníes, algunos con ocho mil años de cultura! No os perdáis sus dentaduras, brillan blancas entre sus labios abiertos por la sonrisa norteamericana de felicidad! ¡Mirad a esa viejita tierna y observad su sonrisa todavía juvenil con su dentadura en un Rolls Royce conducido por un chofer! Los dos perros que la acompañan también han sido elevados a la categoría de humanos: son sus hermanos, hijos, amantes o maridos. ¡Admirad su auto y envidiad sus perros! ¡Mirad a esa frágil mujer, con el fino y grácil cuello de cisne que estira para poder ver a través del parabrisas y sus gruesos anteojos! Es pequeña, proporcionada, flexible como una caña de bambú, pero ya no una dulce miniatura persa, juguete amoroso para el placer y para ella misma; no, ha conquistado el mundo con el cambio automático y la flexibilidad de su cuello es para orientarse, sonríe, está satisfecha, es parte de la humanidad, del *Get together* de Ford, participa y se ha convertido en alguien. Está realizada y se encontró a sí misma. Nada queda ni se puede decir".

Nota personal: "Mi Dios, cuándo colgaré, si no a mi auto, sus llaves. Qué hipocresía la mía. No, es la conciencia, el dolor y el sacrificio del verdadero artista que debe experimentar para comprender a los demás".

Nota bene: "Hacer traducir y llevar esto apuntes al abogado para ver si de alguna manera, totalmente involuntaria, no ofendo a la humanidad o a alguno de sus integrantes si los publico. En otras palabras, si es políticamente correcto. Ya sé lo que me va a decir: 'Publicar los puede publicar si alguien se los publica. Ya sabe que usted, en un mundo libre y democrático, puede publicar hasta pornografía si no ofende la moral. Todo depende de su habilidad y de cómo lo presente".

Nota personal: "No, nada queda por hacer con los autos, salvo quemarlos. Preparar proyecto".

"No sé si para sacársela de encima, llamaron a Ottawa 'La ciudad del futuro'. Con esta manía de poner nombres o hacer definiciones, llaman ciudades posmodernas hasta a las precolombinas. En el centro de enajenación de la universidad tenía un arquitecto que estudiaba español para poder beber tequila en México. Durante las clases, con la excusa de practicar conversación, más de una vez, además de preguntarle sobre la ciudad del futuro, le pregunté por qué se construyen esos edificios de cristal tan iguales a todos los que se construyen en otras ciudades, que reflejan su fealdad mutuamente, y a uno mismo cuando camina entre ellos, y reflejando reflejando crean la horrible sensación de que uno se va esfumando en el aire. Es más, al quebrar la luz del sol, uno en vez de tener una sombra al pasear por la calle, tiene tres o cuatro, cosa que equivale a no tener ninguna, como cuando uno está muerto. Como ocurre cada vez que uno consulta con los especialistas, recibí las explicaciones correspondientes que equivalen a un chaleco de fuerza.

Sobre 'La ciudad del futuro', me dijo que el diseño clásico plaza–iglesia–municipalidad–cine–comisaría (lo de 'comisaría' es mío) han sido superadas y reemplazadas por museo-auditorio-centro-comercial-parque tecnológico-centro de comunicación e información, diseño este hecho con la computadora, con el que Ottawa cumple a las mil maravillas. En cuanto a los edificios (estuvo de acuerdo con que no eran bonitos, pero aclaró que él no los había construido), era muy fácil explicar el motivo. Antes los arquitectos, frente a los materiales existentes, los moldeaban a gusto, según su capacidad y creatividad, pero ahora, como eran sintéticos, impuestos por las empresas, los arquitectos se tenían que adaptar a ellos. Yo comenté: es decir que ahora, en vez de ser los arquitectos que forman, son los materiales que los deforman y los arquitectos no dicen nada.

A veces me aburro mortalmente en la clase y una noche, como lo suelo hacer sobre el feminismo, lancé la opinión categórica ('agresiva', 'extremista', 'sexista') de que Ottawa era una ciudad horrible, aburrida y vacía. Y encima, como si fuera una de mis Frases célebres, refiriéndome a las miles de oficinas vacías —perdón, a los pesebres que se quedan sin rumiantes durante la noche-, dije: 'Una casa vacía no existe o un tren sobre ruedas sin pasajeros es una mentira'. Esto no lo entendieron, pero sí lo primero. Me rebatieron con esa delicadeza y suavidad que es el síntoma de la domesticación por la libertad y la democracia, ergo, el diálogo y la opinión. Que no hay que exagerar, que todo depende del punto de vista, que en Ottawa hay muchas cosas que se pueden hacer. 'Mi hijo dice lo mismo. ¿Cuáles?'. Ejemplos: hay rinconcitos agradables como restaurantes japoneses, chinos, turcos, árabes, mexicanos, coreanos, tailandeses, en los que uno puede saborear comidas auténticas. 'Todas esas excursiones gastronómicas que, no me cabe duda, dan para charlar horas, como los artículos de maquillaje, pero cuya digestión va a parar al mismo lugar que todas las aguas, ¿eso es vivir otra vida que tanto desean?' No hubo respuesta.

En mi afán de encontrar una ciudad como Buenos Aires que me acoja, de la misma manera que un amor que me comprenda y me redima, he buscado recorriéndola de punta a punta. Nunca la encontré. Más de una vez pensé que estaba muerto, y que como alma en pena buscaba mi tumba. Definitivamente la rechacé hasta para mi descanso eterno".

Si la rechazó para su descanso eterno, no lo hizo para su epopeya.

Como quién entra en un sueño a realizarse, ya había entrado en el centro una hora y veinte antes de la cita. Dudó entre estacionar en un parquímetro de sesenta minutos, más barato, o en una playa, más cara. "No, a pesar de unos centavitos ahorrados y puestos en el banco hoy, que me harían millonario dentro de cien años, y si, aleluya, hubiera tenido el buen sentido de ponerlos en el banco de Julio Cesarovich en el año cincuenta antes de Cristo, ahora... Pero, ¿en qué estaba?, ah, con una cita que me puede cambiar la vida, no voy a estar sentado como sobre agujas o mis hemorroides que para el caso es lo mismo, para venir a poner moneditas. Necesito toda mi inteligencia y atención. Si la entrevista se prolonga más de una hora y no puedo interrumpirla, nuestra bien amada policía que protege nuestros derechos y que solo saca sus bastones y revólver en casos de emergencia, no como la argentina, para matar una mosca, con una boletita me va a hacer recordar mi conducta asocial; a pesar de mis derechos, no habría tutía. Un correctivo tan claro como los catorce años para el que asalta un banco sin que pueda ni siquiera tartamudear que es un cleptómano. Bien diferente sería si violara y matara a un niño o niña, sería otra cosa; una horda de psicoanalistas y psiquiatras, la comisión de Derechos Humanos y Amnistía Internacional, me daría una mano. Es fatal, me sigo distrayendo".

En consecuencia, había dejado el auto en una playa y sin levantar la vista para no evaporarse, para cumplir con el mandamiento de su médico general, decidió dar una caminata que, de paso, como a esos ejecutivos que se preparan para el desafío bajando su neurosis con pasos enérgicos, un cable a tierra, lo entonaría para la entrevista, no sin antes, para revitalizarse y dinamizarse, tomar un café doble que le pusiera los nervios y los pelos de punta. Diciéndose: "Nunca me voy a entender. Tomo una decisión y en un segundo…", arrancó y ahora caminaba hacia el café Van Hautten.

23. EL CAFÉ VAN HAUTTEN

Ernesto, en su desesperación por tomar un café expreso y remedar un poco los antiguos bares de la calle Corrientes en los que lamentablemente, jugando al escritor, había perdido el tiempo esperando madurar o que llegara el famoso momento en que todos sabrían quién era, había descubierto el café Van Hautten hacía unos tres o cuatro años, cuando todavía trabajaba en el Ministerio de Asuntos Exteriores de Canadá y se demoraba en el centro para esperar sus clases nocturnas. Lo descubrió como se descubren las cosas maravillosas, de pura casualidad y por accidente (lo que no impide que se diga que el Señor le marcó el camino). Su alegría fue, ¿cómo lo diríamos?, regular. Si bien el café no era un café café (y, además, le faltaban todos los ingredientes que acompañan el café, los amigos sabihondos y suicidas, la roña en el piso, el ruido infernal de Buenos Aires, la polución), de todas formas, era aceptable en la medida en que Ernesto no encontraba nada bueno. Desde que se decidió dedicarse a tiempo completo a la creación empantanando a sus personajes en las estaciones y trabajaba solo de noche, no iba nunca. Eso sí, allá lejos, en su catacumba, extrañando los buenos viejos tiempos que lo llevaban hasta el antro materno, escribía bellas páginas o humildes Misceláneas sobre el café Van Hautten.

Lo primero que llamaba la atención del Van Hautten era su piso limpio ("inhóspito, como si nunca nadie hubiera estado allí, ni estaba ni estaría"), lo segundo, su blancura: "blancas son las sillas de estilo vienés incómodas hasta el dolor, blancas las mesas que parecen de mármol y quizás lo sean; algunos tonos rosados de unos asientos forrados contra la pared no hacen más que resaltar la blancura. Vaya a saberse por qué, del café en conjunto, emana un aire parisino antiguo, tradicional. Así lo confirman los ventiladores de paletas que cuelgan del techo, gigantes, que giran y no dan aire, pero insinúan un aire antiguo de lejano Oeste. ¿Hay más cosas blancas? Ah, sí, los gorros de las mozas, sus blusas blancas, sus delantales blancos de ama de casa pulcra, y que todo lo que se vende y fue preparado industrialmente, reciba un *touch* si no personal, de *Home made* con cartelito. A pesar de la atmósfera de exclusivo'" que emana del autoservicio, hay que…".

Y en ese momento, mientras trascribíamos una de sus Misceláneas, entró Ernesto con dinamismo y energía, lo que no le im-
pidió decirle "Gracias" a uno que se llevó por delante mientras
miraba a los costados buscando a Carol. No la vio. Cinco pasos
y se puso en la cola. Llegado su turno, pidió un expreso doble y
mientras la muchacha lo preparaba, preguntó por Carol. Escuchó
la respuesta, pero no la registró; el asunto era que no estaba.

Recibió el café, pagó, se sirvió azúcar y buscó el lugar más apartado
para evitar que los efluvios de los sacudones de lo eficientes ejecutivos
y *yuppies* salutíferos se le contagiaran y le desencajaran el cerebro más
de lo que estaba. Se sentó, prendió un cigarrillo e identificándose con
el hombre que está solo y espera, fumó, tomó el café y esperó.

Antes de transcribir la ficha de Ernesto intitulada "Las vacas
del campo o un cuento pastoril de finales del siglo XX", diremos
algunas palabras sobre Carol, nombre que quizás haya despertado
una pequeña inquietud o curiosidad en el lector, si es que quedan
lectores inquietos y curiosos de esos que no creen saberlo todo.

Carol, la pequeña y dulce Carol que tantas perturbaciones cau-
só en el alma de Ernesto. Perturbaciones de todo tipo, desde alegría hasta rabia, perturbaciones a los que no se atrevía a ponerles
nombre. Además, no cabe duda de que le hubiera costado mucho
trabajo. Como no era un individuo que con una linterna, para co-
nocerse a sí mismo, anduviera recorriendo los vericuetos oscuros
de los pliegues de su alma (de allí las dificultades de sus balances),
igual que en el caso de los huevos, se sorprendía y a veces se asustaba de las preguntas y deseos que surgían de la oscuridad y se
establecía en su conciencia algo tan fuera de moda, anacrónico y
antiguo como un combate moral.

Descubrir Van Hautten y descubrir a Carol, el segundo motivo
por el que iba después del expreso, fueron hechos simultáneos.
Si en el caso de Donna en el consultorio del dentista, sus sentimientos estuvieron bien claros —la identificación de Donna con
su hija—, en el caso de Carol, por más que se dijera e insistiera
en que le recordaba la continuidad femenina en la evolución de la
humanidad, el argumento no funcionaba con claridad.

Y no podía funcionar. La primera vez que entró, vio la máquina Pavoni y pidió un expreso, justamente a Carol que en ese

momento estaba detrás del mostrador. Toda su opinión categórica sobre las rubias de ojos azules norteamericanas, muñequitas de goma o de plástico, se tambaleó un poco. Solo un poco, ya que les dejó a las norteamericanas lo que era de ellas, y le dio a Carol lo que era de Carol, una fabulosa excepción, probablemente por ser canadiense, más específicamente canadiense francesa. ¿Y quién no sabe que detrás de esa palabra, francesa, hay todo un mito y leyenda sobre el amor y su manifestación corporal que puede volver loco a cualquiera? En fin, como sin esperanzas el ser humano no puede vivir, dejemos que el mito siga siendo mito y ocupémonos de Carol, una realidad que en su momento, fue inmediata.

Es probable que Carol, si es que había hecho el curso de domesticación de Harvard, por lo vivaracha, en el momento de preguntarle qué deseaba, se hubiera olvidado hasta de lo más básico del curso; no sonreía, ni le hacía falta, toda su cara era una sonrisa que decoraban sus ojos azules, raros, con minúsculos puntos verdes en el fondo como árboles de un paisaje; tampoco emitió alguna de esas preguntas estúpidas del servicio orientado hacia el cliente, solo esa, qué deseaba. Apenas Ernesto emitió la palabra expreso, ella se puso a hacerlo.

Por supuesto, un poco mejor que aquellos maridos que no registran el color de los ojos de su mujer ni en veinte o treinta años de casados, Ernesto solo registraría los de Carol cuando no pudiera evitarlo, más adelante, pero en ese momento no dejó de percibir otras cosas.

Para estar frente a la máquina y preparar el expreso, Carol se tuvo que poner de espaldas a Ernesto y Ernesto vio: vio su pelo recogido que salía de debajo del gorro del uniforme, un pelo dorado que parecía tener luz propia; vio el golpe de cadera al apretar eso con lo que se mete el café para ser filtrado a presión. De la cadera para arriba, a cortísima distancia, se encuentra la cintura y vio que era fina como la de una abeja reina. Vio la pollera que marcaba... y más que ver, sintió el Renacimiento completo. Probablemente esto se debiera a que como un porteño creería que las mujeres giran alrededor de los hombres como planetas, y por una fracción de segundo, si no se creyó el sol, por lo menos sí, una humilde galaxia.

El café estaba listo. Carol puso la taza sobre un platito, y como la caja registradora estaba detrás del mostrador, para alcanzarle el expreso, tuvo que inclinarse y Ernesto vio que la blusa del uniforme no estaba prendida con el último botón y vio... y esta vez, pecador, se acordó de su esposa y, basta el deseo dice la Biblia, la caída de un pecado encima de tantos que ya tenía, le hizo crujir el alma. Carol, con un agraciado (palabra anacrónica) *Eh, man!*, tuvo que llamarlo para que pagara.

Carol salió de detrás del mostrador para recoger las tazas. Caminaba entre las mesas con inexplicables golpes de cadera, pequeños y ágiles saltos; los ojos de Ernesto (como la medida de todas las cosas), habían recorrido, devorado los contornos de Carol y acompañaban los golpes y los saltos y su corazón marcaba los ritmos. Tanto la miraba que era inevitable que los ojos de ella, cada tanto, se encontraran con los suyos y en vez de sonreír como una bobalicona, acentuaba el próximo golpe y el salto.

Y la siguió viendo durante semanas o tal vez meses...

24. LAS VACAS DEL CAMPO
O UN CUENTO PASTORIL DEL SIGLO XX

"Llovía; la hora, cercana al cierre en el Van Hautten. Yo, sentado a una mesa, al lado del ventanal. Creo que son los mejores momentos de esa cafetería, cuando la gente desaparece por quince o dieciséis horas y la ciudad queda despoblada para que la pueblen los fantasmas. Sin nadie en el café cuyos efluvios me alteren, era como si yo y el mundo respiráramos. Afuera llovía; una lluvia serena, sin viento, una lluvia casi de Buenos Aires. Una lluvia de otoño, afuera frío, adentro cálido. La moza petisita que me gusta tanto por la agilidad y frescura de sus movimientos saltarines, estaba colocando las sillas sobre las mesas delante de mí. Después de colocar una se inmovilizó y me miró. Un encogimiento de hombros; bordeó la mesa, se me acercó y me preguntó si podía sentarse conmigo para fumar un cigarrillo. Le dije que sí y le señalé el paquete que descansaba sobre la mesa. Dijo "Oh, no, gracias", apartó la silla y se sentó. De un atado que extrajo de debajo del delantal, sacó uno y se lo puso entre los labios, se lo encendí, pitó, apoyó un antebrazo sobre la mesa, encima sus pechos; contra la muñeca de la mano en la que tenía el cigarrillo, el codo como punto de apoyo, abandonó su cabeza y clavó sus ojos en los míos por unos segundos, luego giró la cabeza; fumando, como yo, se quedó mirando la lluvia a través del ventanal.

No puedo decir que me perdí en ese paisaje de ojos azules, raros, con minúsculos puntos verdes en el fondo como árboles. En ese momento, mirando hacia afuera como ella, pensaba el poco cuidado que tenía la empresa Van Hautten con los uniformes de sus empleadas: si no estuviera flojo el ojal, el primer botón de la blusa no se habría soltado en el momento en que apoyó sus pechos sobre el antebrazo. Yo, seamos valientes y digámoslo, quedé deslumbrado por esos pequeños soles, quizás porque faltaba el único en el cielo. Pero también seamos sinceros; soy un admirador de la belleza al estilo de los griegos, del amor platónico, del arte por el arte.

Completamente abandonada, giró su cabeza y volvió a clavarme los ojos. Me preguntó cómo me llamaba. Se lo dije. Le pregunté a mi vez: Carol. Quizás, a pesar de mi acento, me considerara un ser humano en estas tierras; no me preguntó de dónde era, si había indios en mi país cómo era el clima. Tampoco me preguntó cómo estaba ese día, no, me preguntó si la lluvia me entristecía.

¡Atención!, me tuve que decir, la excepción confirma la regla, no te entusiasmes demasiado. Sin embargo, encontrar en este mundo de felicidad patológica a alguien que hablara serena y poéticamente de tristezas, me puso loco de alegría. Un alma gemela... la realidad del amor platónico y todas esas cosas... Mi pecho se dilató y yo también puse el codo sobre la mesa, apoyé la cabeza sobre la palma y, después de un profundo suspiro, le respondí que sí, que me entristecía, que me ponía melancólico, pero que también me calmaba como a los locos y me llevaba a otros bares, a otro país, lejos, a otro lugar. Sonrió con una sonrisa amplia o ancha y... y casi no podía creerlo, ni siquiera en ese momento, me dijo que no dijera eso de 'loco' y me dio un golpe suave sobre el antebrazo. En este mundo en el que nadie se toca y es un misterio cómo hacen a los niños, quizás con una sábana en el medio como los judíos más rigurosos y ortodoxos, algunos lo hubieran considerado una provocación o un acoso sexual.

(No sé cómo superé la tentación de tomarla de la naricita respingada, pellizcarla suavemente y decirle cuchi cuchi. Tal vez porque mi mente rápida me dijo que eso era cosa de viejos reblandecidos, no lo hice.)

Me preguntó qué hacía en mi vida. Se lo dije, pero queriendo pasar por normal, no le conté que escribía. Ella me contó que era franco-ontariana. Que la lluvia a ella también la llevaba a otro lugar, lejos, al campo. Le dije que yo también era del campo. ¿Había vacas en ese campo? Sí. Confirmación de que éramos almas gemelas: el tema común fueron las vacas del campo.

Su padre había tenido muchas, desde pequeña las había cuidado. En el establo, a los saltos para que no la pisaran y a golpes de cadera para abrirse camino entre ellas, las lavaba, cepillaba, ordeñaba, las sacaba a pastar. Extrañaba el cielo de allá, con más estrellas que el de Ottawa, y, 'no se ría hombre', me pidió, el olor a las vacas, del establo, del campo, que los días de lluvia olían más. Suspiró. Yo también suspiré. Todo eso se terminó. Su padre murió y tuvieron que venderlas. Dejó allí un novio que le había ofrecido matrimonio, al que se arrepintió de haberlo dejado. Si podía ganar mucho dinero, compraría vacas y volvería. Otro suspiro. Miró la hora y a la otra moza que estaba limpiando el mostrador. Aplastó el cigarrillo en el cenicero. Le pregunté por qué no se había casado y por qué había venido a la ciudad. Explicó que era muy joven, que quería conocer al mundo. Además, allí no había trabajo, ninguna oportunidad para progresar. Con una flexibilidad que casi le hace saltar otro botón, se llevó las manos detrás de la cabeza, se quitó unos broches del pelo y la gorra; la masa de pelo dorada que se le cayó formó una aureola alrededor de su cabeza y la cara pareció iluminársele. Se puso de pie y siguió colocando las sillas. En el café ya no había nadie. Con las sillas sobre las mesas, me invadió una tristeza semejante a la de los teatros vacíos después de la función. Yo también me puse de pie para que terminara su trabajo, pero ella dijo que podía quedarme hasta que cerrara.

Solo faltaban las sillas de mi mesa. Desapareció con un salto y cuando reapareció con las llaves en la mano y un sombrero, se había cambiado de blusa y puesto unos vaqueros que se perdían en un par de botitas con tacos altos. Yo me puse de pie; ella se me acercó y mirándome en los ojos, con una sonrisa, sin decir nada, se puso el sombrero y se ató una cinta debajo de la mandíbula. Sí, pensé, fresca, no corrompida, la observé mientras colocaba las últimas sillas, maravillado de que una cosa tan vulgar y desagradable como es el vaquero, pudiera marcar tan fielmente... para colmo se agachó para arreglar... y pensando que como caballero que yo era, no le había ayudado a poner las sillas a la vez que para escapar del dolor que ya se había convertido en físico, como un castigo, sí, se parecía a mi hija, me despedí de ella y milagro, no me dijo que tenga un buen día.

De ahí en adelante, con sus movimientos ágiles entre las mesas, siempre me parecía que se movía entre las vacas. ¿No me molesta su *How are you?*, ya que espera la respuesta. Y nunca agregaba *today*. Siempre comentábamos algo sobre las vacas, aunque ella y yo supiéramos que eran imaginarias. Sí, valía la pena ir allí.

Un día no la vi. Otro tampoco. Pensé que estaría de vacaciones. Pregunté por ella a otra moza. Me dijo que Carol estaba en un curso.

Si fue una semana o fueron dos, ya ni lo sé. Cuando la volví a ver, ya no daba saltos ni golpes de cadera. Con anteojos como rayos láser que no le había visto nunca, avanzaba entre las mesas como la viejita con el perrito entre la niebla e igual que ella, bombardeaba los alrededores. Pasó a mi lado sin verme, la hermosa carucha con los músculos tensos, llena de manchas rojas. La llamé. Me miró y *How are you today.* Un escalofrío. Como en una nebulosa, la sonrisa forzada, pareció comprender. Me dijo 'Me ascendieron a *manager*'. 'Ah, el curso. ¿Era de Harvard?'

Pero no creo que me haya oído. Había seguido su camino sin destino.

Mejor no volver allí".

Sin embargo, había vuelto. En el fondo tenía esa esperanza vaga que solemos tener con respecto a los ancianos con demencia senil, a los enfermos incurables o a nosotros mismos.

Terminó el café. ¿Qué diablos le había dicho la moza? Se puso de pie, se acercó al mostrador y otra vez le hizo la misma pregunta. Esta vez registró la respuesta *Nervous break down.*

25. UNA CAMINATA HACIA LA EPOPEYA

De cómo había salido del Van Hautten, si había atropellado a alguien y dicho "Gracias", no lo sabemos. Lo cierto es que ahora, en la calle, después de decirse varias veces "Mejor no volver allí", con un café doble que le ponía los nervios de punta, cumplía con el mandato de su médico: la caminata de una hora, en dos partes o de un tirón.

No, no lo vamos a acompañar durante una hora. Por más bonita e interesante que sea la ciudad de Ottawa desde el punto de vista turístico, solo registraremos lo que farfullaba mientras daba sus zancadas. "Ja, Van Hautten, holandés ilustre y errante. Un holandés pirata que levantó su fortuna y felicidad sobre las espaldas de los esclavos negros de sus plantaciones de café y ahora sus descendientes lo perdonan, le agradecen y el mundo, en vez de ahorcarlos, los envidia y los aplaude. Hasta capaz que están orgullosos de él como un benefactor de la humanidad. ¿Cualidades? Extraordinaria visión ciega para la piedad, iniciativa por poca reflexión, inteligencia unilateral por sentimiento, capacidad especulativa por pasión, dureza por integridad, audacia por honor, descaro por audacia, en fin, adelante narrador que si me seguís a mí, no vas a llegar muy lejos". Y de nuevo.

Lo encontraremos en el próximo capítulo:

26. EL ASCENSO Y EL SALTO HACIA LA EPOPEYA

Cuando, a las 9. 25 am, el guardia uniformado que se encuentra en todos los edificios del gobierno lo vio alunado frente al tablero de la lista de oficinas como flotando a la deriva, se le acercó solícito y le preguntó: "Perdone Señor, ¿qué oficina busca?". Ernesto vio con el rabillo del ojo el uniforme, e incómodo en su dignidad, temiendo que le pidieran los documentos (cosa frecuente en Buenos Aires), en vez de responder "Oiga, ¿sabe con quién está hablando?", preguntó "¿El tamaño de los huevos se ha convertido en secreto del Estado?". El guardia se inclinó: "Señor, no me extrañaría. Hoy cualquier estupidez es secreto del Estado". Rápidamente, Ernesto se inclinó a su vez: "Señor, usted está en mal lugar. Usted tendría que ser Primer Ministro". Y recordó que tenía la dentadura; siseó: "Zenkiu". A las 9.24 am, con otros cinco o seis, se metió en lo que ya no era un ascensor sino un Elevonic o Asensotronic, rumbo al piso 19.

Arrancó como un cohete. Las tripas de Ernesto bajaron y los depósitos en los que se encontraban los corpúsculos gestores de las generaciones —una ilusoria y frágil inmortalidad— se estiraron como una banda elástica. Cada vez que se acercaba a un piso y frenaba, mientras sentía dos bultos en la garganta —"Las amígdalas las perdí allá lejos y hace tiempo. Debe ser algo psicosomático o la dentadura"—, se consolaba mientras oía una campanita y una voz que anunciaba el número del piso en inglés y en francés, para los ciegos y los sordos; si estos no lo oían, no era culpa de la empresa constructora. Y se volvían a repetir los fenómenos que produce la aceleración. Los pasajeros fueron bajando. Siguió el viaje solo, envuelto en una nube higiénica de perfume que hedía como una droguería. Gruñó: "No son aires pestíferos ni mefíticos. Dios no castiga con palos. Hoy les voy a enseñar". Piso 19. Le dijo "Zenkiu" al ascensor que en un viaje tan largo, charla que te charla, casi se había convertido en un amigo. Y dio un salto hacia la epopeya.

Había caído en un auténtico Nuevo Mundo. Silencio. Una alfombra que se deslizaba debajo de una puerta vaivén de dos hojas. Una chapa de bronce: "Comisión de Huevos". Serían las 9.27

o 28 am cuando empujó una de las hojas. La alfombra se abría; una especie de salón, escritorios grises de tono suave frente a las oficinas, con computadoras y teléfonos, paredes rosa pálido, el color de moda en Canadá en los negocios de alto nivel y en los hoteles internacionales. Ernesto se detuvo asombrado: allí estaba el poder, y lo respiró para recibir sus efluvios. Los buenos viejos tiempos se habían acabado: Kafka, como Dios, había muerto. La burocracia, integrada por seres humanos miserables trabajando en oficinas oscuras, deprimentes y circulando por pasillos sombríos, hurgando en archivos llenos de polvo, cucarachas y ratas, las miserias de la vida en general, habían desaparecido. El gamexane con gusto a queso había liquidado a las ratas, el DDT con emanaciones de sexualina a las cucarachas, el aire acondicionado a la atmósfera deprimente y las computadoras a los archivos. Por último, como toque final, los colores alegres, elegidos con criterios psicológicos, borraron las diferencias sociales: el que trabajara en un pesebre así no tenía ningún motivo real para quejarse, solo le quedaba el derecho de hacerlo.

Ernesto suspiró; un golpe bajo a la creación artística: toda metáfora sobre las miserias humanas perdía su sentido en ese lugar que se parecía a un cementerio de California con música funcional. Pero se tranquilizó; después de verificar que la decoración era una buena inversión de los impuestos que nunca pagaba a pesar de que eran el precio de su libertad, dedujo que se las vería con un personaje importantísimo, que intensificaría su propia personalidad e importancia. Ay, qué hermosa puede ser la vida: ser abeja obrera en un panal rosa.

El sonido suave y susurrante de un teléfono en alguna parte. Tarareando "No puedes eliminar la miseria, pero puedes hacer que no se la vea", sin saber que su subconsciente, con el argumento de hacer rendir sus impuestos, se había cargado de energía como una pila atómica, arrancó hacia esa dirección.

Atribuyó el hecho de no haberla visto antes a que estaba nublado en el ángulo de visión de sus ojos. La secretaria estaba hablando por teléfono; le hizo una seña para que esperara. ¿Sería la misma que lo había atendido por teléfono? Debía ser; detrás de ella la puerta de una oficina, una placa: Dr. Tom Bigegghead; la puerta se abrió ligeramente y se volvió a cerrar, ¿había visto un par de ojos, o fue uno?

Durante la espera, Ernesto descubrió a otras secretarias y redactó una Miscelánea: "Desde que la mujer salió de la sucia cocina en la que sus hijos la volvían loca tironeándole de la pollera con las narices llenos de mocos, gracias a la igualdad de oportunidades, tenemos una serie de mujeres activas que, en vez de por los hijos, luchan con los hombres hombro a hombro por el progreso y el futuro; para verlo mejor utilizan anteojos que de paso, dan cara de inteligencia. Si la que me tocó a mí, esta anteojuda llena de pozos de granitos o viruela (la pobre habrá vivido una infancia en la que la viruela no estaba vencida por la fabulosa ciencia médica), sueña con Hollywood, es porque se desayuna con una inyección de morfina de liberación lenta de optimismo. Por Dios, parece que es verdad lo que me dijeron muchos, que soy malo y no quiero a nadie. Yo creo que...".

—¿Es usted el señor Ernesto?

Ernesto ni siquiera oyó, si es que lo hubo, el *How are you today* de la secretaria que se había puesto de pie y era una cabeza más alta que él. Oh, la imaginación creativa; se había quedado sin oído, las orejas obstruidas por los dos pechos soberanos de una mujer ideal para los años de vacas flacas. Para colmo, un vestido de jersey que ajustado en la cintura por un ancho cinturón resaltaba con agresividad las lujosas caderas y marcaba sus muslos como columnas para fundar dos ciudades a las que, simultáneamente, invitaban a poblar. Si la secretaria tenía o no pozos de viruela, no tenía ningún sentido considerarlo. De pies a cabeza compensaba ampliamente todos los pozos, los anteojos incluidos que sí tenía. Impactado, diciéndose "¡Atención!, no todo lo que reluce es oro", confirmó que sí, que él era Ernesto.

Botón (seguro que hubo un bzzzz que no se oyó) y la puerta detrás de la secretaria se abrió en el acto.

—Adelante señor Ernesto. Lo estoy esperando con ansiedad. Pase, pase por favor —la voz del asesor- Padre-Dios.

27. EL COMIENZO DE LA EPOPEYA PROPIAMENTE DICHA O NO CUESTA NADA SER AMABLE

Con elegancia, Ernesto bordeó la mesa y entró. El asesor lo recibió con la mano extendida. No tuvo más remedio que tomarla. Se la sacudió con energía, con entusiasmo y lo felicitó:

—Hola. Buenos días. Terrorífico. ¡Usted lo ha logrado!

Con los ojos brillantes, ¡hace tanto tiempo que no lo felicitaban!, Ernesto preguntó:

—¿Qué cosa, qué?

—El haber llegado hasta aquí. ¿Le costó mucho encontrar el camino?

—Bueno, Ottawa no es una jungla, más bien un desierto. Pero eso sí, muy bien señalizado, lleno de flechitas.

—Jo jo jo, qué gracioso es usted Ernesto. Un placer conocerlo Ernesto. Usted debe SER una persona encantadora Ernesto.

—Espere conocerme —gruñó Ernesto.

—¿No lo dije? ¿Siempre tiene ese buen humor? ¿Cóoomo está usted hoy, señor Ernesto? ¿Un café?

—¿Por qué no? Estará pagado por el dinero de los contribuyentes. Ergo es mi dinero.

—Je je jéé. ¿No lo había dicho? Yo ya sabía que usted era encantador. ¡Y con sentido de humor! Vamos a pasar un buen momento. Divertido y agradable. Tome asiento por favooor —le señaló unos sillones cómodos alrededor de una mesita y, con pasitos apresurados, se alejó hacia el fondo. En una estantería, cerca de un escritorio, estaba la máquina de hacer café. Apretó un botón y, sin dejar de parlotear, ¿cómo está afuera?, ¿hace frío, hace calor?, ¿de dónde es usted?, se quedó junto a la máquina.

A pesar de que lo necesitaba con urgencia, Ernesto no se sentó. Estaba mareado, anonadado por el recibimiento, a punto de mostrarse encantador, amable y gracioso con una sonrisa crispada. Consideraba el recibimiento un golpe bajo que anulaba sus inquietudes y neutralizaba su impulso indagador, hasta la imposibilidad —si fracasaba en la epopeya—, de acuñar una frase célebre o escribir una miscelánea en compensación. Había jurado no entregarse. Con la mano detrás de la espalda, con una vocecita interior débil como aliento, "seguí jodiendo y vas a ver", como quien mide el tamaño, con todo descaro, dio una vueltita por la oficina mientras el olor del café le cosquilleaba en las narices.

A un costado del escritorio, del lado opuesto a la máquina, una computadora en la que, según Ernesto, para matar su aburrimiento, el asesor jugaría al ajedrez si es que llegaba a ese nivel mental, o con Pac Man. Sobre el escritorio, pegado a un trozo de madera pulida, un hermoso huevo de Pascua. Detrás del escritorio, un sillón de cuero reclinable, y detrás el ventanal con una cortina densa, tal vez terciopelo. En su paseo de inspección pasó cerca de la máquina de café; vislumbró, además de tazas, pocillos, sobrecitos de caldo y un paquete de galletitas que para el lenguaje que utilizaba Ernesto no hablaban muy bien del asesor: índices de ahorro y miseria. Una pequeña heladera a la izquierda, seguro que con el sandwich de cada día que traería de casa (además del encanto de ser casero, era mucho más barato que los comprados; esto confirmaría sus suposiciones, pensamiento piadoso que le trajo un poco de alivio y equilibró su mareo). "Como decimos en Argentina, este sabe vivir". El asesor había enmudecido, atendía el paso del agua en la cafetera y, probablemente de reojo, orgulloso de su oficina o temeroso porque con los extranjeros nunca se sabe, vigilara a Ernesto. Este, siempre con las manos detrás de la espalda, continuó su inspección; cerca de los sillones, un televisor con video, auxiliares de la pedagogía y de los oráculos modernos. Sobre la mesita, un cenicero, una caja de Kleenex y en un nido trenzado con ramas, dos huevos brillantes de jade u ónix. Sobre las dos paredes que formaban el rincón donde estaban los sillones, pequeños cuadros que le llamaron la atención. Los inspeccionó; eran huevos o no lo eran, se parecían, sí, pero, cómo lo podríamos decir, eran artísticos. Que eran huevos, no le cupo duda al leer la primera leyenda: "El huevo de la resurrección". Dentro de un cristal en forma de huevo, se veía a Jesús saliendo de la tumba con dos ángeles arrodillados. "El huevo del cucú", un huevo verde oscuro del que el pajarito salía de arriba. "El huevo de la coronación", "El huevo caucasiano" y etcétera.

Terminada la inspección, farfullando "No cabe duda, estoy en un ambiente armónico, por no decir obsesivo" con la especialidad "huevo", se acordó del asiento ofrecido, se sentó y, como quien ya conoce el territorio en el que le tocará batallar, se concentró en el enemigo que seguía velando el café. Ernesto pensó: "Si le dedica la misma atención a su esposa, y no le debe quedar otro remedio, debe ser, sino un hombre, al menos miembro de un matrimonio feliz". Suspiró. Le dieron ganas de fumar, pero prefirió esperar el café.

La cara del burócrata que recordaba vagamente —en ese momento estaba a unos seis metros de él— no mostraba ninguno de los síntomas de los burócratas clásicos; no era amargada, barbuda, ni verdosa por la bilis de la frustración, sino todo lo contrario: regordeta y afeitada, era fresca, lozana, llena de salud; los anteojos culo de botella que llevaba no le agregaban juventud pero estaban de acuerdo con sus años, unos sesenta; con un poco de buena voluntad, se podría decir que agregaban seriedad y responsabilidad al conjunto que se describiría así: pelo de corte prusiano (si no estuviera pelado), en consecuencia, su frente era ancha; la forma de la cabeza en general, era la de un huevo tamaño mediano —medida argentina— y se plantaba sobre otro, tamaño gigante, una panza voluminosa, sujeta con un chaleco; dos piernitas cortas que probablemente se adelantarían no para caminar sino para sostener el huevo que amenazaba rodar. Decir que se parecía como un huevo al otro, o a Humpty Dumpty, sería una exageración y hasta una falta de respeto; era, sencillamente, un ser consustanciado con el tema del que se ocupaba. En palabras argentinas: un bocho.

La voz le llegó de lejos.

—¿Leche? ¿Azúcar?

—Sí, por favor. No, digo, solo un poco de azúcar. Gracias.

Otra manera de definir al burócrata: un ser humano aparentemente normal, real o simulado, amable, gentil, lleno de sustancia, más yema que clara y que hasta ese momento, lamentablemente, no le había dado ningún motivo para quejarse y menos una razón suficiente para saltarle a la garganta y morderle la yugular. Peor, ni asomo de que se lo daría.

—¿Está cómodo? —el asesor a su lado con los dos cafés.

—Psééé —Ernesto recibió la taza con el plato y los puso sobre la mesa.

El asesor se sentó y cruzó sus piernitas. Ernesto buscaba algo y no sabía qué; la cucharita que no encontró.

—Señor Ernesto, ¿viajó bien? ¿cómo está afuera? ¿Hace frío, hace calor? —volvió a preguntar el asesor con un acento marcadamente británico, quizá porque lo fuera o porque hablaba sobre el clima.

Cuando no hay razones valederas, cualquiera es buena.

—No, Señor Tom. Ni frío ni calor. Ni lluvia ni nieve, ni sol ni noche, solo una niebla densa con un olor asqueroso.

El asesor pensó unos segundos.

—Le preguntaba porque estoy aquí desde las 7 de la mañana para preparar la entrevista y servir a sus inquietudes. No tengo idea de cómo está afuera en este momento.

—Sí, supongo que usted me pregunta por otro planeta. Todo normal, *Mister* Tom, el mundo marcha de acuerdo a las probabilidades previstas por las estadísticas. No noticia es una buena noticia. Como usted vive aquí en una cápsula espacial o un pesebre, comprendo que le sea difícil enterarse de lo que pasa allá lejos y afuera. De cualquier manera, por los metros que tiene su oficina, es una supercápsula y veo que usted es una persona importante. Me siento halagado y lo felicito.

—Gracias, muchas gracias. Je je je. Ya lo dije: usted es fantástico. Tiene imaginación. Me encanta y me gusta su retórica. Es usted latino, ¿verdad?

—Pséé. A propósito, ¿no le interesa saber el origen del olor asqueroso?

—Oh, supongo que debe ser el problema de los niveles entre la ciudad y las cloacas. Lo de siempre. Nada nuevo. Yo hice la secundaria aquí y aprendí a convivir con él. Ni lo siento.

"Un hombre perfectamente adaptado, embridado", pensó Ernesto. Sin embargo, a su pesar y sin poder definirlo claramente, había algo más. Ya tenía ciertos indicios (la ansiedad de Tom mientras lo esperaba, el hecho de que llegara a las 7 de la mañana para preparar la entrevista, el recibimiento mismo como si se tratara de resolver el problema final que amenazaba con prolongarse demasiado) pero no quiso pensar en ellos ni tenerlos en cuenta. Oyó un carraspeo.

—Bien, aquí estoy completamente a su disposición. ¿Cuál es su inquietud y en qué puedo ayudarlo?

Ernesto sorbió café y, apartando la taza, preguntó:

—Antes de eso, ¿me podría decir qué son estos huevos en los cuadros?

El asesor sonrió complacido por la ignorancia de su cliente, o por su inquietud intelectual.

—Son fotos de los huevos del famosísimo joyero ruso Fabergé. Con Fabergé los huevos han alcanzado su nivel artístico máximo.

La respuesta fue absolutamente amable. Muchas veces se asombraba de que los demás no aprovecharan oportunidades como esas diciendo en este caso: "¡¿Cómo!? ¿No conoce al famosísimo Fabergé? No sabe lo que se pierde". Pero el sentimiento de inferioridad está adentro y pasar por inculto era vergonzoso, más para un personaje tan culto como él quien, a pesar de haber reconocido no ser un Leonardo da Vinci, no pudo aguantar ese sentimiento.

—Ah, sí, sí, el famoso revolucionario ruso, aunque su apellido suene a francés. Ahora me acuerdo.

Ernesto recibió una fabulosa lección de lo "políticamente correcto".

—Bueno, la verdad es que no se lo podría asegurar. Según las informaciones que tengo —pero que perfectamente pueden ser incorrectas en este mundo de la sobre información—, era joyero del Zar. Claro que cuando empezó a fabricar sus huevos, fue un escándalo. Efectivamente, podemos hablar de un revolucionario de las joyas. —Un carraspeo—. En fin, escucho sus inquietudes y estoy preparado para ayudarlo.

Ernesto, con las mejillas un poco rojas, se bajó el último sorbo de café y carraspeó a su vez.

—Mi estimado Señor Tom. Me dirijo a usted como a un experto que encontró el sentido de su vida en su tarea cotidiana, en este caso en la materia huevos. Alabado sea el Señor. Como experto debe dominar toda la problemática inherente y/o la que circunda el óvalo de la materia propiamente dicha. Por esa razón, dirigiéndome a usted, si no le molesta, le rogaría que me explicara, ya que esta falta de conocimiento me tiene inquieto, con decirle que hace días que duermo mal, por no decir que estoy fuera de mí, cómo y de qué manera se determina el tamaño de un huevo. Por supuesto, no me refiero al tamaño "natural" o "vulgar" determinado por el azar biológico, la abertura del traste de la gallina en este caso, sino, al tamaño que el hombre, medida de todas las cosas, una vez dado el huevo, o puesto, el hombre, repito, ante el horror de lo innombrable e indefinido, le pone nombres, cuenta, diferencia, clasifica para saber dónde está en relación con las cosas o con él mismo. Me imagino que —como en cada cosa de este mundo—, alrededor del círculo imperfecto del huevo giran profundos conceptos filosóficos, sin hablar de los altos instrumentos de precisión como elementos auxiliares. Le quedaría infinitamente agradecido para siempre si ilustrara mi ignorancia, y hasta me atrevería decir que me haría feliz. No sé si mi planteo está claro.

El asesor escuchó tan atentamente que decir "muy", sería poco; Ernesto diría que (si no es que el otro estaba durmiendo detrás de los anteojos) pareció que la vida le iba en ello. Tal vez cerrara los ojos para concentrarse en lo que decía Ernesto, pero los golpes de cabeza que había dado como aprobando, desmentían el supuesto de que estuviera dormido. Nervioso, vació la taza de café, se acomodó los anteojos, cruzó y descruzó las piernas, y carraspeó para limpiarse la garganta y decir sin obstáculos:

—Mi estimado Ernesto. Quédese tranquilo. Mayor claridad en su planteo, imposible. Creo que además de divertida porque, qué es la vida sin humor, vamos a tener una conversación, un diálogo muy interesante. No me arrepiento por haberme preparado y esperado esta entrevista. Gracias por haber pensado en mí, perdón, en nosotros. Usted es la persona que yo esperaba. Pero antes de entrar en materia, debo felicitarlo por su inquietud intelectual, sus motivaciones. Desgraciadamente, por culpa de nuestra educación tan deficiente, estudiada y criticada, perfectamente conocida, incluyendo a la televisión mal usada, según revelan las encuestas, la mayoría de los niños y muchos adultos creen que los huevos los pone la heladera, o a lo sumo algún gerente modificado para la tarea en los supermercados. Pero no estamos aquí para hablar de educación, a los especialistas lo que es de los especialistas, y a Dios lo que es de Dios —un brevísimo silencio, carraspeo—. Pero antes de continuar debemos hacer algunas aclaraciones metodológicas para evitar, cosa que ocurre frecuentemente, caer en falsos errores, en cosas místicas. Nuestro planteo con respecto a los tamaños se basa en conceptos nuevos y rigurosamente científicos; repito, cien–tí–fi–cos y no filosóficos. Ay, no ponga esa cara. ¿Lo he molestado? ¿Lo he desilusionado? ¿No? Bien. De cualquier manera, una vez que usted comprenda la mecánica y la acepte, podremos especular libremente sobre lo que usted quiera, porque, ¿qué es el hombre sin un poco de vuelo creativo? Volviendo al asunto. Aunque usted habla fantásticamente bien el inglés, repito, fantásticamente, por su acento se nota que usted es de otro país, para salvar barreras culturales, para tener un conocimiento de los elementos que vamos a discutir, una base, le propongo que veamos los antecedentes del problema, tanto para familiarizarnos más con el tema huevo como para una apertura, una mejor y más fácil comprensión de la respuesta para calmar la inquietud que no lo deja dormir. Una película que ilustre el problema *ab ovo*, no nos va a hacer ningún daño, todo lo contrario. ¿Qué le parece?

Silencio sepulcral.

—Ejem, quizás no hablé en la forma apropiada; *ab ovo* es una expresión latina que significa "desde el huevo".

El silencio continuó. El asesor vio preocupación en la cara de Ernesto. ¿Miedo? ¿Miedo al esfuerzo mental, a la revelación?

—Je jo je. No se preocupe, no voy a abrir una caja con una cobra. Se trata de una película educativa para distintos niveles y usted la podrá observar e interpretar como más cómodo le resulte. Es breve, fácil de entender y asimilar, no se va a fatigar mentalmente. No hay drama ni tristeza, es más, es muy muy movida y divertida, con algunos toques de sano humor y muy sutiles. Y si no tiene tiempo, dígamelo. Tenga en cuenta que solo dura 16 minutos y treinta segundos. Basta apretar un botón.

Y señaló el televisor y el video.

Ernesto suspiró.

—No se trata de miedo, es otra cosa. Estoy un poco harto de estar aprendiendo todos los días lo que ya sé desde hace años. ¿Cuándo me terminaré de educar?

—Buena, excelente e inteligente pregunta —dijo Tom ignorando lo anterior—. Un poco antigua pero exactísima para la época en que vivimos, es la famosa sentencia de Mahoma, "Aprenderás desde la cuna hasta la tumba". ¿La conoce?

—Si no la hubiera conocido, acabo de conocerlo. Y fue un aprendizaje más.

Silencio.

Sea como fuere, quizás la propuesta la oportunidad de su vida de hallar la respuesta a su monótona pregunta ¿dónde estoy? Las explicaciones que le daba el asesor no diferían mucho, o en nada, de las que ya había oído, que se daban al comienzo de un concierto o de una obra de teatro dramática, ya sea la *Pasión* de Bach o el *Hamlet* de Shakespeare, dirigidas a tranquilizar las almas y evitar las perturbaciones psíquicas. Reconocía el medio y todo su poder: era el momento supremo de aceptar la integración o morir para siempre. ¿Qué hacer, mi Dios? El asesor bajó la voz y su susurro le llegó como un soplo de la tentación.

—Hay más, Ernesto, le voy a pedir discreción y una reserva absolutas. La película que vería, es casi clandestina. No digo que esté prohibida, en la democracia eso es imposible, pero tiene la clasificación de "reservada".

La curiosidad picó a Ernesto. Nunca olvidaría una película educativa sobre el "Hambre en el mundo", presentada por una china llamada Wong, vestida con un discreto traje sastre. Pero lo que más le había fascinado fue que en un salón, entre un tractor, bolsas de trigo y arroz, plantas de maíz en macetas, fotos de niños hambrientos, gráficos con columnas y cifras sobre el hambre, siguiendo las normas del dinamismo de la época, con su cara oriental que a fuerza de Max Factor Hollywood parecía un máscara de la dinastía Tang, con eso tacos altísimos que a Ernesto le gustaban en los momentos de exaltación erótica, la señora Wong se desplazaba y se "movía" para agilizar el tema "Hambre" (sí era mejor que traer un grupo de niños famélicos, medio muertos, inanimados) con discretos golpes de cadera mientras hablaba de cifras, estadísticas, lluvias, sequías, fertilidad, esterilidad para, finalmente, sentarse en el asiento de tractor, cruzar las piernas y... y... en el discreto traje sastre se abrió un tajo hasta la entrepierna y brotaron fértiles al aire las medias negras rellenas de carne de lechón palpitante destilando erotina. Apenas tuvo tiempo para inclinarse hacia la pantalla y sin siquiera poder articular o definir el deseo en su pensamiento, apareció la palabra *The End*. No hubo *replay*.

El problema del hambre en el mundo pareció haber quedado solucionado, pero no el de Ernesto.

—¿Hay escenas eróticas en la película? —preguntó.

—Je je je, algunas muy inocentes. Pero no era eso a lo que me refería sino a otros problemas que habían surgido con la Sociedad Humana que, usted sabe, es para los animales y sus derechos y el Movimiento de Liberación Femenina. Ay, hoy día es muy dura la tarea del artista y del creador. Profunda incomprensión y soledad lo rodean (ahora era Ernesto el que asentía). La primera nos acusó de crueldad mental y trato inhumano a las gallinas y el segundo de que explotándolas, abusando, hacíamos trabajar a las gallinas y no a los gallos.

—Como ser que los gallos no lavan los platos.

—Algo así. Se formó una comisión para incluir, aunque fuera un concepto de igualdad, y yo he pasado las noches en vela imaginándome cómo lograr que un gallo ponga huevos. Ya hemos hecho algunas modificaciones a la película, pero mientras no se llegue a una solución, a un acuerdo definitivo que satisfaga todas las exigencias, solo se proyecta en ocasiones especiales como esta.

Ernesto no se asombró. Ya había oído que si Jesús podía ser "él", bien podía ser "ella". O que Dios no era macho ni hembra, sino hermafrodita. ¡Hombres del mundo uníos! De una manera difusa o vaga, Ernesto se sintió solidario con Tom Bigegghead.

—¿Es en tecnicolor? —se aseguró.

—Ohh, ¿existe otro color?

—Adelante entonces.

Dado el sí de Ernesto, el asesor se metamorfoseó. A los saltos, como un atleta, llegó hasta la cortina, la corrió, hasta la puerta, apagó la luz, semipenumbra, al televisor y tomó el control remoto. Se sentó y apretó el botón prometido.

Mientras en la pantalla se leía "Toda reproducción...", Tom Bigegghead volvió a ponerse de pie, corrió, volvió con una pipa que se metió en la boca. Ernesto conocía la ley que no todos tenían que cumplir, y menos los que estaban en las alturas. Sacó los cigarrillos, se metió uno en la boca y antes de encenderlo, le ofreció fuego al asesor.

—Oh, no no. No fumo, gracias. Es un resabio de una vieja mala costumbre hoy superada a fuerza de decisión y voluntad, gracias a Dios. —aclaró sin apartar los ojos de la pantalla.

Por alguna razón intuía que el otro no le recordaría la ley. Encendió el cigarrillo.

—¿No tiene una coca y maíz inflado?

—Je je je, qué gracioso es usted. Lo siento, no.

28. EL MISTERIO COMPLETO
EN 16 MINUTOS Y 30 SEGUNDOS

Música de *La consagración de la primavera* en una versión popularísima, probablemente por la orquesta de bronces de la Policía Montada, una colaboración más movida y rápida que la original, que ya era moderna en su momento. Título de la película:

NUESTRO HUEVO DE CADA DIA

La historia del huevo desde la antigüedad hasta nuestros días

Producción:

Comisión Nacional de los Huevos Canadienses

Argumento, coordinación y dirección:

Dr. Tom Bigegghead

Carraspeo, tosecitas, ejems y hums en la penumbra. Ernesto se preguntó "¿Cuántas veces lo verá por día?" y hasta creyó oír un "Yo", pero nunca estaría seguro; bien podía ser un eco de la oscura caverna de su propio ego o una alucinación auditiva de su envidia. Pero atención, la película comenzaba.

Golpes de timbal.

Y al principio fue el caos.

Nubes cósmicas, galaxias nebulosas que giran, zoom sobre una galaxia, confusión, truenos y relámpagos, tinieblas, se materializan planetas, eso que surgía entre los truenos y relámpagos, nubes que se condensan eso que giraba, achatado en los polos, ¿era la tierra o el huevo madre puesto por Dios? Un huevo así solo pudo ser puesto por Él.

Ernesto estaba seguro de que el asesor no solo pensaba que venía de otro país o planeta, sino de otro sistema solar, de otra galaxia, y que la película cósmica estaba preparada para todo ser eventual, viajero extraterrestre incluido. ¿Se podía explicar de otra manera la flechita que apareció sobre la Tierra, ubicándola en el universo?

A pesar de la leyenda sobre la flechita "Usted está aquí", Ernesto, mareado como si estuviera en una calesita, se sintió un poco perdido y acompañando los movimientos giratorios, giró su cabeza para preguntarle algo al asesor, quizá "*Mister*, ¿dónde estamos?", pero al ver su perfil embelesado y sonriente, de total satisfacción, se quedó cortado: hubiera sido como interrumpir el éxtasis de un santo.

¡Atención!, zoom de la cámara; la Tierra fresquita y frágil, más tormentas y relámpagos, huracanes, formaciones de nubes, lluvias torrenciales, ríos y mares, grandes olas, surge la vida en el agua, nadan las primeras gallinas–pez; formación de los pulmones, los primeros pasos vacilantes de las gallinas–pez sobre la tierra; surgen las gallinas–reptiles, gallinas–voladoras, gallinas–dinosaurio poniendo huevos gigantes, *cloc cloc cloc*, el primer cloqueo que se registró en la historia, la gallina dinosaurio los empolla y el gallo–dinosaurio los cuida y los defiende contra la voracidad de otros seres. Grandes cataclismos, nuevamente truenos y relámpagos, timbales, terremotos y maremotos, los continentes se hunden con los dinosaurios y sus huevos y se convierten en petróleo. Pero no todas las gallinas desaparecen, muchas se achican, se adaptan a la nueva situación, evolucionan. La orquesta de bronces sopla a la aurora, sale el sol sobre una nueva era, la de las cavernas. De una caverna con el césped bien cuidado, flores, mientras el sol empieza a calentar la Tierra, los pájaros cantan, sale un troglodita; bosteza, se rasca la barba, se estira, sus ojos se maravillan ante la belleza del mundo, sonríe como todo buen ciudadano; arranca, camina despreocupado, ¡oh!, sorpresa, encuentra un nido; timbales, el primer encuentro histórico entre el huevo y el hombre primitivo; el troglodita se agacha, levanta un huevo y lo sostiene como Hamlet a la calavera, boing, un signo de interrogación aparece sobre su cabeza; cambia de mano el huevo, lo husmea, lo lame, más signos de interrogación. Desechado por inútil o por accidente, el huevo se cae y se rompe, asombro del troglodita, signos de admiración, se arrodilla, acerca la nariz y husmea, *snif snif*, con temor saca la lengua, la hunde, alza la cabeza, se pasa la lengua por los labios, *mmmmm*, la cara se le ilumina; se pone de pie, salta loco de alegría, corre para avisar a los demás, de la caverna salen otros trogloditas; una familia tipo: una mujer, un niño, una niña y un perro, también huelen, lamen, lo encuentran bueno, gran alegría en la célula familiar primitiva, ladridos del perro; rompen los otros huevos, los devoran, uy, no hay más, como drogados, se lanzan a la búsqueda de más huevos: caza y domesticación de la gallina.

En la pantalla aparecen frases antiguas: "Al principio fue el huevo". "El huevo, madre de todos los seres". "Del huevo venimos, al huevo volveremos". "Qué habría sido de la humanidad sin el huevo".

El huevo va adquiriendo importancia; mercados de la Antigüedad. ¿Esa torre, será la de Babel? Al pie de la torre, un puesto con canastos cargados de huevos, hombres y mujeres discutiendo acaloradamente en diferentes lenguas, sonidos y letras, *"egg"* "huevo" *"tolyás" "luf"*, caos, se pelean, vuelan los huevos; pirámides, ¿Memphis?, camellos, ¿Bagdad?; más mercados, huevos en canastos de diversos diseños, más discusiones, intercambios de huevos, uno grande por dos chicos, el huevo como moneda, el dólar de la Antigüedad, aparecen doce huevos, el signo igual, un dólar; una plaza, un mercado, puestos, compras y ventas, intercambios, ¿Atenas?, gente atareada, dinámica, un desocupado pasea negligentemente en medio del bullicio, por lo pelado y la barbita parece Sócrates, el filósofo que hablaba del zapato con el zapatero y de la herradura con el herrero; se acerca a una señora en cuclillas detrás de una montaña de huevos sobre el suelo, Sócrates se toma la nariz con el pulgar e índice, se inclina sobre la mujer que tiene las piernas separadas debajo de la pollera y con voz nasal y socarrona, pregunta: "¿Me podría decir señora qué fue primero, el huevo o la gallina?", la pobre mujer abre los ojos espantada, enérgicos golpes de timbal mientras Sócrates se ríe a carcajadas. Ernesto se estremece, oye la voz del asesor "No se preocupe, esa pregunta malvada y alevosa ya tiene respuesta". Ernesto asiente y recuerda la frase brillante de un general argentino: "La subversión comenzó con Sócrates". Suspiro.

Guerras, Roma, invasiones y conquistas, el huevo, alimento favorito de los ejércitos romanos; la Edad Media, conventos, monjes y monjas recolectando huevos con cánticos de alabanzas al Señor, "Bendice el huevo nuestro de cada día", el huevo, remedio supremo contra las pestes; el Renacimiento, Francisco Bacon escribe su tratado sobre "La utopía del huevo perfecto". Leonardo da Vinci pinta el primer huevo con una sonrisa, un mentís a la naturaleza muerta; La Revolución Francesa, la guillotina, cabezas que caen como huevos en las canastas; la Revolución Industrial, Lamarque y Darwin, la evolución, la lucha y el progreso; la primeras mediciones de los huevos e intentos de clasificación, discusiones de académicos y sabios, ilustradas con escenas chaplinescas, los primeros criaderos; la era Contemporánea: desde un estrado, un académico elegante, frente a micrófonos y cámaras de televisión, en nombre de la ciencia y pruebas irrefutables, anuncia la buena nueva de la superación del falso dilema del huevo y la gallina, el triunfo definitivo del huevo y la fecha del Día Universal del Gameto. Aplausos atronadores; Ernesto, con el niño que tiene adentro, también aplaude como un poseso bajo la mirada paternal de Tom.

El huevo en los laboratorios y en la ciencia, vacunas, celuloterapia para el rejuvenecimiento, el huevo en el espacio, estudio de los huevos con rayos equis, láser, ultrasonido; el huevo en la vida cotidiana, en cócteles, fritos, pasados por agua, duros, en tortillas, tortas y omelettes; en la bondad y el amor, huevos en polvo para los niños pobres del mundo; en la tradición, música rusa o ucraniana, huevos pintados para Pascua; en el arte, un pintor, sobre una tela en forma de sartén, rompe los huevos y los deja caer; como arma, en un teatro, el público airado bombardea a los actores. Oscurecimiento.

El obturador de la cámara se abre sobre un gallo de esos que se las trae: apechugado, una gruesa cadena de oro sobre su panza, un bastón, un cigarro grueso, los dedos llenos de anillos; el gallo macho–gángster–empresario se saca el cigarro de la boca, larga el humo y anuncia el espectáculo musical del año: "Las doce bellezas y los doce huevos". Se abre el telón, sentadas sobre doce huevos con las piernas cruzadas enfundadas en medias negras (pálida asociación con las de la señora Wong), portaligas, plumas, los labios pintados, pestañas larguísimas; los bronces soplan una música *hard rock*, las gallinitas se bajan de los huevos con un salto ágil, bailan una especie de can–can; sin pudor levantan las piernas, giran, se agachan y muestran sus trastes emplumados; evoluciones alrededor del huevo, grititos alegres, las gallinitas se alinean, se toman de las cinturas, una alegre corrida con gritos hacia el público y con un elegantísimo y agilísimo *tic toc tic*, zapateo americano, el cuerpo de baile se divide retrocediendo y desaparece.

La cámara avanza sobre el escenario, al fondo aparece una puerta, un cartel "Comisión de Huevos Canadienses"; un carraspeo, la voz de Tom "La película dentro de la película. Original, ¿verdad?", "Pséé, muy original". La cámara sigue avanzando, el salón en el que había entrado Ernesto, secretarias gallinas; la puerta de Tom Bigegghead, en vez de su nombre, la de Ms. Tess, se abre, el despacho donde están ahora, detrás del escritorio, en vez del asesor, una gallina pintarrajeada tamaño humano. En la penumbra se oye un "Je je je". Coqueta, echándose para atrás y arreglándose el pelo que no tiene, la gallina mira la cámara y después de un *HI!* sonoro y alegre, dice: "Yo soy Tess, mi pasatiempo favorito mientras pongo huevos es escuchar música de Wagner. Tampoco me molesta que de vez en cuando me pongan delante un recorte de diario para saber qué pasa en el mundo y entretenerme. Por la cantidad de huevos que he puesto el mes pasado, se me ha nombrado la gallina del mes que rima con Tess y me cabe el honor de conceder una entrevista a los periodistas para aclarar algunos malentendidos que giran en torno a la producción de huevos. ¡Pasen señores periodistas!" La voz de Tom: "Esta parte no es definitiva y la tenemos, en estudio", "Gracias".

Ante la cara de Tess aparecen micrófonos, pequeños grabadores. Dice: "Contra todo lo que sostienen algunos protectores de los derechos de los animales y de la mujer, hablando de esclavitud, de trabajo forzado, del abuso del gallo, debo informarles que gracias a la ciencia y la vigencia de los Derechos Gallináceos, nos tratan más humanamente que muchos gobiernos a sus ciudadanos. La época oscura, salvaje, de la gallina piojosa, antihigiénica, maltratada y golpeada para que ponga más huevos, a la vez que tenía que encargarse de sus pollitos, se ha terminado y fue completamente superada. Vivimos en pequeñas jaulas de acero inoxidable, con aire acondicionado en verano y calefacción en invierno, tenemos música funcional permanentemente, nunca debemos temer a la oscuridad siniestra de la noche, la luz brilla sobre nuestras jaulas las veinticuatro horas. Nuestra comida está garantizada y nunca padecemos hambre como buena parte de la humanidad. En resumen, con poner un huevito o dos por día, cumpliendo con nuestro deber como nos enseñaron desde pollitos, aceptando la realidad, sin cacarear inútilmente, tenemos asegurada la casa, comida, servicio médico, la seguridad total. No es de extrañar entonces, y así lo prueban las encuestas populares, que muchos seres humanos nos envidien y quisieran estar en nuestro lugar en esas acogedoras jaulas. Somos útiles a la sociedad hasta después de dejar de poner huevos; cuando envejecemos, podemos optar por sobrevivir en caldos en cubo, en proteínas para niños pobres del mundo o comida para gatos y perros. Eso es todo señores periodistas, gracias por haber venido y habernos escuchado. Ahora basta de charla inútil y de perder el tiempo, dando el ejemplo, vuelvo al trabajo. Que tengan un buen día". Esfumado. Visión panorámica de un criadero iluminado como por el sol, miles de gallinas en jaulas brillantes. Los bronces soplan una melodía de Glen Miller. Zoom sobre una gallina que —a Ernesto le parece que es la entrevistada—, con una amplia sonrisa detrás de la jaula, se acomoda para poner su huevo, un esfuercito, una contracción de la sonrisa, y la gallina se pone de pie y lanza su grito de triunfo: *cloc cloc clocloclo"*. Las otras aplauden: "Bravo Tess", *You got it, Well done, Do it again, Yes, you just did it*; Tess mira como el huevo desaparece por un agujero, suspiro de satisfacción. El huevo vuelve a aparecer por un canal, se une a otros huevos que avanzan en fila india, los bronces tocan una marcha; los huevos parecen esperar su turno, disciplinados para luego ser alzados delicadamente por unas cucharas que los distribuyen por diferentes canales, al final de los cuales pinzas forradas con goma los meten en cajas por docenas, luego en cajas más grandes, en camiones que parten con el conductor sonriente, feliz de cumplir con su misión.

El Supermercado, música funcional, globos, colores, cajeras y empleados con cascos de obreros, alegría, fiesta fiesta; la madre con la niña empujando el carrito se acercan al altar de los huevos;

la niña emprendedora y colaboradora, retira una caja y quiere llevarla en sus bracitos, ¿por qué no?, es un aprendizaje de la vida que vivirá ella; la madre paga sonriendo a la cajera más sonriente aún. Salen, auto por las calles, llegan a casa. La niña, batiendo palmas, se muestra impaciente para comer un huevo, como quien tiene un síndrome de abstinencia. En una cocina de película, gente de película, la madre, con una pinza especial, pone uno en el agua hirviendo; un timbrazo sugiere que ha pasado el tiempo. La niña lo come, se embadurna la cara con la yema, el perro de la casa, un ovejero espectacular, apoya las patas sobre el borde de la mesa y lame la mejilla de la niña que, encogiéndose de hombros, se ríe. Ante esta escena simpatiquísima, graciosísima, tiernísima, higienísima, a Ernesto le brotan dos lagrimones.

Primer plano de la cara ya limpia de la niña que con los ojos brillantes y una sonrisa, dice "Gracias, señora gallina, por hacerme tan feliz".

Trompetas; una leyenda:

Si no le gusta el huevo, aprenda a convivir con él

Resuenan más bronces, trompetas, el monumento a la gallina; un ala levantada señalando hacia el futuro, la otra, el huevo que la gallina pisa con un pie levantado: la cámara se cierra sobre el huevo, así como se había abierto sobre la Tierra.

29. EN EL FONDO,
TODO ES UN PROBLEMA MORAL

Ernesto todavía estaba en ese estado semimístico de ensoñación, tan parecido a la vida que producen las imágenes, cuando el
asesor preguntó.

—¿Le gustó? ¿Qué le pareció? ¿Qué opina? Me gustaría...

—Ay sí, *snif*, es fantástica, terrorífica, *snif, snif*. Le juro que me
emocionó —y se secó las lágrimas con un pañuelo de tela, igno-
raba los de papel, más higiénicos—. Yo también comía huevos
en la cocina y tenía un perrito. Pero ay, mi madre, una mujer a
la antigua, no lo dejaba entrar ni en la cocina. Sí, mi madre era
una mujer cruel y sin corazón. Pobrecito, murió solo. Ay, *snif snif*.

El asesor respetó su dolor por unos segundos;

—Le ruego que me perdone, Ernesto. No sabe cuánto lo siento. Lo comprendo muy bien. Yo ya voy por el quinto perro. Es
aconsejable siempre la misma raza para sufrir menos. Pero por
favor, créame que no era mi intención perturbar su alma con la
película. Todo lo contrario.

Ernesto alzó la mano.

—La obra de arte, Mister Tom, tiene múltiples significados,
aunque nadie sepa cuáles, por qué y para qué. Por eso es una obra
de arte. En el caso de su película, no solo aprendí mucho, sino que
hasta vislumbré una especie de sentido de mi existencia.

—¿Podría aclararme esto último? —Tom, entre la duda y la
satisfacción.

—Nada más fácil. Mire, yo también voy al Supermercado y compro huevos tarareando alegremente una canción. A veces, no siempre, me asaltan las dudas, me pregunto qué hago allí, fantasma entre
fantasmas, vacío llenando vacío. Pero al ver filmados los lugares donde arrastro mis pies y mi existencia, y saber que en los archivos del
gobierno quedarán guardados para la eternidad y serán vistos por generaciones futuras, no me causa poca satisfacción saber que mi paso
por allí no fue un acto vano y un soplo inútil. Gracias Mister Tom.

El burócrata, moviendo la cabeza como un ave, estudió a Ernesto como una *rara avis*. Un reloj interior de alarma le hizo consultar el propio. Prudente, dijo:

—Gracias por sus conceptos. Me hubiera gustado discutir algunos aspectos de la película, pero no sé si... En fin, cualquier crítica o sugerencia que tuviera que hacer, le rogaría que lo haga por escrito. Ahora bien, volvamos a nuestro asunto principal, ¿entendió?

—¿Qué cosa?

—El método para determinar el tamaño del huevo.

—Ah, sí. Lo siento, no lo entendí.

El asesor no esperaba otra cosa. Entró a apretar botones en el control remoto y a velocidad vertiginosa las imágenes empezaron a volver para atrás. ¿Hasta el huevo madre? No, hasta donde los huevos avanzaban por el canal; la imagen se inmovilizó donde las cucharas alzaban los huevos.

Carraspeo.

—No me extraña que no haya entendido y hasta diría que es normal. No hay razón para que se sienta disminuido. Es un problema de conceptos y no lo tratamos exhaustivamente en la película por ser conceptual precisamente, y muy pocos lo habrían comprendido. Si nos hubiéramos limitado a enfatizar ese tema, no habríamos podido justificar el presupuesto para la producción. El problemita de los tamaños es espinoso. Sería muy fácil aplicar la Teoría de la Relatividad y decirle: Ernesto, no se haga problemas inútiles, créalo o reviente; si tomamos un huevo de una gallina, y luego tomamos otro de la misma, pero si esta vez la muy pícara lo puso más grande, este, en relación, o sea "relativamente", será "grande" y el anterior se convertirá en chico. Esto se hacía; era el método tradicional. Pero tan rudimentario que creaba serios problemas, sugeridos en la película con las discusiones que, como usted dijo, por ese múltiple significado que tiene el arte, pueden significar otra cosa, como ser el precio del huevo o si está fresco o no, la calidad en general. Pero lo más serio eran los dilemas morales en nuestras almas de puritanos. Súmele a eso la carencia de un "huevo patrón" en París o en Londres, patrón de medida que es imposible crear y nos encontramos ante el peligro del caos.

Durante este discursito introductorio, Ernesto, tal vez para pagarle con la misma moneda, no dejó de estudiar a Tom, sino como a un gallo, por lo menos como a una gallinita exótica. De

cualquier manera, el exordio le sonó amenazador, flores que le
arrojaban en el camino para recibirlo en la trampa con un mazazo.
Para contrarrestarlo, intentó meter un palo en la rueda recurriendo más que al conocimiento, a la habilidad y técnica que había
adquirido en el periodismo o la usada por los escritores en las
reuniones sociales.

—Con la Teoría de la Relatividad puede ser, pero, ¿con la Teoría General de la Relatividad que engloba a la anterior, o la de los
Campos Unificados que engloba a las dos? —y se calló.

Tom acusó el golpe. Detrás de la observación podía esconderse
un especialista cuyo terreno habría invadido sin quererlo.

—Perdóneme, Ernesto, no es mi asunto, pero, ¿es usted físico?

—No viene al caso. Digamos que en oposición a la minoría
visible, los chinos y los negros, soy un miembro humilde de la
mayoría invisible, los blancos.

Después de una mirada que no fue la de un águila, seguida de
otras, el asesor continuó:

—Ejem, bien. El ejemplo de los huevos es un bello ejemplo
para dar un mentís definitivo a ese dicho tonto que afirma "Se
parece como un huevo a otro", así como a los delirantes adoradores de la naturaleza que creen que todo lo "natural" o parido por
la naturaleza es perfecto y que los científicos estamos de más para
corregirla. No hay, escúcheme bien, NO HAY un solo huevo que
sea igual al otro. Esto está demostrado experimental y científicamente. Grave error de la naturaleza, que en el caso de las caras es
muy útil para atrapar delincuentes, pero no para producir y vender huevos. Y aquí aparece el grave dilema moral que mencioné:
si el productor vende a ojo de buen cubero y el cliente, en un acto
de fe, compra de la misma manera, ¿quién engaña a quién? O el
productor cobra demasiado por una forma sin contenido y estafa
sin quererlo, o cobra poco, pierde dinero, se arruina y se cierran
las fuentes de trabajo. A su vez, el cliente se ve imposibilitado de
vivir una vida tranquila, se siente engañado o culpable por robar
al productor. Por favor, vuelva a mirar atentamente el video.

Lo puso en marcha en cámara lenta. Ernesto, ansioso y como
siempre con un poco de miedo frente a lo que negara su existencia, clavó los ojos.

—¿Qué es lo que ve?

—Veo a las cucharitas esas tomar los huevos y mandarlos por diferentes canales.

—¡Muy bien! Extraordinaria capacidad de observación. Extraordinaria. ¿Y sabe por qué?

—Pssss, por lo diferentes tamaños... supongo.

—¡Fantástico! ¡Terrorífico! Usted va a llegar muy lejos. ¿Y sabe sobre la base de qué?

—Ni idea.

—Lo felicito por su sinceridad. Sí, es difícil darse cuenta. La vista es más imperfecta de lo que muchos se complacen en creer. Aquí aparece el concepto del que hablaba (carraspeo.) Se lo debemos al gran científico e investigador alemán Her Profesor Doctor Doctor Frederick Von Kraken Dauer. Su biografía es emotiva. Se doctoró en Frankfurt en 1936 sobre el tema huevos en general y en 1938 en el huevo de gallina en particular. Durante la guerra intervino en el famoso problema de equitatividad del lema "Cada día un huevo para cada alemán", un mandato de Hitler. Sí, cada alemán tenía su huevo, pero la frase, "Tu huevo es más grande que el mío" se escuchaba por doquier. Von Kraken Dauer se dio cuenta de la falta total de pautas y normas científicas para determinar los tamaños. Se lanzó a la investigación. Pero ay, a medida que la guerra avanzaba, empezaron a escasear los huevos, la materia prima para la investigación. Para colmo, recibió la orden de la creación y fabricación del huevo sintético en serie o si no terminaría en un campo de concentración. Eso era una imposibilidad en aquellos tiempos. Tuvo que elegir la libertad y tras una serie de peripecias fantásticas —relato que tuve el honor de escuchar de su propia boca—, escapó a los Estados Unidos. Allí, gracias a la ayuda, becas y fondos, pudo coronar con éxito sus investigaciones. Antes de morir dejó una profusa literatura sobre la producción de huevos sintéticos que sus discípulos siguen investigando. Quién sabe lo que puede ocurrir. Pero el progreso es el progreso. En resumen. El Dr. Dr. Von Kraken Dauer es a los huevos lo que Von Braun a los cohetes. Muy perspicaz, teniendo en cuenta la ilusión óptica y las leyendas populares, como ser que el obturador de la gallina determina el tamaño, por medio de los números exactos, teniendo en cuenta lo que tienen en común TODOS los huevos del mundo, es decir, su peso, creó el medio para solucionar todos los dilemas y problemas morales. Las cucharitas, como las llama usted, son balanzas sensibilísimas que distribuyen los huevos según su peso, es decir, su tamaño y no por su forma. Es un triunfo definitivo de la ciencia contra la casuística, el escolastismo y el devaneo filosófico. Ahora POR FIN el productor sabe lo que vende y el comprador sabe lo que compra. Diría, para fantasear un poco —porque, qué es esta mala vida sin un poco de fantasía e ilusión—, que hemos logrado pesar la moral. Es imposible pedir una honradez y una moral más exactas. Ahora sí, espero que su inquietud y sus dudas, hayan quedado aclaradas y aplacadas definitivamente.

Y "aplastadas", pensaba Ernesto hundido en el sillón. ¿Era una invitación inglesa para mandarse a mudar o el *kikirikí* de triunfo de un gallo? De nuevo Tom Bigegghead consultó su reloj.

—¿Quiere otro café? Si desea puedo aclararle algunas cosas de la película... hablar sobre algunos puntos...

Se podría decir que Ernesto ni siquiera había escuchado el ofrecimiento. Algo no andaba. ¿Se repetía la historia? Con mucha amabilidad, con teorías, historias emotivas de alemanotes, cifras y balanzas, le estaban escamoteando la verdad verdadera, si es que tal cosa existía. Además, había venido para ser tratado como un par y no como un estudiante, sin contar que había fantaseado sobre una revolución. Peor, un deseo, una tentación, la de agacharse y arrastrarse por el suelo emitiendo "clo clo cloclo, soy una gallinita modelo" para que le dieran una jaula de una vez por todas, apareció delante de su nariz como una solución.

Como quién vuelve de un largo viaje, o como una víbora amodorrada que recién terminó de cambiar de piel, igualmente irritable, Ernesto inició el ataque con suavidad, sibilina y viperinamente ayudado por su dentadura.

—¿Es la única teosía que hay sobse los huevos?

—¿Para qué otra si esta es la mejor?

—Me asombsa y me extraña eso en un mundo democsático, creativo y libre. ¿Sabe cuántas teorías hay sobre el chupete? —Ernesto no se acordó de la palabra en inglés, se metió el dedo pulgar en la boca, succionó enérgicamente y aclaró: —Eso que se mete en la boca del bebé para que no llore.

—Ah, ¿Usted habla del chupete? En fin... no sé... creo comprenderlo... pero no comprendo qué tiene que ver con...

—Claro, el chupete como comodidad de la madre, como un trauma para el bebé por la prolongación de la etapa oral, como práctica de futuras frustraciones, el chupete que deforma los dientes, como práctica para entrenar y fortalecer los músculos masticadores, para chupar mejor la Coca-Cola y succionar mejor el mundo en general. ¿Está claro?

—Sí sí, hay algunas teorías dialécticas, socialistas o comunistas como el huevo colectivo, pero están muy lejos de satisfacer las nece...

—¡Es más! —el periodista recordó lo leído en el Larousse— ¿Qué de los grandes huevos de los brahmanes, de los hindúes, con pirámides adentro, el de Colón, el huevo eléctrico...?

—Yo, claro, mi especialidad... yo... para los huevos metafísicos... delirantes...

Ernesto sonrió. Termino de salir de su hundimiento. Se sentó en la punta del sillón. Estaba frente a la pampa, solo era cuestión de subir al caballo y galopar.

—Para decirlo claramente, Señor Tom, mis dudas han quedado aplacadas, pero me han surgido otras mayores. Dicho más claramente, entendí y no entendí. Entendí cómo con una vulgar balanza se pesan la moral, la bondad y la honestidad, casi diría que se mide el contenido del espíritu, privilegio reservado a los antiguos dioses egipcios que pesaban las almas. En conclusión, somos hombres como dioses por el talento de pesar un huevo. Esto queda claro para siempre y tallado en plástico, se ha convertido en escritura sagrada. Entre lo que no entendí, para empezar, está cómo que existiendo huevos grandes, existen los extra y supergrandes.

—Son más grandes que los grandes.

—Muy inteligente su observación. Y nuevamente estamos en la Teoría de la Relatividad negada anteriormente. Poéticamente puedo aceptar cualquier cosa; puedo alzar un huevo, extenderlo, compararlo con la luna y decir: "Oh huevo que me fascinas, más grande que la luna o el ojo sano de mi amada tuerta, oh huevo grande, te bautizo o rebautizo como extra–grande". Para la vida cotidiana, esto serviría a las mil maravillas, al fin y al cabo, el hombre es la medida de todas las cosas. Pero, ¿qué pasó con el huevo que fue grande? ¿ha desaparecido?, peor, ¿dónde están o qué ocurrió con los otros huevos extra o super–grandes? ¿por qué los extra–super–grandes no son real y sencillamente los grandes? Con el criterio de su famoso alemán pesa huevos, en relación al huevo super–extra–grande de la gallina, ¿cómo llamaríamos al huevo de avestruz o del elefante o del dinosaurio? ¿Huevos sauperextrasupergrandísimos o mega–huevos? Oh, mi Dios, como dijo el Patito Feo, ¡qué cansado estoy! Tom, por el amor de Dios, por el amor de Dios en el que quisiera creer y no creo, dígame con sinceridad, ¿usted no está cansado?

No cabe duda, hay un momento en la vida en el que todo puede cambiar. Probablemente para Ernesto fuera ese. Su cansancio era absolutamente sincero y, lo que es más, no solo se debía al absurdo y cacareado desgaste de la vida moderna tan estudiado, sino a los nervios destrozados por tantas luchas y afanes inútiles, que necesitaban una o dos botellas de cerveza con alma. En ese momento sintió un cansancio que se podría llamar "reconciliador", una especie de respuesta a las preguntas que cada tanto se hacía: "¿qué es lo humano?", "¿Cuánto de humano hay en mí?". Una especie de entrega en la que los sentidos o significados últimos desaparecen y aparece con toda la fuerza y claridad la aceptación de lo imposible como una realidad a la que hay que llegar.

No se sabe si Tom oyó la pregunta y, en caso de haberla oído, si la comprendió. Es probable que él ya tuviera las cosas claras con Dios. Dios ya habría aceptado y bendecido todos los actos de su vida, incluidas su cuenta bancaria y sus tarjetas de crédito. Si alguna vez engañara a su mujer, bastarían una pequeña confesión si era católico, o un arrepentimiento silencioso *in pecto* si era protestante. En estas condiciones, la observación del problema de fe de Ernesto era su problema y no le atañía. En cuanto al cansancio, esa toalla que le tiró Ernesto, para Tom tendría miles de explicaciones de naturaleza física, como falta de azúcar en la sangre, de proteínas, mal dormir, el estrés, la falta de vitaminas, todo menos aquella a la que apuntaba Ernesto.

Sí, aquí la historia, si es que sigue existiendo, empezó a precipitarse hacia lo fatal. Para que esto ocurriera, no ocurrió lo que hubiera tenido que ocurrir y que era lo siguiente: Tom habría tenido que responder:

—Sí, yo también estoy cansado, profundamente cansado, por más que la película y el problema de los huevos alimenten el sentido de mi vida, dejemos esta sanata y vamos a tomar unos tragos.

Y hubieran salido a la calle. Hasta capaz que Ernesto, si el puritanismo de Tom no lo hubiera interpretado mal, le habría puesto las manos sobre el hombro y así hubieran buscado un bar o una taberna para tomar el trago.

Por supuesto, a esa hora no lo habrían encontrado, la ley es la ley y en la provincia de Ontario no se sirve alcohol antes de las doce del mediodía. Habrían tenido que conformarse con café en el Van Hautten, cerca de los ventanales, echando miradas afuera, viendo cómo pasa la vida, buena o mala, o ninguna de las dos.

Habría sido suficiente. Allí habrían pasado el resto de la mañana dialogando, superando las barreras culturales, acercando naciones, y una vez logrado el objetivo, como viejos amigos, habrían hablado del pasado y del futuro, de la vida, de los hijos, de las mujeres, de la obra de Ernesto, de la película de Tom, riéndose de la locura del mundo y lo que es más importante, de la suya propia.

Quién sabe, hasta como buenos vecinos, quizá habrían hablado del césped, de su cuidado, de cómo conseguir un verdor más intenso sin pintarlo, de los fertilizantes, de si había que cortarlo al ras o dejarle unas pulgadas. Era un riesgo, no cabe duda, perderse, enceguecerse, pero por ahí habrían sabido y tenido conciencia de lo que hablaban.

No, no ocurrió y la historia continuó así:

Como para protegerse de una avalancha de locura, durante la exposición de Ernesto, Tom había agitado desesperadamente la mano. Es probable que ya se le hubieran confirmado las sospechas de que su "cliente" era un ser de otro sistema solar, o que estaba completamente loco, pero, ay, en este mundo democrático en el que no se es culpable antes de probarlo, habría que hacerlo. De modo que hasta que llegara la oportunidad, debería comportarse como un ser normal; se agachó para arrancar un Kleenex y mientras se secaba la frente, farfulló:

—No... le pido... la poesía... le ruego... no... no sé... el elefante... por favor... no mezclemos los huevos de otras criaturas...

confusión... razones... grave error metodológico... atengámonos a... a los de gallina... que conozco y en los que soy experto. Por favor, repítame y acláreme su duda, su planteo. Y si puede, por favor, déme un ejemplo.

Ernesto, de una manera un poco retorcida, había ofrecido la paz que fue rechazada. Y ahora gozaba, veía el triunfo, triunfo efímero, pero triunfo al fin. Era el momento de encender un cigarrillo. Dio algunas pitadas y, sin querer, el humo voló hacia el asesor que tosió; era una manera de exhumarlo. Repitió su duda y su planteo intencionalmente más confuso que la primera vez, agregando los huevos de los peridáctiles y, sabiendo el peligro que implicaba, sin dar ningún ejemplo, concluyó:

—Por último, estoy seguro, absolutamente seguro, de que el método o el concepto de su famoso pesa–huevo alemán, el Pro. Dr. Dr. Farnkfurter ese, o como se llame, no es más que caca de toro. Si usted hubiera leído a los griegos, se habría enterado de que hay una flecha que nunca llega al blanco. De la misma manera, y más, porque, justamente, no hay un huevo igual a otro, las variedades de tamaño son infinitas. Ergo, es imposible una clasificación real y verdadera; siempre, pero siempre, miligramos de más o de menos, se van a deslizar de un lado a otro, de un huevo mediano al grande o viceversa. Si afináramos la balanza, nos daríamos cuenta de que alguien engaña a alguien y ya sabemos quién a quién. Por más que compare a ese alemanote con Von Braun, su método no tiene un vuelo muy alto. Creo que básicamente es un método...

—¡Yo no soy perfecto! ¡Usted tampoco! ¡Nadie lo es! —aullidos de dolor o de auxilio del asesor, ya completamente perdido su acento británico.

—Oh, sí, es verdad, pero es una de esas verdades de pacotilla que, como pantuflas, se ponen para estar cómodos. Y hay muchos otros; estoy seguro de que usted hizo lo mejor posible y dio de sí lo mejor. Sin embargo, usted, muy suelto de cuerpo, habla de "un poquitito de ilusión para pasar por esta mala vida" y "de pesar la moral". Y ahí está, yo no sé si eso es hipocresía puritana o si usted se cree a pies juntillas esa ilusión, vive de acuerdo a ella y me la quiere hacer tragar a mí. Eso es pura propaganda.

En el idioma inglés, la palabra propaganda se aplica peyorativamente a las mentiras políticas, generalmente socialistas. Nunca jamás al comercio, al negocio, a la mercadería que emite y hace notar su existencia a través de avisos o mensajes similares al que traían los profetas. Fuera la palabra expresada por Ernesto, intencional por maldad o accidental por desconocimiento del idioma, en cualquiera de los casos no es de extrañar que Tom Bigegghead se haya sentido ofendido, dolorido y, como hombre honesto, profundamente confundido. Arrancó otro Kleenex y, mientras se secaba las manos temblorosas y mojadas, exclamaba entre gemidos:

—Anarquía... ay... mis principios... caos... mi vida privada... ay... provocación... ay... injusticia... inmoral... moral...

Ernesto, con parte de su vida moldeada por las caricias de la policía y los militares argentinos, cuando oyó las palabras "anarquía", "caos", "provocación", las asoció con "represión" y se quedó quietito, sin perturbar más, observando a su pesar cómo el otro, en un probable viaje interior, cual un monje que siente tambalear su fe y se retira a su celda, iniciaba un proceso de reciclaje, reconstitución y revitalización de su persona deshecha y desparramada en ese momento.

Mientras Tom Bigegghead repasa su rosario en su celda, Ernesto, parece mentira, en vez de golpear la puerta para seguir perturbando, hizo exactamente lo mismo que Tom. Cuánto duraron esos soliloquios o conferencias interiores dialogadas, no lo sabemos. Pero tampoco tiene importancia: todo es relativo.

30. EL CAOS REORDENADO; CADA COSA EN SU LUGAR, UN LUGAR PARA CADA COSA

El reaccionario que Ernesto tenía delante, después de su retiro a la celda, no invocó a Jesús ni al Espíritu Santo; Tom Bigegghead habría invocado su línea de crédito, sus agradables compras de fin de semana, su título profesional, su puesto en la burocracia, su perrito o gatito, su césped y las florecillas en su cantero, su auto, su casa fin de semana, su futura jubilación placentera en las playas de Florida. Una por una, como si pasara el rosario, habría enumerado sus tarjetas de crédito, hecho un balance entre sus pecados y buenas obras (ahorrar energía para la humanidad beneficiándose él, respetar las señales de stop, ceder el paso cuando no le correspondía, donar algunos dólares a los niños pobres del mundo, sostener la puerta a una anciana, no matar en general), y sintiéndose profundamente humano y bueno, sonrió.

Sí, una sonrisa pálida y débil, pero sonrisa al fin, apareció en la cara del asesor. Ernesto se asustó y se preparó anímicamente: "Oia, ¿por dónde habrá andado este coso? Volvió reconstituido como una hamburguesa, un bife falso, pero bife al fin. ¿Tendrá un amor, una amante que le da fuerzas y lo inspira? ¿Tal vez su secretaria anteojuda? Bueno, tan mal no está".

Y para confirmar lo peor, el asesor revitaminizado, revitalizado, nuevo y mejorado por su viaje interior, le lanzó a la cabeza una de las pantuflas de la comunicación, que no por viejas y gastadas, a veces son efectivas y terroríficas:

—Mister... Mister Ernesto, no debo meterme en esto, pero es para ayudarlo y entendernos, ¿cuál es su problema?

Delante de los ojos de Ernesto bailotearon luces rojas.

—¿¡Qué!?¿Mi problema? Ajá, así que es MI problema... ¡¿De qué está hablando?!

Casi aulló y se preparó para lanzarse sobre el enemigo.

—Sí, pregunto, porque detrás de los huevos no hay nada.

Una observación brillante, mística, un koan digno del budismo. Ciclotímico como era, Ernesto se calmó un poco y respondió:

—De acuerdo, Mister Tom, detrás de los huevos no hay nada y delante tampoco. Y precisamente, ese es el problema. Usted es el profeta de esa nada escondiendo alemanotes lanza–huevos detrás o escondiendo el huevo con pesa-huevos delante.

Tom sacudió la cabeza como ante una nueva amenaza de anarquía y caos.

—Confieso que no comprendo bien de lo que está hablando ni qué quiere decirme. Quiero ser sincero. Sin que esto quiera decir que usted es un ser asocial, sin siquiera compararlo con el filósofo subversivo ese de la plaza que alteró a la pobre vieja con una pregunta tramposa, ese que vimos en la...

—Sócrates —masculló Ernesto.

—...o como se llame. No, nada de eso. Solo le pido que nos atengamos al problema que lo trajo aquí, sin deslizarnos por laderas y abismos. Por supuesto, eso no quiere decir que nos mantengamos en el círculo estrecho de los tamaños. Mi tesis de doctorado sobre otros problemas relacionados con el huevo abrió nuevos horizontes y mereció un A+, felicitado. Sumados al doctorado, treinta de años de experiencia me han transformado en alguien, en un experto en el que la gente puede descansar con confianza y sin preocupaciones. Sí, experiencia en huevos y en la vida.

—Ehh, ehh, ehh —exclamó Ernesto festivo.

Tom lo ignoró una vez más, callándose. Desgraciadamente, Ernesto desconocía totalmente el arte de ignorar, y vivía perseguido por brujas, fantasmas, monstruos subterráneos e imponderables imposibles de definir. Era incapaz de sentarse en un jardín, un apacible atardecer, imaginarse que estaba en una isla, y comiendo tostadas con mermelada escocesa, contemplar el mundo desde detrás de una taza de té, emitiendo de vez en cuando frases sobre el clima. Ernesto lo explicaba hablando en términos de "mi ser y sensibilidad especial", confundiéndose con los poetas por lo cual, para su desgracia, no decía nada nuevo, ya que en el mundo en el que vivía había infinitos "especiales". Así se llamaba a toda la gama de enfermos mentales o los quesos, fiambres y fideos podridos, entre los que, como entre los productos revolucionarios, se perdía la revolución, entre los "especiales" se perdía él, su ser y su sensibilidad.

Su sensibilidad especial le había dicho que ese señor que tenía delante nada sabía de la vida y, como dándole la mano, le dijo:

—Hablemos de la vida, entonces.

Tom sonrió tan dulcemente que a Ernesto le pareció sobrador.

—Sí, de la vida. ¿Cómo, si no, hubiera podido hacer la película? Su realización habla de una madurez, de una sensibilidad para las cosas, creativa y artística. Esta sensibilidad me permite disfrutar de las pequeñas cosas de la vida, pequeñas cosas que hacen la suma de la totalidad. Si no me siento bien, pienso en que los huevos los pone la heladera o el gerente del supermercado o le doy de comer a mi perrito y luego lo saco a pasear para que haga la digestión. Tantas cosas.

Crujieron los dientes de Ernesto y su dentadura hizo pac.

—Y recoger su mierda de acuerdo a lo que manda la ley. No tengo perro, *Mister*.

—Ni ningún animalito regalón. De eso estoy hablando precisamente, ni siquiera un alegre canario que trina con la salida del sol y que cuesta muy poco mantenerlo.

—Oh, no, *Mister*, ni siquiera un alegre canario pero tengo dos hijos en el proceso de aprendizaje de trinar con la humanidad medio muerta y ellos, medio vivos todavía, ¿no sirven como animalitos regalones? —gorjeó Ernesto.

Los anteojos de Tom Bigegghead enfocaron a Ernesto y tartamudeó:

—Yo también tuve... quise... mi mujer... pero creo que esto no viene...

Se calló. Después de quizás un minuto de silencio, bajo la mirada atenta de Ernesto que como siempre esperaba un milagro, el asesor, con un esfuerzo, se puso de pie, se acercó a la ventana y descorrió la cortina.

La luz del día, para asombro de ambos, trajo una especie de alivio; algo así como un regreso a la realidad, si tal cosa existiera.

Tom Bigegghead se había quedado junto a su escritorio y observaba meditabundo su superficie como si buscara algún objeto. Ernesto también se puso de pie y se acercó. Al descubrir la fotografía enmarcada de una mujer con un perrito entre los brazos y contra su pecho, tratando de reflotar el milagro, preguntó:

—¿Esa es su esposa?

El asesor miró la foto como si recién la descubriera.

—Mi abuela no es —dijo rechinando los dientes.

Ernesto sonrió. Sí, el milagro estaba allí pero lamentablemente Tom Bigegghead no parecía la persona capaz de incendiar el mundo, ni tan siquiera su casa con su esposa adentro.

Tom miró su reloj. Había llegado el momento de despedirse. Con la cabeza gacha, continuaba mirando la superficie del escritorio. Por fin levantó la cabeza y carraspeó.

—Ernesto, hablamos muy poco sobre la película —era un gemido o lamento.

—Es verdad, hablamos muy poco.

Tom bajó la cabeza. Ernesto adelantó la suya como perro que husmea. Tom la levantó.

—Es que, sabe, hay tantas cosas para hacer, tantas alternativas, infinitas alternativas.

Ernesto bamboleó la cabeza con dudas que manifestó:

—Tom, si de rutas alternativas para regresar a casa se trata, soy un experto. En cuanto a las que brinda la vida, soy un cero. Pero rogaría que me diera una lista, soy modesto, no quiero infinitas, nada más que tres. Tom, mi estimado Tom, el problema es que no las hay.

El asesor le clavó los anteojos.

—Ernesto, —señaló con tristeza —qué irascible es usted. Fíjese, hasta ahora no ha dicho nada positivo ni mencionado ninguna buena noticia.

—Oh sí, cómo no. Hechos positivos: Rockefeller y Bill Gates son multimillonarios. Ni el rey de España ni la reina de Inglaterra trabajan. Una buena noticia: ha caído la Cortina de Hierro y un mercado infinito se abre hasta para los huevos.

—Sarcasmo no le falta. Sin que esto sea una acusación, parece que a usted le cuesta participar en el progreso.

—¿Participar en el progreso? No me haga reír. Lo único que le falta decir es que construiremos el futuro sobre el huevo. Bueh, por su solidez, no estaría tan equivocado.

El asesor lo observó por unos segundos.

—Qué raro es usted, Ernesto.

—¿Raro? ¿En qué?

31. A FALTA DE MERCADITOS Y DOÑAS MARÍAS, BUENOS SON LOS HUEVOS Y EL ARTE

Ya no volvieron al rincón con el televisor. Sin que el asesor lo invitara a sentarse a una de las dos sillas frente al escritorio, continuaron hablando de pie hasta que se produjo el Big Bang en el alma de Ernesto.

—Si no fuera que no quiero meterme en su vida privada, le diría que en todo. Pero me atendré a lo que lo trajo aquí, el tema "huevo".

—No sé si está buscando un acólito para la religión de los huevos, pero escucho y obedezco.

—El asunto no es tan simple como aparece a primera vista. Una vez resuelto el problema del tamaño...

—Para usted.

—Bueno, para mí. Más allá de del problema moral del tamaño que usted observó, hay un problema moral mucho más grave y serio, tanto, que a veces voy a la iglesia a comulgar con Dios.

—Lo siento, no lo comprendo, Tom.

—Dijo que iba a escuchar y a obedecer. Por lo manos escuche. El problema moral, por ejemplo, no termina en el tamaño. Abarca toda la producción. Por ejemplo, yo no puedo dormir, me remuerde la conciencia cuando se degüellan cien mil gallinas para bajar la producción y mantener el precio, o se arrojan un millón de huevos al mar por la misma razón. Sí, no duermo preguntándome por qué no los mandamos a Biafra o a Etiopía, o a cualquier país del mundo donde los niños se mueren de hambre.

—Y, supongo porque el colesterol es malo para la salud.

Tom lo miró.

—Sí, sí, podría ser una buena razón. No se me había ocurrido. Gracias.

Se quedó callado, como sopesando el valor del argumento. Ernesto, un poco impaciente, lo tuvo que incitar.

—¿Qué más, *Mister* Tom?

—Oh, mucho más. Mire, cuando me encuentro con alguien y se entera de que soy experto en huevos, me hace preguntas más concretas; quiere saber la producción de huevos por minuto, por día o la producción total anual, si se puede o no considerar al huevo como alimento popular, o cuántas calorías y colesterol contiene cada huevo. Me siento feliz informándole que el huevo sin colesterol es una realidad en el mercado aunque todavía un poco caro. Con el tiempo se abaratará. Muchos plantean la posibilidad de los diferentes colores, y los huevos nuevos y mejorados. Otros más inquietos, más imaginativos, liberan su fantasía y me preguntan sobre la cuadratura del huevo, una inquietud filosófica, o el huevo perfectamente redondo, una inquietud estética, o el huevo cuadrado para mejor manipulación y almacenamiento, ahorro de espacio, una inquietud comercial. Los más creativos, los prosumidores, reclaman la participación del diseño de su huevo, un huevo personalizado a su medida. No faltan quienes miden la felicidad por el consumo de huevos por cantidad y por cabeza, y lo comparan con otras civilizaciones y culturas. Créame Ernesto, en otros lados es mucho peor. Si de huevos se trata, vivimos en un paraíso. Ay, tantas cosas. Por ejemplo, dígame, usted ni siquiera me preguntó por qué los huevos marrones son más caros que los blancos. ¿No le interesa saberlo?

—Ah, sí, siempre me lo pregunté.

—¿Ve? ¿Ve? Esa es una pregunta real, concreta. Ya le respondo: es por el costo de la producción.

—Será, pero su yema es más amarilla que la de los blancos. Los marrones me parecen más huevos, tiene más olor a huevo.

—Eso se debe a la alimentación. Con los huevos blancos puede lograr la misma yema.

—Pero entonces, el huevo marrón, ¿no tiene más contenido nutricio?

—No, es exactamente el mismo que el del blanco.

—Sin embargo, sin embargo, no estoy tan seguro. Mi mamá me aseguraba que… Bueno, ella no era experta. Pero por lo menos el huevo marrón tiene una cáscara más dura, no de plástico como los blancos y no explota cuando se hace huevos pasados por agua.

—Veo que por fin estamos dialogando y entendiéndonos perfectamente. Sí, Ernesto, efectivamente es así. El huevo marrón tiene la cáscara más dura. Esa es una realidad indiscutible. Lo felicito por la observación.

—Hay algo mucho más importante. Cuando pelo un huevo marrón pasado por agua, la cáscara no se pega tanto a la clara. Con el huevo blanco se pierde mucha clara. Yo no digo que sea más antihigiénico, pero sí menos económico.

—Eso depende de las técnicas, del sistema de cocción; el blanco también se puede cocinar sin que explote, y limpiarle la cascara con facilidad. Pero desde el punto de vista de la producción, los marrones tienen una desventaja muy grande y es que no se consiguen tamaños extra–grandes. Los experimentos que se han hecho no han dado un... Perdón Ernesto, ¿se siente bien? ¿Le pasa algo? Ahora que estábamos tan bien... ahora que habíamos llegado a...

¿En qué momento de las últimas partes del diálogo Ernesto empezó a sentir las olas que se alzaban, empujaban y amenazaban con romper las compuertas de sus diques interiores? Exactamente en el momento en que se dio cuenta de que se había olvidado del mundo, de sus problemas, de sus inquietudes y se había sentido bien, infinitamente bien, relajado y totalmente perdido durante la conversación sobre los huevos marrones como si hablara con Doña María en un mercadito de Buenos Aires. Lo cierto es que en ese momento, con el deseo reprimido de saltar a la yugular del otro, deseo que se había vuelto contra él, se estaba tambaleando delante del asesor que se puso pálido ante un posible ataque al corazón.

Ernesto se pasó la mano por la frente. Miró alrededor como si se hubiera perdido y buscara una señal, una flechita, para saber dónde estaba. Los anteojos de Tom Bigegghead lo enfocaban como los de su radio en la trinchera. Como tantas veces, temió volverse loco.

—¿Se encuentra bien, Ernesto? —preguntó el asesor con timidez. Ernesto sonrió. Una sonrisa torva. Pegó un salto.

—Oh, sííí, *kikirikíííí* —siguió saltando y brincando—. Me encuentro muy bien, magnífico, justo bien, me siento optimista con respeto al futuro, adoro la vida y soy feliz como el 80% de los canadienses, hago las compras, corto el pasto, saco a pasear el perrito que no tengo —se detuvo y sacando pecho— *KIKIRIKíííí* —continuó brincando— ahorro energía, tengo un hobby y... y... y —se quedó inmóvil— ...y sí, pero, ¿dónde me encuentro?

Y miró a Tom, y este a él. Sí, definitivamente, su cliente estaba loco, pero, vaya cosa curiosa, era simpático, original, interesante, como un personaje de Walt Disney. Sonrió:

—Las cosas que acaba de enumerar, me recuerdan algo. Dígame Ernesto, si no es indiscreta la pregunta, ¿a qué se dedica? ¿cuál es su profesión?

Era una manera de descubrirlo y para Ernesto de encontrarse. Creyó que había llegado su turno, dio un paso al frente y sacó pecho:

—Soy escritor.

El asesor batió palmas y exclamó:

—Ah, no puedo creerlo, ya me parecía, mi intuición me decía algo —y siguió batiendo palmas.

Créase o no, Ernesto terminó por volver a la normalidad, equilibrarse tanto que con desconfianza frunció la nariz ante la alegría infantil del otro y a su vez se preguntó si Tom no estaría loco.

—Perooo... —Tom puso en suspenso su alegría— pero ¿escritor escritor o... cómo decirlo, ¿tiene libros publicados?

Ernesto comprendió la desconfianza natural del otro y la necesidad de asegurarse. La suya no era menor. Dio otro paso al frente:

—Sí señor. ¡Pu-bli-ca-do!

Volvieron las palmadas y la dicha en la voz exaltada de Tom, que dio algunas vueltitas.

—Ay Ernesto, no sabe la buena noticia que me da. Cuánta alegría. Qué linda tarea la del escritor, alegrarle la vida a la gente. Qué agradable. Ahhh, escribir una historia de amor, qué hermoso, un canto a la vida —Alzó la voz y levantó la palma de la mano—. Qué misión, distraer a la gente y afirmar su existencia. Con una actitud altamente positiva, siempre alerta, combatir y extirpar de raíz el pesimismo.

Se detuvo y miró a Ernesto, a quien empezaba a envolver un suave y delicioso temor difuso, como en el umbral de otro mundo.

—Ahora sí, ahora comprendo. No por nada me llamó la atención. La primera vez en mi vida. Solo una persona como usted pudo haberse fijado en la problemática de la determinación de los tamaños. Mire, los huevos dan para mucho, hay más poesía en ellos de lo que piensa. El huevo siempre simbolizó el amor, la vida y el nacimiento. Habría que escribir la Oda del huevo. ¿No le parece? Y recopilar hermosas anécdotas. ¿Conoce la deliciosa anécdota de Catherine Forza? ¿No? Era la prisionera de los Borgia que como usted sabe, eran famosos envenenadores y querían envenenar a Catherine. Y no lo consiguieron, ¿sabe por qué? ¿No? Porque comía huevos y los huevos no se podían envenenar. Y qué decirle del huevo chino de cien o de diez mil años. Un día habrá que escribir su historia. Repito, en usted hay talento, potencial y todo depende de hacia dónde apunte su pluma.

Ernesto sonrió ¿halagado?, ¿con timidez?

—Sí, sonría Ernesto, sonría que Dios lo ama y no cuesta dinero. Da gusto verlo sonreír, no lo hace frecuentemente, le falta esa sonrisa, ¿cómo lo diría?, sí claro, solo el arte lo puede definir. Espere.

Se metió detrás de su escritorio, abrió un cajón, sacó una carpeta, la abrió, finalmente la cerró metiendo el dedo índice entre las hojas. Carraspeó:

—Ernesto, ya se habrá dado cuenta por la película de que tengo serias inclinaciones artísticas. No tengo el tiempo completo para dedicarme al arte de escribir, pero cuando lo hago, lo hago sumergido en la actualidad. Le leeré uno de mis escritos para que conozca otro aspecto de mi personalidad. Le aclaro que no soy vanidoso, ni egocéntrico y que toda crítica o comentario constructivo será bienvenido.

Abrió la carpeta, la alzó y miró a Ernesto, a ver si estaba con todas sus antenas desplegadas para oír su creación. Lanzó un "Oh" de disgusto al verlo tambalear nuevamente.

La mente de Ernesto crujía: "Uno más, otro más, y van cuántos, miles. Pululan como moscas. Mi Dios, debajo de cada inodoro se esconde un escritor. Y todos se creen genios. Como yo. Estoy seguro que este también. No, madre, llevame de vuelta a tu antro. Esto es insoportable".

Algo así como un viento lo sacó de sus meditaciones. Tom Bigegghead había lanzado al aire:

—El "Si" de Tom Bigeeghead —quien esperó a que Ernesto se inmovilizara.

Y por fin se inmovilizó al otro lado del abismo que se abrió con el "Si...de Tom. Y este continuó declamando:

"Si puedes perder la cabeza cuando todos a tu alrededor pierden la suya y no echarle la culpa a nadie, menos a la sociedad ni a la mayoría...

Si puedes esperar y no cansarte de esperar a pesar del estrés, sin provocar ni impacientarte ni acusar, esperar hasta el final sin hablar y sin querer ser sabio...

Si puedes aguantar todo lo que te digan y todo lo que hagan sin inmutarte...

Si puedes andar con la multitud, participar e integrarte...

Si sonríes sin motivo y a cada rato...

Si cuando vas al banco y dialogas con la cajera acerca de los intereses y de los cambios, te sientes identificado con el mundo financiero...

(Se oyeron unos gritos en la lejanía que parecían una orden, Halt! Halt!, pero Tom continuó firme con su lectura.)

Si puedes andar con millonarios y perder el toque común para parecerte a ellos...

Si no tienes ni amigos ni enemigos y vives en el justo medio...

Si puedes realizar las compras semanales sin perturbarte, sonriendo y tarareando una canción...

Si miras películas educativas y te conformas con ellos...

Si tienes un perro y un gato y sabes amarlos como a tus hijos...

Si no fumas ni bebes...

Si no lloras nunca ni te quejas para no deprimir y espantar a la gente...

Si no tratas de cambiar el mundo provocando el caos, solo mejorarlo...

Si cambias de punto de vista sin moverte del lugar...

Si cuando ves un rengo y camina derecho, y atribuyes su vaivén a la Tierra que gira...

Si no tienes en cuenta a todos los hombres ni a ninguno...

Si puedes rellenar con un *hobby* todos los vacíos imperdonables que te da el mundo...

Si cuando preguntas aceptas las explicaciones...

Si no tienes miedo de darle tu teléfono a un agente de ventas, es más, si no te molesta que te llame ya que no tienes a nadie que lo haga...

Si viviste sonriendo, si compraste tu ataúd con una sonrisa y te entierran con la última...

no solo creerás que es tuyo el mundo y todas las cosas que contiene, lo que es más, serás todo un buen cordero del pastor y lo que es mucho más, un feliz consumidor, hijo mío...

Fue inútil que Ernesto, desde el otro lado del abismo, gritara con todas sus fuerzas, *Halt. Halt.* Tom Bigegghead de este, se había posesionado de su propia creación e implacable, la había llevado hasta el final.

Los diques y las compuertas interiores de Ernesto crujían. Al otro lado del abismo, en la lejanía, al ver su cara, el color en la mejilla, del rojo al pálido y de nuevo al rojo, Tom ni siquiera pidió la opinión y guardó rápidamente las hojas en la carpeta.

Si tenía que estallar, era mejor que lo hiciera en otro lado. Se inclinó sobre el escritorio y:

—*Mister* Ernesto. Tenía preparado esto para usted. Es mi obligación dárselo.

Hecho un autómata, Ernesto se inclinó sobre el escritorio y como en un acto solemne, gratis, recibió un librito, probablemente ilustrado, y una birome verdaderamente artística, en forma de huevo colgado de un cordón, con la leyenda "Comisión de Huevos Canadienses". Inútil e inutilizable, lo bello es lo que se ama y gusta desinteresadamente.

Una vez más había que dar las gracias. Como para salvar su dignidad, no lo hizo. Haciendo un esfuerzo miró al asesor y vio los vidrios de sus anteojos que parecían relucir de gloria. "No, yo no quiero morir. Un escape, tengo que abrir una compuerta o reviento".

Tal vez por la lengua hinchada, obstruida por la dentadura, dijo:

—Mistes Tom, dígame pos favos, usted que tanta pseocupación tiene pos la mosal contenida en un huevo, ¿está seguro de que su famoso alemán el Fucknesdekes ese, cuando le faltason los huevos, no utilizó huevos de judíos pasa sus expesimentos?

Tom pensó, sonrió y ya definitivamente sobre la barca de la gloria, dijo con tono doctoral y pedagógico:

—Según tengo entendido, en aquel tiempo todavía no existía el estado de Israel, mal que podía exportar huevos. Antes de hacer ese tipo de preguntas, le convendría informarse.

Ahora fue Ernesto el que sonrió:

—Mistes Tom, me olvidé de decíselo. En nuestsa cultusa la palabla "huevos" equivale al de "bolas" en la suya.

Tom sería lo que fuera, pero no parecía un imbécil. La barca de la gloria se bamboleó.

—Esa... acu... acusación... es...

—Ninguna. Es una simple pregunta para poner SU moral sobre la balanza. Sí, la suya y la de unos cuantos.

—Vea... yo... no está demostrado... faltan datos... si queremos... habría que investigar... yo personalmente... los palestinos... el estado de Israel actual...

Y Ernesto, sabiendo que el puesto del otro, su línea de crédito, le iban en ello, siseó:

—Pos lo que oí, pasece que usted piensa que ahosa son los judíos que usan huevos de palestinos pasa sus expesimentos. ¿O lo dijo? Creí oír...

El otro lo ignoró. Las olas en el cerebro de Ernesto se alzaron amenazantes y no habría compuerta abierta que lo salvara del embate, y las aguas, rompiendo los diques, antes de inundar su territorio firme barriendo las pocas estructuras que le quedaban hundiéndolo en el caos definitivo, diciéndose "no lo digas", gritó:

—¡Antisemita!

Y corrió, abrió y cerró, *brammmm*, la puerta detrás con la esperanza de contener las aguas que hacían crujir sus diques.

32. ESCAPAR, UNA VEZ MÁS

Como para escapar de las olas que amenazaban con arrastrarlo, o de los demonios interiores y exteriores que le pisaban los talones, corría por la calle sin sol pero sin niebla ni olor, algo bueno entre tantas cosas malas. Se repetía: "Oh, mi Dios, me volví loco, loco sin remedio. Pero...pero entre tantos locos y sonámbulos sueltos, ¿quién se va a dar cuenta? Vamos Ernesto, calmate, paso sereno de zombi, pensá en alguna oferta de 0,99, sonrisa en la boca y sin perturbar, pasá y contemplá el mundo como si no existiera. Está garantizado de por vida: en el mundo se va a notar tu existencia".

Más o menos logró calmarse y llegar al auto en la playa de estacionamiento. Allí lo asaltó la desazón y la ligera náusea que le causaban las playas de estacionamiento por "su categórica negación de la Belleza" y su infinita inutilidad (salvo para contener los autos, claro).

Con la cabeza más baja de lo que aconsejaban "Las Instrucciones Para Subir A Un Auto", farfullando "por lo menos las playas europeas deben ser más cultas", se metió detrás del volante como en un refugio y, sin poder sentirse "alguien", como le correspondería a uno que tiene auto, respiró resoplando como una vieja locomotora con las cañerías perforadas.

Trató de tararear la canción "Estoy solo, nadie me quiere pero soy feliz", inútilmente. Le latían las sienes, y los edificios, los autos, el suelo mismo, bailaban delante de sus ojos. "Debe ser la presión" se consoló. Antes de explotar ahí, aunque en cualquier lugar hubiera sido lo mismo, encendió y arrancó. Eludiendo los objetos que bailaban, llegó a la casilla, frenó y pagó. Previniendo que la chica con el vuelto y el recibo le dijera "Gracias por haber usado nuestra playa. Que tenga un buen día y vuelva de nuevo", factores que elevaban la columna de mercurio, abrió un agujero de escape para la presión y gritó: "¡Tengo un mal día y nunca volveré aquí!", soltó el freno y salió.

En la calle pocos autos. "Ja, a esta hora están en sus pesebres, enajenados, meditando sobre la ética del trabajo". Aceleró. Quería llegar a casa, sentarse al escritorio y enajenarse escribiendo sobre la enajenación, o escribir a alguien, a algún amigo lejano y contarle el drama de su vida, tarea difícil en un mundo en el que no hay lugar para el drama y todos se encuentran *Fine* y *Okay*. Pero no sabía aún que ese sería el día del "Regreso al hogar" más largo de toda su existencia.

Aceleró una vez más, pero no fue lejos. Sentía el latido de su corazón en los oídos y veía luces rojas delante de sus ojos (luces que bien podían ser los semáforos), señal de peligro de su mundo interior descompuesto. Poco antes de tomar la rampa para entrar en la autopista y acelerar hasta 170 para levantar vuelo, sin poder dar un paso más, tuvo que detenerse. Arrimó el auto a un cordón, frenó y puso el cambio en punto muerto. A su derecha, la Plaza de la Confederación, pleno centro.

Allí, trajo a su mente las pocas lecciones de yoga que le había dado un Swami de la India allá lejos y hacía tiempo en Argentina, un hombre gordo cuyas habilidades circenses siempre había admirado y que también le había hablado de una alimentación adecuada.

Es muy fácil decir "olvídese del mundo y relájase". Sin técnica no hay éxito aunque de yoga se trate. Con los ojos cerrados, imaginarse una flor en el entrecejo y concentrarse en el aire que entra y sale con la respiración. Respiró y exhaló haciendo vibrar los pétalos de la flor. Respiró y exhaló.

Tal vez habría logrado sus objetivos si, inquieto como una laucha vivaracha, quizás con la vaga conciencia de haber estacionado en el lugar inapropiado, no hubiera estado mirando para todos lados. Oh fatalidad, en una de esas miradas redescubrió en el asiento de al lado, la birome y el librito que le había regalado Tom Bigegghead. Fascinado, como si bailotearan, se los quedó mirando.

La oportunidad de vivir una vida de las tantas posibles, en este caso la de un personaje torturado de las novelas rusas, había llegado.

En su mente confusa, mientras empezó a estirar la mano, sonaba un eco lejano de música lejana, probablemente la flauta de un encantador de serpientes. No es de extrañar entonces que en el momento en que tocó el libro, haya tenido la sensación vívida de que una cobra le clavaba sus colmillos en el dedo índice.

Obtenido el resultado que deseaba y esperaba, alzó el libro y lo abrió.

Aunque lo hojeara como un burgués lo haría con el *Manual del anarquista alegre y simpático*, no era más que un simple recetario de cocina: *Las 101 maneras de preparar el huevo*, título inocente si los hay. Ni siquiera eran las 1001 maneras, número que hubiera invitado a asociaciones eróticas lejanas pero prometedoras, sugestivas, finalmente tan frustrantes como las asociaciones con una heladera o un lavaplatos. La exactitud de la cifra, 101, ni uno más ni uno menos, estaba segurísimo, era una verdad que disfrazaba otras mentiras, lo que más le aterraba. Siendo la cifra exacta, todo en el universo armonizaba y viviríamos en el mejor de los mundos posibles.

Ya con la víbora de coral colgada de su dedo, abierta la primera página, debajo del título, leyó varias frases (consignas diríamos), para un vivir más pleno y feliz.

"Un huevo cada día es suficiente vitamina".

"El huevo tiene menos lípidos y calorías de lo que se cree".

"Aprender a apreciar el huevo es aprender a vivir".

"El futuro está en el huevo".

La víbora, ayudada por los vaivenes pendulares de su cola, seguía hundiendo sus colmillos, mientras el policía (nada menos que de la Policía Montada, del cuerpo selecto del servicio de la Reina, encargado de la custodia del Primer Ministro y, un poco más vagamente, del orden y de la armonía en general), en el patrullero blanco que se había detenido detrás del auto de Ernesto, esperaba, estudiando el ambiente y acumulando pruebas de los delitos que Ernesto ya había cometido y que iría a cometer, uno de ellos capital, de esos que amargan la vida real, todavía desgraciadamente sin legislar.

Ernesto pasó la primera página y en el Índice leyó; "Breve historia del huevo, una historia divertida", por el Dr. Tom Bigegghead; "Consejos para la compra del huevo perfecto" (el veneno de la víbora, desde la bolsita, se deslizaba en su torrente sanguíneo); "El huevo en la vida"; "Las tres técnicas fundamentales para pasar un huevo por el agua"...

Fue suficiente. El veneno hizo su efecto. Tragó y logró detener la primera arcada de las profundidades y del vacío. Con un gesto de asco y repugnancia que le vinieron del alma, sacó la mano por la ventanilla y con un sacudón se deshizo del libro, que cayó sobre la calle como víbora agotada en su tarea, sin ponzoña. Se miró el dedo y se lo llevó a la boca.

El policía, un rubio de ojos azules, sonrió: su espera no había sido vana; no vio la víbora, pero vio el libro, la realidad. Ya tres, ¡tres delitos! Era su día. No significarían un ascenso (no se trataba de salvar el gatito subido al árbol mientras su propietaria, una niñita solitaria, esperaba ansiosa con los bracitos extendidos a su compañerito, foto *The Citizen*) pero justificarían su salario y la comunidad escucharía satisfecha al jefe supremo de la Policía Montada cuando, en un reportaje público y televisado, con cifras y estadísticas explicara el uso y el destino de los impuestos de los integrantes de la comunidad.

No para el Supermercado, no (el policía, como colaborador de su mujer también debía ir a comprar huevos, como Ernesto, y seguramente los cuidaría más), sino que, ordenado y metódico por la férrea disciplina, para ser justo y no confundirlos con otros, en la contratapa del bloc de boletas empezó a hacer una lista con los delitos cometidos por su cliente. Con la esperanza de que fueran más, con un nervioso y placentero temblor ante esa posibilidad, para que nada se le escapara, ni siquiera el pasado de Ernesto, en el tablero de la computadora, marcó el número de la placa del auto de SU cliente.

Ernesto seguía chupándose el dedo y, dando de sí lo mejor y haciendo todo lo posible, trataba de centrarse y de ordenar sus pensamientos. "No entiendo y no entiendo lo que me pasa. Tendría que estar contento y satisfecho como solo lo pueden estar un Duque o un Señor con mayúscula. Con mi dinero bien administrado, me dieron una lección privada sobre los huevos de la que salí súper enriquecido y sabiendo casi todo lo que se puede saber sobre el tema. Hasta me proyectaron una película semi-clandestina. ¿Por qué demonios no me quedé charlando sobre los huevos marrones o blancos? ¡Me sentí tan bien durante esa breve charlita! ¡Fue un momento tan agradable! Hum, ¿será la lectura del Si... que me alteró tanto? ¿Llegará hasta tal punto la envidia de un escritor que un principiante papanatas le altera la vida? Quizás lo que más me haya molestado fuera su soberana satisfacción por la propia creación, su autocomplacencia, cosas para las que yo estoy incapacitado. Claro que si me hubieran dado el Premio Nobel... No, eso no es todo, hay algo más, pero ¿qué?"

El policía, tal vez perdiendo la esperanza de que su cliente cometiera más estupideces o pensando que ya había llegado la hora de entrar en acción, prendió las luces del patrullero. Antes de bajar, le echó un vistazo a la pantalla de la computadora.

Ernesto no se dio cuenta ni vio las luces rojas, enceguecido por las propias. Las preguntas perentorias flotaban en su cabeza como globos obstruyendo su visión.

"¿Qué hago aquí? Mi Dios, ¿qué hago aquí? ¿Qué hora es?"

Y con la determinación firme de volver a casa para olvidarse de todo y nacer de nuevo una vez más (tomaría incluso una cerveza si hiciera falta), se fijó en la hora: eran las once en punto.

Y fue la tragedia; "¡Las once! ¡La vieja con su perrito cagador!" gritó, abrió la puerta, saltó del coche y corrió hacia la Plaza de la Confederación.

"La Plaza de la Confederación, una plaza pequeña pero pintoresca, se encuentra frente al hotel Elgin, sobre la calle del mismo nombre, al lado del hermoso edificio del Centro Nacional de las Artes, en pleno centro de la ciudad de Ottawa, Capital de la Nación Canadá, una zona turística por excelencia. Sin que sea el jardín de la república, es su florero; delicadas flores de todas las estaciones (nota: menos en invierno, no se aceptarán reclamos), la colorean en una fiesta perpetua; desde los tulipanes en primavera, regalados por la princesa (más adelante reina) de Holanda en agradecimiento al refugio que Canadá le brindó durante la Segunda Guerra Mundial, hasta margaritas tardías en otoño.

Pequeños arbustos y plantas por doquier, cuidadosamente recortadas, realzan más la preciosura de esta Plaza. Al fondo, mirando desde la calle Elgin (el punto ideal para enfocar la cámara), una fila de árboles, si no milenarios, muy grandes, hacen juego con los tótems erguidos de los indios de la Columbia Británica, y, simultáneamente delimitan la Plaza. Al fondo el canal y al otro lado el majestuoso edificio del Ministerio de Defensa de treinta pisos, un edificio que no puede pasar desapercibido para la cámara del turista avezado.

Un poco a la izquierda del centro de la Plaza, una alegre fuente susurrante, saltarina y graciosa (nota: menos en invierno.) Alrededor de la fuente, una rotonda en la que desembocan los cuatro caminos serpenteantes que hacen transitable la Plaza. Alrededor de la fuente, plantados sobre el césped verde, monumentos de soldados que dieron su vida por la Nación y, entre ellos, sobre un pedestal rodeado de flores, el monumento a Lord Elgin, de cobre oxidado, color verde profundo, vestido con uniforme militar antiguo, sacando pecho, la mirada en el horizonte, un pie adelantado hacia el futuro y una de sus manos que señala hacia el infinito; en la otra, la espada desenvainada, separada ligeramente del cuerpo, apuntando al suelo..."

Y en ese momento apuntaba directamente a Ernesto, que en su carrera había llegado hasta allí, y en cuatro patas, dominado por las arcadas, intentaba vomitar e inútilmente, expulsar el vacío.

Sea por lo que fuere, en tanto personaje torturado, por rebelde, o por no hacer en Roma lo que hacen los romanos, esa imposibilidad de vomitar el vacío era un castigo. Por ejemplo, ¿por qué esa mañana (o mejor, todas), al levantarse no se había zampado, como todo habitante de ese mundo, dos huevos fritos, panceta ahumada o chorizos con jugo de naranja, un plato de cereales con leche, tostadas con manteca o margarina *light* (con menos contenido calórico y colesterol) y mermelada? Así, con azúcar en su torrente sanguíneo (está demostrado científicamente, ¡atención los diabéticos!), la pancita bien llena, diciendo ajó y dodó, sin pensamientos angustiosos, no andaría perturbando a la gente con preguntas banales como un vulgar Sócrates subversivo.

Y lo que es más (una ventaja), tendría algo para vomitar.

No, estaba allí, abusando de la democracia y la libertad; sabía perfectamente que en este mundo, con ese respeto por el otro y a la privacidad, nadie lo molestaría y todos apartarían la mirada con delicadeza y suprema discreción. Tampoco se preocupaba por el policía, no sabía que pronto estaría allí.

Mientras leía el informe en la pantalla, con el rabillo del ojo el policía había visto saltar a Ernesto y correr como alguien a quien persiguen los demonios con tridentes y colas restallantes. No, no se apresuró; si se hubiera apresurado, habría creado pánico. Terminó de leer, largó la palabra *funny*, que tanto quiere significar "divertido" como "extraño", abrió la puerta y bajó del auto como si bajara del caballo. Se irguió en toda su longitud, que era mucha (después de un rápido vistazo a su cerebro, lo habían elegido para el servicio por su estatura) y, con la seguridad de que sentirían alivio los buenos y temblarían los malos, avanzó con pasos lentos, pausados y graves, como por un llano.

Seguir a Ernesto fue un juego de niños. El policía no podía distinguirlo en el horizonte, pero las flores pisoteadas (con un sonrisa, las iba contando y anotando) señalaban como una flecha la dirección que había tomado. Y lo siguió, cual un ciudadano ejemplar en sus ratos libres, evitando pisar más flores.

Por otra parte, a pesar de lo delitos acumulados, menores todos, Ernesto no parecía el peligro público N°. 1, salvo para sí mismo y esto al policía no le importaba. Es más, en la ficha que había leído en la pantalla —una ficha secreta y confidencial, con gran respeto a la privacidad y la protección del cliente, el nombre y apellido del propietario del auto, su domicilio, estado civil, hijos, lugar de trabajo, deudas, capacidad financiera, cumplimiento de pagos, línea de crédito, profesión, profesor de español y como *hobby*, escritor de libros aburridos sin sexo, ideas políticas confusas, su descripción, se lo identifica en la lejanía por la curvatura de su espalda, los ojos saltones verdes o pardos según haya sol o no, la ropa y el pelo desordenados pero limpios, estado de salud, deplorable, de estallidos violentos pero cortos, costumbres, le gustan el alcohol y las mujeres—, no aparecía ninguna multa sin pagar ni captura recomendada.

El informe sobre el interrogatorio que le había hecho la policía secreta, el FBI de Canadá, por haber invitado a una de sus clases de la Universidad a un diplomático cubano para que los alumnos se acostumbraran a diferentes acentos, no figuraba. Si esto lo hubiera sabido Ernesto, habría comentado: "Esto prueba que no estoy rigurosamente vigilado, si no, para mi protección, muy cuidado. No me puedo quejar".

33. HASTA LA POLICÍA ESTÁ EDUCADA

Llegó al lado de Ernesto cuando este daba los últimos estertores. Frunció la nariz ante el espectáculo, el delito sin legislar: como un roñoso habitante del cuarto mundo de las sociedades desarrolladas, estropeando el decorado. Hum, raro, un espectáculo degradante para un hombre que más o menos era, según la ficha, si bien raro o divertido, un ciudadano honorable que pagaba puntualmente sus deudas. Y, por contraste, más degradante aún, si se tiene en cuenta que allá arriba, muy alto sobre el césped verde, las nubes se separaban y pronto se asomaría el sol. La intensificación de los cantos de los pájaros así lo probaba. Pronto tendríamos un *nice day.*

El policía bamboleó la cabeza; sí, era peor que ver a alguien comiendo de un tacho de basura; en un mundo tentador y lleno de comida esto se explicaba perfectamente por el hambre, la insaciabilidad humana y el vicio de comer; lo de Ernesto no. Sin embargo, no emitió ninguna opinión en voz alta. Para eso contaba con un voto secreto y silencioso cada cuatro o cinco años, prueba de la libertad y democracia y que por suerte nada cambiaba.

Ernesto, ya aliviado, estaba por tirarse de espaldas, contemplar el infinito azul que comenzaba a aparecer entre las nubes, perderse allí y dormir para olvidarse de este mundo, de esta vida.

Con un estilo totalmente opuesto al de la policía argentina, primero tirar y después preguntar, el policía, antes de tirar y sin siquiera llevarse la mano a la culata de su revólver, preguntó con tono suave:

—*Sir*, ¿en qué puedo ayudarlo?

En el panorama del infinito que anhelaba, la voz del policía sonó como un susurro para Ernesto, pero, con el rabillo del ojo ("manera de mirar de los intelectuales, especialmente de los dinámicos que hacen *jogging* y pasan corriendo de largo hasta salir de la vida sin haber dejado nada"), casi a la misma altura que la de Lord Elgin, vio la cara bien afeitada del policía y su boca pegada al *walkie–talkie*, lista para pedir colaboración de acuerdo con las especialidades; refuerzo si su cliente se rebelaba o atacaba, la ambu-

lancia si estaba enfermo o herido, los bomberos si estaba muerto.
Ernesto, de un salto, se puso de pie.

El policía se quedó pasmado por la súbita mejoría de su cliente.
No podía saber que ese era una especie de ser "condicionado"
durante años, y por momentos históricos desfavorables, o por
la simple existencia de la policía argentina. Amable como era, si
lo hubiera sabido, con un poco de envidia, habría felicitado a la
policía argentina por su eficacia y capacidad de domesticación.
Quizás también habría preguntado por los métodos empleados
pero, por respeto a la tarea de los otros, tampoco hubiera emitido
una opinión.

Ernesto lo miraba con los ojos dilatados como huevos fritos; la
clara, una red de hilos rojos, palpitantes. Con la respiración un
poco alterada, emitió la primera lección del "condicionamiento":

—Señor policía, sé que soy culpable antes de que se lo demuestre, por favor, perdóneme– balbuceó.

El policía agradeció con un asentimiento y una sonrisa por fa-
cilitársele la tarea.

—Pero eso sí, le aclaro —y enumerando negó todo lo que deseaba hacer— que no robé ningún banco, no engañé a mi mujer,
no maté a nadie ni puse ninguna bomba en ningún lugar, ni pla-
neo una revolución.

El policía lo estudiaba.

—Comprenda. Por las cosas que pasan en esta mala vida, ¡no
acuso a nadie!, me sentí muy mal. Me vi empujado a purificarme
un poco comiendo pasto, algo natural, ¿sabe?

El policía se asombró por segunda vez.

—¡¿Comía pasto?! Pero *Sir*, ¡usted no es ningún perro! —exclamó.

—Ay, desgraciadamente no. Pero, estoy seguro de que usted ya
lo sabe, nadie es perfecto.

—Sí, ya lo sé —confirmó en el acto lo que repetía la mayoría
aunque no hubiera uno que lo creyera.

Y como si algo no hubiera andado de acuerdo con sus previsio-
nes, se mordió el labio y para ayudarse a pensar, se llevó la mano
a la nuca y se la rascó debajo del gorro del que asomaban pelillos
rubios.

Ernesto, más ducho en el arte de manejar cosas intangibles, no necesitaba apretar botones detrás de su cabeza para poner en marcha su mal parado cerebro. Aprovechó el momento de vacilación del policía; cerró los ojos y con buen criterio y con prudencia, dejó de lado la famosa libertad de palabra, "Bárbaros, las ideas no se matan", y ejerció a todo vapor lo que se llamó la libertad de pensamiento: "Por qué no te morirás cana maldito. Vos, que te parecés a todos los canas del mundo como un huevo a los demás, puah. Estoy seguro de que tu padre borracho no sabía qué hacía cuando... ni tu madre que será una santa pero vos...".

Es inútil transcribir todas las maldiciones que abarcaron siete generaciones de antepasados del policía y que todo hombre de sentido común habría llamado "abuso de la libertad de pensamiento". Lo cierto es que maldijo tanto, que hasta llegó a sentirse aliviado, casi feliz, y su asombro fue genuino cuando abrió los ojos y contra todo lo que había esperado, el policía, una realidad, no se había esfumado y seguía ahí. Ernesto, una vez más, dudó sobre el cacareo de la vida interior y el poder del pensamiento que, quisiera o no, lo tenía materializado delante.

Por más mal que se hable del coeficiente de inteligencia de los uniformados, el policía, probablemente sin que le quedara otra posibilidad, ya había tomado una decisión. Como si viniera de los abismos, Ernesto escuchó la invitación:

—*Sir*, tengo el placer de rogarle que me acompañe.

Si Ernesto pensó que humillado y ofendido, víctima y mártir, se arrastraría detrás del policía como un perro apaleado y la cola entre las patas, estuvo equivocado.

—Por favor, *Sir*, por aquí. Usted adelante —le señaló el camino correcto, autorizado, asfaltado y pintoresco entre los canteros de flores.

Pensando que una vez más en su vida no había ido muy lejos, arrancó por la senda de regreso, seguido por "el maldito policía, un perro de presa, por eso viene detrás", y caminó como rumbo al cadalso, flotando en una nube de irrealidad.

Entre muchas razones que se dio, para que las ideas no se le apolillaran en un rincón del cerebro por temor de sacarlas al desorden que es el mundo, o para evitar que se filtraran por los agujeros de su mente firme como un colador de acero inoxidable, Ernesto había inventado el sistema de las fichas, que por lo menos metodizaban su desorden. Bajo la letra "S" de Sonrisa o Suicidio, o cualquier otra letra cuando se equivocaba, había apuntado lo que ahora, caminando delante del policía, recordaba por partes. Nosotros transcribiremos la totalidad: "Como una reconciliación definitiva, muchas veces pensé en suicidarme. Y para decir la verdad, la idea no me asustaba. Todo lo contrario, me producía una alegría que, en caso de hacerlo, me hubiera gustado llevármela conmigo; de allí debe ser el que hablen de paz, de descanso o sueño eterno. De todas maneras, sin contar que tengo el hábito de cambiar rápidamente de idea, para mandarme de golpe una botella de *whisky*, la muerte feliz que más se parece al sueño, siempre tengo tiempo. Pero, mientras esta dulce idea se haga realidad, tengo que seguir viviendo y la pregunta que me hago, ¿qué esperás?, no tiene respuesta. Hum, curioso, en este mundo de sonrisas, tanto que lo podemos considerar 'El país de las sonrisas', una opereta de no me acuerdo quien, espero una sonrisa a la que llamo 'Sonrisa imposible'. Sí, una de esas sonrisas que me hagan sentir vivo, que alejen de mi mente los anhelos sombríos. Tal vez una de esas sonrisas casuales de un mujer con la que me cruzo para no verla nunca más, la sonrisa tierna de un bebé que sonríe por primera vez, de nuestros hijos pequeños que ya crecieron, de un amigo ausente, una sonrisa serena de piedad y comprensión infinita que, para no nombrar a Dios en vano, se la atribuyo a San Pedro".

34. BAJO LA MIRADA DE OCCIDENTE

Como si aterrizara de la nube en la que flotaba, Ernesto se detuvo tan bruscamente que el policía de la montada chocó contra su espalda, por lo que, dado su voluntad automatizada, aprendida tanto en los cursos, en la práctica, como en las películas, llevó la mano al revólver.

Una fracción de segundo de vacilación, insuficiente para llamarla meditación, Ernesto giró; y pensando en San Pedro y en su hijo que especulaba con ser policía, clavó sus ojos en los del de la montada y sonrió con un tímido asomo de afecto.

Si buscaba una mirada para sentirse vivo, ahí la tenía: con la mano en la culata, dos hermosos ojos azules como el cielo, duros y fríos como el acero, sin pestañear ni bizquear, lo taladraron de pies a cabeza y de lado a lado.

Ahora, por fin, como experiencia y vivencia, podría hablar sobre la mística interior, el nirvana, el vacío total; su ser se habría ido a los pantalones si no fuera, con algunas horas de diferencia, tan puntual como el perrito o el filósofo Kant.

Hecho una ruina, algo así como vivo, reprochándose su falta de oportunidad, el haber creído una vez más en el ser humano, sin agradecer que la había sacado barata ante lo que podía aparecer como intento de agresión o desacato a la autoridad, o peor, una rebelión, continuó su camino bajo la mirada de Occidente.

Llegaron a los autos: la puerta del patrullero cerrada, con sus luces titilantes, contento de recibir a su amo; el auto de Ernesto, con la puerta abierta, ladeado por la rotura del amortiguador, gimió cuando se metió a buscar los papeles.

Con estos en la mano, fue invitado amablemente a subir al patrullero. Nadie, en un mundo democrático que funciona, salvo excepciones, que las hay en todas partes, es culpable antes de que no se demuestre lo contrario. Con muchas disculpas y "lo siento", aclarándole que tenía el derecho a negarse si no quería, como un médico que cuando le toma la presión le explica a uno cómo funciona y para qué, el policía lo invitó a soplar en el aparatito para medir el nivel de alcohol en su sangre; sabiendo que tenía el derecho de detenerlo si no soplaba y a los patadones llevarlo al hospital para un análisis de sangre si hubiera alguna duda. Perdida el alma, sin quedarle ya nada más para perder, sopló con el desánimo de quien larga su último aliento. Resultado del test: entre las tres luces, roja, amarilla y verde, se iluminó el verde, paso libre para circular. Ay, no estaba borracho ni de vida; de anhelos y deseos quizás.

El policía, que originalmente se había explicado la conducta de Ernesto por el exceso de alcohol sin preguntarse por qué había tomado, por ser esta una cuestión privada y que (a pesar de que su fino olfato, probablemente de no fumador, no había percibido ningún miasma etílico), habría confirmado su teoría original sobre los pasos sin ton ni son que daba Ernesto delante de él, no solo vio esfumarse la esperanza de un delito más de su cliente, sino la razón que habría explicado todos los otros. Se limitó a bambolear la cabeza, a lanzar una vez más la palabra *funny* y por unos segundos se ocupó de su propia conciencia: se le hacía cuesta arriba y era doloroso aplicar tantas multas a un tipo (se mordió el labio y miró a Ernesto), aparentemente normal. ¿O no? Se encogió de hombros, si estaba loco o un poco tocado, era su problema. Se puso a la tarea.

Y de allí en adelante todo fue sobre ruedas, cuesta abajo. El permiso de conducir de Ernesto, nueva consulta a la computadora (definitivamente Ernesto era Ernesto, algo coincidía en el mundo), y, ya amigos, llamándolo cariñosamente Ernesto, antes de enumerarle la lista de sus delitos, le aclaró que ninguno de ellos era grave, salvo que iba a sufrir por los pinchazos de los dólares que debería pagar, "Como si le pusieran una corona de espinas, Ernesto. Pero, por más que el dólar es vida y sangre, no se va a desangrar", comentó el policía tratándolo como víctima de la arena del circo. Ya convertido en una especie de mártir de gastos inútiles, con la boca abierta y los ojos catatónicos, Ernesto escuchó la enumeración de sus delitos: no llevar cinturón de seguridad, delito por el cual lo había seguido, $ 56; estacionar en un lugar prohibido, $25; ("barato" comentó el policía mientras le hacía la boleta, "Una verdadera oferta, me muero de alegría", replicó Ernesto); ensuciar la calle con el librito que había dejado

caer, un atentado a la higiene, $ 200; el asunto de la flores pisotea-
das, una destrucción tangible y visible del decorado, era un tema
muy serio. Si las contara y aplicara todo el peso de la ley —así se
lo explicó el policía, tratándolo ya casi como a un hermano—,
"En ese caso, mi estimado Ernesto, usted tendría que pedir casa
y comida al Ejército de Salvación". Ernesto lo miró como a quien
le anuncian el juicio final y vio los ojos azules del policía hume-
decidos por las lágrimas. No supo si se debía a algún pensamiento
vago del policía sobre la Navidad, o los niños pobres del mundo,
o la muerte de los bosques y los mares, o al alto costo de la vida
y la recesión, o a una ternura infinita ante su propia bondad. Un
auténtico policía humanizado. Nada más que el delito de destruir
una, $25. Una vez más tuvo que dar las gracias, y lo hizo con un
gruñido ambiguo.

El brazo armado de la ley, antes de darle las cuatro boletas para que
firmara, nuevamente le informó sobre sus derechos; negarse a firmar,
firmar y negarse a pagar e ir a tribunales para defender "su caso".

Tantos pequeños derechos, ninguno a la vida (¿o el conjunto
de los pequeños era toda la vida?), le dieron asco y firmó para
terminar de una vez.

Antes de despedirse, el policía le dio las gracias y lo felicitó por
el récord alcanzado: cuatro multas en menos de media hora y a un
solo sujeto. Récord quizás no el máximo dentro de las estadísticas
de Canadá pero sí en su foja de servicios. Deseándole un buen
día, un fin de semana mejor, un buen viaje y recomendándole que
se cuidara, le devolvió el permiso de conducir. Ernesto también le
dio las gracias otra vez y con la libertad de pensamiento, deseando
no verlo nunca más, se bajó del patrullero en el momento en
que el policía llamaba a la Comisión de la Capital Nacional para
informar sobre las flores pisoteadas. En una hora o dos, gracias a
la cuadrilla de emergencia de la Comisión, la Plaza de la Confederación, Ottawa, el país, el mundo, estarían como estaban y las
flores resucitadas seguirían alegrando la vida de los que supieran
apreciarlas. Salvo un desgaste de energía inútil de Ernesto, unos
dólares menos en su bolsillo, nada había ocurrido.

"No, nada ocurrió. Ni siquiera si me hubiera muerto. No me
habrían dejado allí ni para fertilizar la tierra. Eso de polvo eres...".

Sin ningún alivio en su alma, ni siquiera el hecho de alejarse del policía y creer que desaparecía (esa incapacidad de disfrutar de las pequeñas cosas de la vida), Ernesto subió al auto, dejó el librito en el suelo, derecho por el que pagaría, cerró la puerta y se puso el cinturón de seguridad.

Encendió el motor; por el espejo vio al policía quien, pasado el peligro, había apagado las luces y esperaba. No era el momento oportuno para empezar ninguna rebelión ni revolución. ¿Ni una rebelión pequeñita? La birome en forma de huevo voló por la ventana.

El policía sonrió; todavía con los ojos húmedos, le dejó ese margen de libertad. Además, lo comprendía; cuántas veces en su vida, frustrado y rabioso, había tenido la tentación de sacar el revólver y levantarle la tapa de los sesos a alguien. Por último, otra boleta por atentado a la higiene del mismo sujeto, podría aparecer como inverosímil y si el *funny guy* ese, llevara el caso a tribunales, se podría volver contra el policía mismo, por persecución racial, por ejemplo, ya que no cabía duda, el *nice fellow* no era de este mundo. Sin embargo, por ese último acto no le cupo duda, ese tipo daría para mucho más.

Ernesto arrancó. A las cinco cuadras subió a la autopista a 60 por hora y amargado por no decir deprimido, buscando la euforia por no decir la rabia, para desahogarse y salvarse, apretó el acelerador; y siguió acelerando.

70.

Maldecía a la policía y cada uno de sus integrantes, a Tom Bigegghead, a los huevos y a sus tamaños. "¿Qué me dijo ese estúpido cabeza de huevo? Que en otros lados era peor. Es cierto. No cabe duda de que un policía argentino hubiera actuado de otra manera. Allá en la Argentina, al descubrirme tirado en el pasto en cualquier parque, antes de preguntar, para asegurarse de que no era una trampa, como entrada, me hubiera servido una patada en la cabeza".

80.

"O quizá no. Quizá si en ese momento salía de un sótano siniestro en el que había estado trabajando fuerte y duro, torturando a dos o tres, cansado, para probarse a sí mismo y probar al mundo que era bueno, sin importarle un carajo las florecillas, humano, me habría preguntado:

—Eh, compañero, ¿pasa algo?"

90.

"Dios mío, alabado seas, ayúdame; qué bajo habré caído para tener estos pensamientos".

100.

"Sí, en este mundo libre, lleno de oportunidades, de promesas, sí sí, muchas, todo es mi culpa. Mi culpa por no haber desarrollado mis potencialidades que ni siquiera sé cuáles son, sí, mi culpa, la culpa de la culpa, de no haber triunfado, de no ser millonario, de no ser feliz, de no saber aprovechar las ofertas, y por último, la verdadera culpa: de estar aquí y no me haya mandado a mudar".

110.

"Sí, que no tenga un harén. La mina esa, con unas gambas que nunca había visto, bueno, un poco estropeada por el mercado y de segunda, qué, de trigésima mano, pero nadie es perfecto, y su grito final, cuando le susurré con pasión en el oído: 'Rolls Royce US$ 20.000.' ¿Y cómo mierda podía saber yo que esa cifra era un delirio mío y que no alcanzaba ni para comprar un BMW? Claro que si no hubiera sido una oferta tan barata, es probable que no hubiera gozado tanto. Y no pudo agradecerme un poco de romance y fantasía. Parece que en el amor, cuando se trata del mercado, no está todo permitido. De cualquier manera, ¿qué me costaría mover un poco el traste y estar al tanto de las ofertas y los precios, yo, que ni siquiera sé cuánto me costó esta porquería que manejo? No, no, jamás, eso sería abyecto, ¡abyecto!".

120–130.

A los ciento veinte, el patrullero se le había pegado detrás. Bruscamente, vio saltar su cuenta kilómetros a 130, 30 kilómetros más de la velocidad permitida. Pero ante el agitado ritmo de la vida moderna, la aceleración general, sin contar su corazón tierno, su tolerancia, su poder de decisión, su simpatía personal hacia el *funny guy*, felicitándose por su aguda intuición e inteligencia, esperó que el otro diera de sí lo mejor.

140.

Y subía. Compadecido, ya sabemos que en el fondo era bueno

(las multas eran de acuerdo a la velocidad), antes de que Ernesto, con ese trasto ladeado, llegara a los 170 o 180, como un buen padre que quiere ponerle límites a las travesuras de su hijo antes de que se mate, el policía extendió la mano para prender las luces y ¡epa!, casi se traga la culata del coche de Ernesto que había empezado a bajar la velocidad a todo vapor.

130–120–110–100.

La pierna del policía temblaba al aflojar el freno que había apretado. De la que se había salvado. La ley era la ley y en los países modelo también se la aplica a la policía, no como en etcétera, etcétera... y de acuerdo con ella, él hubiera sido el culpable. Su cliente no lo oiría; largó un "*Fuck!*" enérgico ante la conducta incoherente e imprevisible de ese loco. Probablemente suspirara y se repitiera lo que había oído por ahí: el mundo ya no es como era, ya no se podía contar con la gente.

35. TEÓRICAMENTE ES POSIBLE

90.

Ernesto continuó viviendo su día más largo. A una velocidad moderada para una autopista, que, ya fuera de la ciudad, como los ratones al queso a través de una campana de vidrio, permitía contemplar con comodidad y confort el paisaje a través de las ventanillas. Como el queso, el paisaje era hermoso. El sol a plomo, sin una nube en el cielo, los árboles recortados en una lejanía no muy lejana, sobre las laderas de las colinas casi al alcance de la mano. Las hojas de los árboles con colores del otoño canadiense, el más hermoso del mundo, tan hermoso que se lo comparaba con el tecnicolor de Hollywood y tan irreal como una película. El aire un poco irrespirable por el nivel de la polución pero no muy peligroso según las medidas que le puso el hombre. Las hojas de los árboles ligeramente carcomidas por la lluvia ácida, pero para ver eso había que acercar la nariz y ser casi un científico para percibir los efectos, muy lejos todavía de la muerte de la Selva Negra, visible a simple vista, o la del Mediterráneo en el que los últimos pececillos, para su solaz, divertidos, anidaban en preservativos. Debido a la falta de la capa de ozono, los rayos de sol un poquito más calientes y quemantes para la piel que en años anteriores, pero muy lejos todavía de los récords que se alcanzarán dentro de cien.

No, Ernesto no miraba nada, y si mirara algo, sería su paisaje mental, interior. El orden del mundo se lo permitía; hacía rato que el perrito de la vieja habría terminado sus necesidades: su mujer en el trabajo; sus hijos en la escuela poniéndose al tanto del precio de las drogas y maldiciendo al padre por no poder comprarlos; Tom Bigegghead comiendo su sandwichito en la oficina, ahorrando para pagar su futuro; él, personalmente, enriquecido con un conocimiento que se le pudriría en la caja craneana cuando estuviera muerto pero ya vendrían otros cerebros que lo aprovecharán mejor. Él, sin ver el paisaje, sin darse cuenta de que el sol ya había aparecido pero sin quejarse de que no estuviera, sin escuchar el trino alegre y optimista de los pájaros, que tampoco podría escuchar por el ruido del motor, disfrutaba y gozaba de la vida contemplando su paisaje interior, la prueba: sonreía.

Y ya lejos de la ciudad, siguió 90–100–90, detrás el policía en cuyo depósito craneal, en ese momento, dormían las leyes sin posibilidades de ser aplicadas, cosa que le dejó la mente ahuecada, sin perturbaciones por asociaciones inútiles. Invadido por la belleza, disfrutaba del paisaje filtrado e higienizado a través del parabrisas. Como su jurisdicción abarcaba todo Canadá, casi el universo, sin darse cuenta, en este mundo corrompido, lleno de crímenes y de criminales, se tomaba un momento de descanso, de relax. Cuando veía a Ernesto golpear el volante y lanzar una carcajada, sin oír lo que decía, también él sonreía, porque sí, por empatía, porque le gustaba que la gente estuviera alegre y fuera feliz, cumpliéndose un ideal.

Ernesto parecía sentirse feliz. Cada vez que golpeaba el volante y lanzaba una carcajada, exclamaba algo así como "Hay que ser audaz para pensar y escribir estas cosas", o "Ser un genio", o "Estar rematadamente loco, ustedes elijan, *is your freedom of choice*".

En verdad, no veía el paisaje ni oía a los pajaritos, pero como hombre que se bastaba a sí mismo, contemplaba su interior y lo encontraba hermoso: música celestial de las esferas, entrechocar de los astros, coros de ángeles del Apocalipsis o cantos gregorianos serenos, veía las explosiones de las bombas, el cielo rojo, las columnas de humo, escuchaba el silbido de las balas, veía las corridas de la gente, el ulular de las multitudes, y sentía placer ante los gritos y aullidos de dolor. A veces, una suave sombra de temor lo tocaba; temía que no estuviera haciendo más que rodar una película de Hollywood en su cabeza o mirando un noticioso por televisión, irreal, en el que el mal, el dolor, se volvían trasparentes.

Pero no, allá en su torre de cartón, en su trinchera, escondidos en alguna parte, tanto que solo la policía después de un requisa minuciosa podría encontrarlos, estaban los apuntes para su libro *El libro abominable del fin del mundo* (provisorio, pero "si otros escriben imbecilidades sobre el fin del mundo, ¿por qué no lo voy a hacer yo?"), título que en realidad ocultaba o disimulaba otro: *El manual del guerrillero nihilista y alegre*, por Che Ernesto, manual para el guerrillero modelo, amante del arte por el arte, que no tuviera miedo de sí mismo ni de la falta de Coca–Cola en el mercado.

Olvidándose de sus personajes anclados en las estaciones, a pesar de que su hora de creación había pasado, de su fracaso con la

Epopeya, "Seguramente debe ser el impulso del amor" se decía, su mente, con una actividad creadora, generaba las imágenes y las anécdotas a todo vapor. Si estas pasarían o no al papel, si las recordaría con tanta vividez como en ese momento, es otra historia.

"Hum, ¿por dónde empezar? ¿Por lo centros de Vida o por los Autos? ¿Qué de los autos? ¿Dónde está la época de oro en que pasar al lado de un Mercedes o un BMW, era sacar el llavero y scrachch, rayarlo, era casi hacer la revolución? Sí, hubo una época Dorada, de vandalismo y de resentimiento sano y constructivo. Un porteño parado en una esquina, al ver pasar un Mercedes Benz, exclamaba 'Cabrón, habrás vendido a tu madre para comprarlo', y si no le ponía una bomba es porque no la tenía. ¿Y ahora? Ahora el habitante del Nuevo Orden Mundial ve pasar un Mercedes sport que cuesta el dinero que no ganará en su vida, como si se le hubiera aparecido Dios, exclama: 'WOW, ¡qué máquina! Claro que yo hubiera elegido otro color', y se va contento, felicitándose por su buen gusto y por haber ejercitado, como un ser libre, la libertad de elección.

Ay, sí, los hombres de ahora ya no son como antes, esto, hasta un cana puede saberlo. Esos miserables punks, en los que un día creí y esperé que su afán de destrucción y su aprecio por el caos fuera sincero, que su afán de purificación fuera verdaderamente místico, terminaron pegando a negros y paquistaníes en los barrios, en vez de extender su furia y rabia y destruir Londres con el Big Ben incluido. Hablan del caos, del nihil, del no futuro (estos también son buenos para hablar) y se destruyen a sí mismos con drogas y automutilándose. La Reina de Inglaterra y Margarita, que son capaces de guardar con ternura sus deditos y orejitas en formol, agradecidas. También dejemos de lado a esos bonzos que se inmolan sin arrastrar a la humanidad con ellos, incendiando el globo.

Ah, lobo estepario, ¿dónde estás? Bah, es mejor que no estés en ninguna parte, estos lobitos, después de jugar un rato en un parque de diversiones, simulando que matan conductores y reventar autos, terminan tragando drogas. Y Occidente agradecido. No, ya que yo no doy, necesito un hombre de otra pasta, nacido para eso. Ojo con el Hombre Nuevo, es muy fácil de fabricar, basta describirlo. ¿Y cómo será este personaje? Nacerá de las cenizas de la polución civilizada. Como producto de su época, su mirada será un poco vacía, como perdida, pero bien puede pasar por soñadora, como le corresponde a un revolucionario. Es indiferente cómo se vista, si de sport casual o con frac. Si se vistiera con este último, probablemente le quedaría algún sentido del humor o del absurdo en acción. Como los hombres de hoy, no tendrá ningún principio ni abrazará ninguna causa; no le entregará su dinero, sencillamente porque no lo tiene, ni hay causa. Si bien oirá el llamado como un psicótico, no interesa de dónde, puede ser del fondo de la botella, no hará ningún viaje iniciático ni apostólico. Menos irá hacia el pueblo. No tendrá ninguna misión ni ideales de redención. Será formado por la televisión en cuanto al gusto estético que, a su vez, la televisión le habrá desarrollado el placer de la destrucción. Cuidado; no deberá convencerse de que los buenos siempre triunfan, pero tampoco deberá saber que en la vida siempre triunfan los malos. Será diferente a los adultos o adolescentes de hoy. Sería ideal que no repitiera a cada rato, 'Hoy no me siento para eso', 'No me alaban los suficiente' o 'Le tengo alergia al humo' cuando de incendiar se trata. Si fuera posible, es mejor que no sonría a su paso. No es que deba ser serio, sino que reserve la sonrisa y la risa para el momento supremo, oportuno, cuando se alcen las llamas. Vivirá, mientras viva, con algo profundamente humano, ese sentimiento de vacío, etéreo, tan actual y que ningún sistema filosófico puede llenar. No deberá pensar mucho ya que es inútil o peligroso; los pensamientos, especialmente los que pasan por democráticos, ni esto ni aquello, o esto o aquello, son paralizantes. No estará apegado a nada, no tendrá hipotecas ni título universitario ni de propiedad, de alguna manera será el único ser libre. Su acción será espontánea, individualista y privada, lo cual no quiere decir que no tenga algún compañero o compañera para la acción. Su deseo de ser policía, ya perimido, se podría considerar como un deseo vago de justicia. Su única droga será el calor de llama primitiva frente a la caverna o adentro y que todavía seguimos extrañando lo mismo que el antro materno. Ay, ¿estaré hablando de un mutante? Un ser humano así existe de la misma manera que los demás que no existen. En general se sentirá siempre bien, sin formar parte, como la mayoría; si estuviera triste o deprimido, tarareará una canción apropiada para el tema o momento. Esta será su tarea con las herramientas que describo en mi manual.

Uf, basta ya de hipótesis, pasemos a lo teóricamente posible. Las herramientas, sencillas y fáciles de preparar, ah, y de usar. Empecemos por los centros de Vida.

Siempre respetando las vidas humanas, el revolucionario posmoderno descripto por mí, meterá una bomba de estruendo y humo en un Centro de Compras. Y ahí van a ver a lo que llegó la gran evolución de la humanidad, ese ser humano, tierno y frágil, viajando por el espacio en un vehículo más frágil aún, solitario y fragilísimo al decir de un astronauta en un arrebato místico. Pero no nos perdamos en el espacio. Volvamos a la tierra: la bomba estalló y las mujeres, las madres (aunque la encuesta Gallup diga lo contrario), no se van a precipitar sobre sus hijos para protegerlos, no, como todas las mujeres, con buen criterio, conociendo el mercado, las calidades y valores (por algo se pasan la vida hablando de eso), abandonarán como un relámpago la mesa de ofertas y se precipitarán sobre la mercadería encadenada (que por algo lo está); aprovechando la confusión, a dentelladas cortarán las cadenas, símbolo de esclavitud y se cargarán los tapados de piel y los artículos de cuero. Jo jo jo. —Aquí Ernesto golpea el volante—. Y ahora viene lo mejor, la oferta y la demanda, la competencia. Je je je. Si no lo supieron hasta ese momento, allí se darán cuenta de que a pesar de la democracia y sus promesas, no hay tapados de piel para todas. Como gatas de albañal se pelearán por ellos; no, así no va, usemos otras palabras. En una competencia leal y honesta, pensando una en la otra, se empujarán, se darán trompadas, se agarrarán por los pelos y se sacudirán. Esto será lo de menos. Mientras tosen en medio del humo, las más fuertes (la selección natural), esgrimiendo sus hermosas y largas uñas, pintadas para alegrar la vida y para el solaz del hombre, a quien rasguñan en vez de acariciar, *Just do it, flopp, boing, boing flopp, boing*, vaciando las órbitas se sacarán los ojos. *Well done.* Siempre las más fuertes, las y los sobrevidentes, en su rauda carrera hacia la puerta con los tapados, ciegas por el placer (¿por tener el tapado o haberle sacado los ojos a alguna o los dos, una combinación feliz? Lo que se dice: dos pájaros de un tiro feliz), atropellarán y pisotearán todo lo que encuentren a su paso, las madres hasta a sus propios hijos creyendo que son de las otras. Ah, antes de atravesar el umbral, un toque personal, un frasco de Chanel N° 5 del estand de perfumes".

La cara mortalmente seria, Ernesto meditó un rato: "Hum, no nos olvidemos. Tiene que haber algo positivo. Jua, si esto, un tapado de piel y un Chanel no son hechos y logros positivos, ¿qué es lo que lo es? ¡Los ancianos, eso, y las ancianas! Los ancianos que tienen fuerza y pies para salir de su hogar y que pueblan y deambulan por esos lugares casi sin que se los note, en silencio, tendrán su oportunidad. Los que no se murieron de un infarto por la explosión y no sean asmáticos, por el humo, digo, como por sus articulaciones oxidadas no podrán precipitarse a la competencia leal, podrán trotar a la mesa de ofertas; un gorrito para los viejos o un corpiñito erótico para las viejitas, no les van a faltar. La felicidad está en saber conformarse con poco y las pequeñas cosas de la vida. Y esto, como todo, ya se dijo y ya se sabe, y como todo lo dicho y lo sabido, jamás fue aprendido e incorporado a la sangre y a la vida. Seguirá pudriéndose en los depósitos de la sabiduría".

Probablemente, si Ernesto no se hubiera creído solo en el mundo y le hubiera echado un vistazo al espejo retrovisor, habría descubierto al patrullero que no venía detrás de él por control remoto, ya no habría continuado disfrutando de la vida y sus creaciones. Ya se dijo: ojos que no ven, corazón que no siente.

"Pero ¡atención!, el revolucionario continúa su marcha. Ahora lleva un bidón lleno de nafta. Camina silbando bajito, como distraído, pero con un goce interior, el arte por el arte, por lo que vendrá. Camina en una playa de estacionamiento, echando miradas dentro de los autos por si alguna madre o padre, aceleradas por las ofertas, había dejado a su hijo adentro que, más adelante saldría en los diarios como un hijo cocinado en verano y congelado en invierno por un lamentable descuido, nada serio, no todas las madres son iguales. En caso de encontrar a un niño, a pesar de que hoy por hoy no prometen mucho para el futuro, el revolucionario desistirá de su acción en esa playa. Si encuentra un perro o un gato le asegurará que pronto estará en el cielo de los animalitos y mientras sigue caminando desparramaría el bidón de nafta. Un fósforo, y arde Troya. Y un poco de lejos, sentado sobre algún pilar, el revolucionario contemplará su obra como yo: qué espectáculo, el infierno de Dante es un poroto ya que le falta todo lo que tendrá el mío: el grito y el pavor unánime de *most of the people*, los *Get together* de Ford, una manada de esclavos (blancos, amarillos y negros, todos somos iguales) que por fin despertará de su sueño de Bella Durmiente y se arrancará los pelos mientras reclaman a los bomberos y ven cómo se quema su dignidad, su vida, su sentido, la medida (cantidad de cilindros) de su importancia, sabiendo que el seguro que nos asegura jamás paga no lo que vale el coche sino lo que costó. Qué triste; la mujer de fino y grácil cuello de cisne, parada en la entrada del Centro de Compras, oteará el horizonte moviendo su cuello como un cisne justamente; el humo, porque es una no fumadora, la hará llorar y las lágrimas correrán detrás de sus gruesos anteojos ante la pérdida del ser amado. Sin embargo, sin embargo (¿se puede amar más a un auto que a un perro? Buena pregunta para una entrevista Gallup), no faltará alguno, estoy seguro, que correrá a su auto, quizá la misma mujer de grácil cuello de cisne, se meterá detrás del volante y morirá quemada porque supo amar y apreciar lo que tiene. Es su decisión. Pero qué bonito, morir juntos, y estar unidos hasta en la eternidad. Snif, snif, esta escena me hace llorar. Serán los héroes y mártires de la anécdota contada por la revista *Time*".

Y el horizonte, tal vez por los árboles con manchas de hojas rojas en las laderas de la colina iluminada por el sol, se inflamó; Ernesto vio las llamas danzarinas y, en vez de trinos de pajaritos, el susurrar de las hojas por la suave brisa, escuchó el chisporroteo del fuego, aullidos de rabia y de dolor traídos por un vendaval. Tanta fue su alegría que perdió el control de su auto y, para volverlo de la banquina, tuvo que volver a la realidad. El policía, contemplando el paisaje y sumergido en la realidad escuchando las buenas noticias, (había prendido la radio), ni se dio cuenta del peligro que había pasado su cliente. Después de todo, tampoco era su asunto.

Ya otra vez en la dolorosa realidad, para olvidarla, pasó a "Conclusiones". "Muy pronto, con el revolucionario siempre en acción, repetidos los incendios sin desfallecer, el terror y el pánico. Las compañías de seguros, para no desaparecer, ya que sus finalidades son la eternidad y la ganancia, no van a pagar, ni podrán, por los autos incendiados. Como todo es uno, los garajes, las estaciones de servicio, los talleres mecánicos, las fábricas de autos, se paralizarán y dejarán de existir. Desocupación total, momento de meditación. O no, qué meditación ni que ocho cuartos. Si nunca aprendieron a meditar y ya no tendrán *workshops* para hacerlo. Como almas en pena, muy pronto, con lamentos, aullando y gimiendo por la pérdida, hombres y mujeres deambularán a pie por el mundo, cosa muy buena para la salud, una ventaja. No me cuesta nada imaginarme que por la frustración y la desesperación, se atacarán unos a los otros, se matarán y degollarán mientras hablan de paz. Y digan ahora que esto de la destrucción, el nihilismo, que no es nada nuevo, que ya se dijo y se lo puso en práctica hace cien años, y que fracasó. Jo jo jo. A ver díganlo. Y yo, no como Eróstato, sino como el Che Ernesto, el Profeta del Caos Auténtico, seré recordado cuando la humanidad resurja de sus cenizas".

Y con deleite se lanzó a la del Empalamiento. Estaba tan entusiasmado que dejó de lado los fundamentos teóricos, un poco bíblicos, un poco anticuados, que olían a anacrónicos, con citas que hablaban de los ricos, de aquel que poseyera... o la del camello... y pasó directamente a la ejecución. Jugando al modesto, reconociendo la existencia de otros artistas y escritores que ya tragaron la hiel de la vida como abeja el néctar y la escupieron como miel de la creación, acostumbrándonos de paso a las cosas más espantosas, al hacerlas familiares, sin envidias y sin rencores, dejó hablar a otro escritor, Premio Nobel en este caso, y él se limitó al puro placer del lector y al del pedagogo comentador en itálica y entre paréntesis: "Todo estaba listo: un poste de roble, delgado y primorosamente afilado y untado con sebo... un mazo de madera para martillar el poste... (*luego de preguntarle How are you today?*) se ordenó al reo que se arrodillara... le ataron pies y manos (*mientras le explicaban qué estaban haciendo*)... uno de los gitanos... con un cuchillo, se inclinó y con movimiento hábil, le cortó el pantalón en la entrepierna y (*le dijeron que para que le doliera menos y pidiendo permiso*) le ensanchó la abertura por la cual el poste penetraría en el cuerpo del reo al que le separaron las piernas y (*para su protección, le inyectaron un anestésico*) le acomodaron el poste de roble... el gitano tomó el mazo de madera y (*después de explicarle lo que iba a hacer, le pidió que por favor que le avisara si le dolía*) se puso a martillar la parte inferior y roma del poste, con lentitud y mesura... (*con arte, con skills y esa experiencia tan necesaria*)... A cada dos martillazos se detenía un momento y miraba al cuerpo en el que el poste se iba introduciendo (*empatía, consideración hacia el otro, Are you okay?*) ...El cuerpo del reo se convulsionaba instintivamente (*hum, poco abierto a las nuevas experiencias, a las novedades, al progreso*); a cada mazazo, la columna vertebral se plegaba y se encorvaba... el gitano, cada tanto se dirigía al cuerpo tendido, se inclinaba, examinando si el poste avanzaba en buena dirección (*y le preguntaba cómo se sentía, si todo estaba bien*)... cuando se había cerciorado de que ningún órgano vital estaba herido (*lo felicitaba por su paciencia, comprensión, tolerancia y después de darle las gracias*), volvía a su tarea... continuó martillando hasta que el poste salió por el vértice del omóplato derecho y alcanzó la altura de la oreja derecha... (*misión cumplida, eso es ética del trabajo y ahora los últimos toques*) ...ataron al reo al poste y lo alzaron para fijar su base entre dos vigas... (*que tengas un buen día y un fin de semana mejor*) ...y así quedó el reo, con los ojos abiertos de par en par, inquietos, pero los párpados permanecían inmóviles, la boca abierta, los labios rígidos y contraídos, los dientes apretados...".

Y en unos días, sus carnes hechas jirones ondearán al viento como banderas y...".

Ernesto, increíble, ¿una alucinación? se preguntó, vio ondear allá arriba a Tom Bigegghead y al policía; loco por la alegría, alzando la cabeza y la voz, se puso a dialogar con ellos para entenderse mejor: "Congratulaciones, lo han logrado. ¿Les costó mucho encontrar el camino y llegar allí arriba? ¿Qué tal está allí, hace frío, hace calor? Aprovechen la altura y escuchen el canto de los pajaritos, contemplen la bella puesta de sol y su salida en esa posición privilegiada. Si sufren, no se preocupen, en otros lados es peor. Hagan un esfuerzo, ustedes tienen potencial y son fantásticos".

Un malestar profundo, nunca sentido, arcadas que amenazaban con expulsar su corazón. Y para escaparse, una vez más, como si fuera posible, apretó el acelerador.

36. ESCAPAR, UNA Y OTRA VEZ, ¿Y VAN CUÁNTAS?

90–100.

Silencio de pensamientos en las circunvoluciones cerebrales de Ernesto. Solo las ruedas que ponían en marcha sus grandes ideas, buscando las soluciones, crujían; el auto avanzaba con pequeños zig zags, vaivenes, como de un barco. El primer pensamiento coherente que articuló su cerebro fue la pregunta habitual: "Dios mío, ¿dónde estoy?" y miró la infinitud del cielo.

La distancia que había recorrido durante sus fantasías teóricamente posibles, no era poca. Vio un cartel "Montreal, 146 Km". Calculó, unos cincuenta kilómetros. "¿Qué hacer, mi Dios, qué hacer?"

100–110.

"Acelerar, acelerar, llegar a doscientos, enfocar un puente, lanzar el auto, reventar mi cabeza para que me salten los sesos y mis ideas vuelen hacia la libertad. Hum, las ideas, los bellos pensamientos. En cuanto a mi caja craneana y cara, ningún problema; el embalsamador de la morgue me los recompondrá y de mi cara se ocupará otro especialista, el maquillador mortuorio, que, a pesar del rigor mortis, con unos ganchos diseñados para el caso, me dibujará una sonrisa eterna que envidiarán los vivos y con la que pasearé por los cielos. Me presentaré a Dios y cuando el buen viejo me pregunte: "¿Cómo estás hoy, hijo? ¿Qué te trae por aquí? Te felicito, lo has logrado. Siéntate aquí y cuéntame, ¿cómo andan las cosas allí abajo?". Yo levantaré el pulgar, daré unos elegantes pasos de baile y le diré: "¿Yo? Extraordinaria, fantásticamente bien. ¿Y allá abajo? Ni preguntes, mejor imposible: es una verdadera Utopía".

110–120.

Creer en Dios. ¿Cómo?

130.

El policía de Utopía, que había bajado la ventanilla para tener un contacto directo con la naturaleza, probablemente ya estuviera harto de escuchar el canto de los pajaritos y de contemplar la belleza del paisaje de la que le hablaban y le hablaban tanto, y que él mismo decía saber apreciar. Como si estuviera sentado frente al televisor, sintió un cosquilleo de placer cuando vio que la culata del auto de su cliente se alejaba. ¡Acción! Y mientras en su cabeza volvían a abrirse y a funcionar los libros de las leyes, apretó el acelerador antes de que se le escapara la liebre.

140.

Vaya a saberse, quizá fuera por la influencia de la velocidad o por la distancia que ya había recorrido y que lo había acercado a Montreal, una gran ciudad francesa, con cultura y a lo mejor con decadencia francesa, rica y variada, lo cierto es que Ernesto se lanzó una vez más.

150.

"No, de ninguna manera. Nada de pensamientos sombríos. Acelerar y vivir el vértigo. Seguiré acelerando y no paro hasta Montreal. Sí, allí me espera la libertad, la realización total de todas mis facultades y potenciales. Las drogas (nunca se habla de lo que no está en el mercado) se ofrecen y se compran en las calles. Basta seguir las flechas para encontrar la Asociación de Gays, para experimentar caminos y vidas alternativos. Sí, desaparecer para siempre, cambiar de peinado y empezar una vida nueva. No, pasar por Montreal, un París de pacotilla y seguir hasta Halifax, el puerto, el mar, el horizonte y una vez más la infinitud. Tomar un barco, y larí lará, un barquito sobre las olas, cruzar el océano, para participar activamente de la decadencia de Occidente en la que, envidioso, rabio para participar. Tal vez pasar por Alemania para una cepillada de orden y disciplina que buena falta me hacen. Un paseo por sus bibliotecas en las que, en las estanterías, se alinean disciplinados los sistemas filosóficos, como un ejército del espíritu. A Suiza no la puedo eludir, se imponen un baño de limpieza e higiene y honestidad bancaria modelo. Por fin llegar a Francia, a la auténtica. Oh París, la ciudad luz, sus calles cubiertas de caca de perro por la mañana, la cultura viva de Occidente, con sus supermercados tan distintos, ay, ¿cómo expresarlo?, tan franceses, en los que se pueden conseguir papel higiénico con lengüetas, y su Disneylandia, tan distinta de la japonesa y norteamericana, en la que seguro hay un túnel de amor erótico. Sentado en un café, mientras larí lará gira la calesita bajo los puentes de París, leer el *Nouvel Observateur* y buscar direcciones para hacer el amor con animales, cosa reservada para hombres liberados y cultos solamente. Qué hermoso, en vez de ir al Louvre para no sentir esas náuseas que sentí ante tanta Belleza y Grandeza, visitar el centro Pompidou o Beaubourg, ya ni sé cómo se llama y se me traba la lengua, un centro de cultura con las cañerías al aire por las que corren las aguas servidas y en el que en contados minutos se puede obtener la última información sobre los amores y las roñas de los intelectuales franceses. Ah, relajarse de tantas emociones, tirarme en el piso con negros, árabes, vietnamitas y chinos, vestidos con jeans, desclasados y desocupados pero auténticos y franceses, fumar un pucho de marihuana, cerrar los ojos y aspirar el olor un poco oloroso que me rodea, y sentir intensamente el acolchado de cultura que me envuelve y flotar... flotar. Y si me siento solo, esa soledad que me surgió por la influencia de las malas lecturas, con una simple moneda llamo a alguna tipa por teléfono, de esas que mandan sexo por cable, y que en vez de decirme en inglés *Hi, I am Jude from California*, tengo 2.895 orgasmos provocados y 19.345 horas de práctica sexual telefónica. Estoy desnuda, y ahí no más empieza a jadear y a gemir como una máquina y me dice groseramente: *Baby, baby, fuck me*, me va a decir en dulce francés: '*Ye tem mon chéri*, te estaba esperando, sabía que me ibas a llamar. Estoy lista para complacerte, pero para poder hacerlo y no perderte pon otra moneda', clic clac clic, la moneda, y de ahí en adelante, a través de un proceso altamente refinado, '*mon chéri*, no sabes cómo me excitas, por ti me estoy sacando la enagua, la subo lentamente y aparece mi bombacha bikini negra ¿o prefieres otro color?, dímelo, todo para complacerte, mis piernas están enfundadas en medias negras con portaligas rojos; ya me saqué la enagua, ahora me empiezo a bajar la bombacha para mostrarte el paraíso pero, por favor, *mon chéri*, pon otra moneda...' y así, y cuando pronuncie la palabra María Antonieta o Flaubert o Proust o *Madame Bovary*, obtendré un orgasmo histórico–cultural–espiritual, único en el mundo. ¿Qué más puedo pedir, qué más? Claro, ya sé que me van a decir que estoy mal informado, que soy anacrónico, que en París ya no se ponen moneditas sino que se enchufan tarjetas en una ranura del teléfono que automáticamente va descontando el precio del proceso del orgasmo, para no interrumpirlo justamente. Las ventajas de la tecnología al servicio del placer del ser humano. Pero no creo que lo ricos se hayan olvidado de los pobres como yo (son menos crueles de lo que se dice y en el fondo son buenos), que no tienen plata para comprar la tarjeta y que juntan las moneditas para hablar con su amada. Me lo dice el corazón.

Sigamos, sigamos, aceleremos más.

160–170. Ya a punto de levantar vuelo como un avión, su coche trepidando por lo mal alineado y balanceado, el policía que después de las luces había prendido la sirena sin resultados, conectó una sirena auxiliar para los casos de extrema urgencia: rugidos breves y agudos, como los ladridos de perro.

160–150–140... 90... 40... 30...

Y bajó a la banquina, frenó, abrazó el volante y se derrumbó sobre él.

El policía saltó del patrullero con dinamismo y, lo mismo que la primera vez, se irguió y caminó gallardo, sin apuro.

Al ver a Ernesto derrumbado sobre el volante, invadieron su interior sentimientos molestos y contradictorios. Observando, lo recordó derrumbado al pie del monumento y no pudo evitar cosquilleos de desprecio por lo inferior. Pero, también recordó las multas que ese *funny guy* ya había recibido.

Ernesto, ducho en estas lides de rajarse sin resultado y las multas por exceso de velocidad, lo espiaba con el rabillo del ojo.

El policía lo seguía observando. ¿Compasión? ¿Comprensión? Demasiado complicado. Terminó por imponerse lo más fácil, tantos kilómetros de exceso tantos dólares de multa, es decir, la ley, el deber y el orden. Se inclinó:

—*Hello*, Ernesto, ¿me recuerda? Es un placer verlo de nuevo. Lindo día, ¿verdad? Increíblemente hermoso.

Ernesto se acomodó. Como quién surge de la espesura al espacio libre, miró alrededor y descubrió al policía. Oh, conocía las preguntas de rigor: ¿Su mujer está por parir? ¿Algo grave en la familia? ¿Alguna emergencia médica? Y se le informaría de algún derecho. Para su sorpresa el mundo había cambiado, había progresado; la realidad y el sentido común habían triunfado.

—Bien Ernesto, ¿tiene alguna razón para explicar su apuro?, ¿se le vence alguna cuota?, ¿va a cerrar su banco o su Supermercado? ¿Quiere ver el cuentakilómetros? Es su derecho.

Una vez más Ernesto ejerció la libertad de pensamiento. "Qué lindo rubiecito de ojos azules que sos. A vos Hitler te hubiera besado el culo y te hubiera tenido a su vera". Y dijo:

—No. Se terminaba una oferta. Pero da lo mismo.

Le dio su permiso de conducir; el policía, las gracias. Le aseguró que sería breve y volvió al patrullero.

Sí, para decir la verdad, era un día hermoso; el sol, se dio cuenta, había salido. Lo miró y no aguantó sus rayos, la luz. "Solo los ciegos". Suspiró. Como hombre, medida de todas las cosas, artista y creador, como pintor, extendió el pulgar y midió el sol ocultándolo: "El sol, nuestro pobre y viejo sol, no más grande allá arriba que un huevo mediano".

Prendió un cigarrillo; todavía no estaba prohibido fumar al aire libre y menos en un territorio privado, su auto, que respetaban hasta las autoridades. La prohibición de fumar al aire libre sería el próximo paso contra la polución para salvar la tierra con todo lo que contiene. Dio varias pitadas y miró en el espejo retrovisor: el policía, con la lengua a un costado, como un niño travieso o concentrado en su tarea, le estaba haciendo la boleta.

Otra vez el sol. Hacía calor. Sí, el sol sería el culpable. Nadie lo va a creer. El sol, el calor, algunos autos que pasaban rumbo a destinos reales o aparentes. Sí, el calor, el desierto, el *cowboy* que marcha por la arena, sin caballo, al ritmo de una música que venía de algún lado y que estiraba las cosas, deformándolas; el desierto, el calor, la sed, el horizonte, visiones y espejismos; el revólver, sí, debía estar todavía allí, en la guantera, lo había comprado, no para invadir USA, sino para visitarla y estar en condiciones de igualdad, a la altura de sus habitantes armados; sí, debía estar allí; se inclinó, sonaron sus huesos como un xilófón anticipando la muerte, abrió la guantera, sacó el revólver y lo empuñó: le quedaba bien, estaba hecho a la medida del hombre, de la mano, de su mano.

Sí, se sabe, la locura se puede desatar en cualquier momento y es incontrolable. Se tranquilizó y esperó con el revólver a un costado; la mano le temblaba ligeramente pero no de miedo; de un placer desconocido, con la satisfacción y el alivio, por fin, de una decisión tomada.

El espejo retrovisor; la lengua del policía había vuelto a su lugar, con seriedad de hombre maduro, del que hace las cosas bien, estaba revisando la boleta; lo vio asentir, abrir la puerta, bajar y encaminarse hacia su auto, sí, viene, a prepararse.

Los ojos azules volvieron a aparecer en la ventanilla; estaban húmedos; le empezó a explicar que si hubiera aplicado todo el peso de la ley... los huesos de Ernesto crujieron cuando se inclinó y abrió la guantera para sacar el revólver... 30 kilómetros menos... ¿o no lo había sacado ya?... negarse a firmar, su derecho... oh no, oh no, era la locura que se podía desatar en cualquier momento... tribunales para ventilar el caso... ¿firmar o no firmar?... con la mano izquierda recibió la boleta y su permiso de conducir... con la derecha, no eligió la yugular, era mal tirador, como blanco, eligió la frente ancha que según Lombroso era síntoma de inteligencia; los ojos azules del policía se dilataron: disparó.

Era hermoso: los ojos azules se cerraron, todo el cuerpo se elevó ligeramente, como en la televisión, en cámara lenta, suspendido un segundo, sobre la frente apareció un círculo rojo, más rojo que el sol: se derrumbó y exhaló su último aliento en el que Ernesto, como si el aire saliera de una flauta, creyó reconocer la palabra *funny*.

El sol seguía calentando allá arriba; lentamente, daba lo mismo, no había apuro, nadie lo perseguía, nadie lo alcanzaría, se llevó el revólver a la sien. Y una vez más, con placer, con la certeza de conseguirlo, pensó en el descanso eterno.

Hay quien dice que el hombre de hoy, en el momento de morir, ya no recuerda ni revisa su vida en un instante, porque ya estamos muertos. Ernesto tampoco la revisó. No podía gritar como un soldado "Por la patria", o un revolucionario, "Por la libertad". Menos "Por la democracia" e inmolándose, apretar el gatillo. Allí, en el desierto, nadie hubiera registrado alguno de esos gritos heroicos. Sin que llegara a hacer un balance de su vida exhaustivo, sin que hubiera hecho la revisión con una simple pregunta como ¿para qué he vivido? Ni las buenas intenciones ya esfumadas lo

hubieran salvado, no de apretar el gatillo, sino de partirse el cráneo a culatazos. Hasta se olvidó de las fantasías que había fantaseado, con los ojos llenos de lágrimas, sobre su propia muerte; el
cortejo fúnebre, un mar de gente tratando de acercarse a su ataúd,
llorando y lamentando la pérdida de un hombre que no supieron
valorar en su momento y hasta de la homilía que había bosqueja-
do sobre su persona y que tendría que leerse, como si la hubiera
escrito otro, antes de que resonaran los terrones sobre su ataúd.
Ah, y unos segundos antes de que los enterradores empezaran a
palear, aparecería el enviado del rey de Suecia, corriendo con la
lengua afuera, mensajero del rey, con la medalla y el cheque que
enterraría con él. Como no había hecho testamento, el cheque
también se iría con él.

Su brazo estaba cansado. Retiró el revólver de la sien y lo guardó en la guantera. Subió a la ruta y con el acelerador a fondo, con
el riesgo de otra multa, empezó a correr hacia su casa.

Habiéndose olvidado de que era mortal, recordó su último derecho, su voluntad después de su muerte, lo que les quedaría a sus
hijos después de los abogados, jueces y los impuestos. Recordó
que no había hecho su testamento.

37. LA ÚLTIMA VOLUNTAD

Había acelerado y seguía buscando su salida, la que le correspondía, antes de darse cuenta de que hacía cincuenta kilómetros que la había pasado. Para dar la vuelta, tomó la primera que encontró, cruzó un puente y retomó el camino de su casa.

Con la certeza de que le quedaba solo el tiempo de redactar su testamento, y de que no poseía la fortaleza de un romántico quien, después de recibir o pegarse un tiro y de perder un galón de sangre, dicta, además de su testamento, un libro entero, por una cuestión de ganar tiempo, impaciente, porque el tiempo es oro, "mi Dios, hasta en la decisión suprema, el descanso eterno y la última voluntad, brotan los forúnculos de la civilización", titulándolo "El legado de Ernesto a sus hijos", pensando a todo vapor, como si redactara otro capítulo de la ficción que era su existencia, empezó a pensar en su cabeza el texto que en su casa trasladaría al papel legal.

Pensó en llamarlos "Mis queridos hijos", porque lo eran, los quería y esa era una de sus debilidades no aptas para la supervivencia, querer y afecto que le llenaban la cabeza con preocupaciones inútiles. Falta de sentido práctico, bah. Hablando de inutilidades, más inútiles le parecieron, después del lugar y la fecha, expresiones como "en mi sano juicio", "mi última voluntad si es que me queda alguna", u observaciones que apestaban a literario filosóficas como "el testamento es la última voluntad, la última oportunidad de embromar, el último grito inútil del muerto", o "para comprenderme bien, les ruego que por una vez, si pueden, se sacudan la modorra, ese ensueño hipnótico en que viven, esa cera, esas lagañas sociales purulentas que les impiden oír y ver", porque sería despertarlos de un ensueño ilusorio a cambio de un vacío que no podrían rellenar con ninguna estopa de la cultura.

"No, sería profundamente injusto. No tengo por qué embromarlos. No es culpa de ellos que yo me haya pasado la vida mirando el culo del arte como experto proctólogo, buscando en él inútilmente el goce y el placer como una amada buscando la próstata de su amado.

¡Brillante! Esta es una frase célebre, tengo que anotarlo. A otra cosa". Ya fuera por un sexto sentido que bien podría ser culpa y miedo, cuando vio un cartel "Ottawa. Ruta alternativa", la tomó para evitar la persecución de todos los policías del mundo y escuchar, una vez más, el recitado de sus derechos. La ruta alternativa era mucho más angosta, un camino de doble vía, para él una sola. Tuvo que bajar la velocidad.

Las copas de los árboles se unían arriba; los rayos del sol atravesaban las ramas y se coloreaban por las hojas de otoño: rojo, lila, azul, amarillo, vulgarmente un arco iris o sinfonía de colores. Culturalmente, una pintura impresionista.

Ernesto suspiró; "Tanta belleza es un golpe bajo. Un supermercado sin globitos al aire libre. El otoño, que tendría que ser una estación triste y melancólica, en la que meditamos acerca de nuestro destino y lentamente nos preparamos para el largo invierno con la esperanza de primavera, aquí, en Canadá, se disfraza de colores. Cuánta hipocresía".

Sea como fuere, un camino solitario sin autos, una velocidad moderada, le permitieron una mínima coherencia mental y se largó a lo que se había propuesto. "Empecemos. Introducción: 'Mis queridos hijos: No he muerto contento porque no he batido al enemigo. Había vivido con la creencia de que lo mejor que puede hacer un padre para sus hijos es dejarles un mundo en el que puedan vivir. En otras palabras, terminar de construir ese futuro que se viene prometiendo desde hace unos siglos o, más precisamente, desde el momento en que los hombres se olvidaron de vivir la vida que les fue dada y fueron posponiéndola. Allá en Argentina, pensando en su futuro, en la casa de los abuelos, planté dos árboles para ustedes, un roble para vos hijo mío, símbolo de fortaleza, y una higuera para vos, hija mía, símbolo de la dulzura. En cuanto a eso de la dulzura, femenina en este caso... (el auto de Ernesto se desvió ligeramente; rápidamente lo reacomodó)... Con dolor les informo que he fracasado en todas las revoluciones, reales o imaginarias que emprendí, y no me consuela la idea de que otros también han fracasado si es que tuvieron la intención de hacer alguna. Hoy por hoy, el verdadero triunfo, particular y privado, lo sé, hubiera sido dejarles una suculenta cuenta bancaria. Pero yo, idealista de mí, no les dejo más que todas mis ilusiones...'. No, me estoy poniendo difícil, estoy largando opiniones y haciendo mi biografía, así no me muero más. Introducción: 'Para redactar este testamento, tuve en cuenta la ley argentina. Como no tengo perro ni gato, la división va a ser más fácil. La mitad de la mitad de lo que tengo, lo dejo a mi amada esposa y la otra mitad a ustedes. Dentro de todo lo que poseo, la casa, auto, está la hipoteca que les permitirá asociarse por 25 años, con una sonrisa y con orgullo, al *Royal Bank*, un banco importantísimo, con sucursales en todas las capitales del mundo'. No, mi Dios, no doy pie con bola y me pierdo. A ver. Introducción: 'En un tiempo pensé dejarles mi cuerpo para que comercialicen con inteligencia y astucia mis órganos, y que los vendan a todos aquellos desesperados que quieran seguir viviendo su vida inútil. Lamentablemente, según los profesionales que me atienden, soy una especie de ruina humana y para crear una imagen de salud en el mercado, gastarían más de lo que...'. No, esto tampoco va.

Concretamente: además de la hipoteca, por si algún día me descubren y me hago popular, cosa que dudo, les dejo la totalidad de mis derechos de autor. Mis obras completas se encuentran en una estantería de mi trinchera, cuidadosamente encarpetadas. Sobre el escritorio, a la izquierda, hay dos cajas, dos ficheros, con fichas bien ordenadas. En ellas hay dos series de escritos fácilmente comercializables al menudeo; en una, 'Frases célebres' y en la otra, 'Misceláneas'. En 'Misceláneas', o no, quizás en 'Frases célebres', hay una especie de poema único que se llama SI... (las sienes de Ernesto latieron y aceleró.)... que poetas menores y hasta burócratas, han tratado de imitar sin ningún resultado. Crean en la originalidad de su padre. Dice algo como: 'Si hacen las compras semanales tarareando una canción... Si no hacen preguntas... Si tienen un perro o un gato y saben amarlos como a sus hijos... Si cortan el pasto y cuidan el verdor así como todos los colores... Si sonríen sin motivo... Si no fuman ni beben, ninguna debilidad, ninguna pasión humana... (etcétera, etcétera) Tendrán la ilusión de que el mundo es de ustedes y todo lo que contiene'. Desparramadas, un poco desordenadas, encontrarán mis "Obras inconclusas", manuscritos en los que en la mayoría de los casos el personaje termina en una estación. No importa. Una vez famoso, las pueden ofrecer a las universidades que se ocupen de mí. También los pueden llamar 'Proyectos', una prueba de mi visión esperanzada y optimista".

El túnel de colores por el que avanzaba Ernesto intensificó su brillo. Se mordió los labios; su amargura, después de poner en plural lo que había escrito en singular, resultó tan genuina que hasta se olvidó de una frase famosa: "Dios mío, mandame un poco de tristeza y amargura para sentirme vivo". Se olvidó del mundo y, con el temor de que fuera otro discurso pedagógico inútil, siguió dialogando con sus hijos.

"Sí, hijos míos; viví con la esperanza, la permanente esperanza, consuelo de tontos, que de alguna manera, sería famoso e inmortal. Un día, dolorosamente, me di cuenta de que viví como el abuelo de ustedes, mi padre, con la esperanza de que las chimeneas de su fábrica se alzaran un día, pero sabiendo que no se alzarían jamás. Soy tan ducho en esperanzas como en rutas alternativas; ahí va, una más, creía que 'a pesar de todo', ¡horror la francesita!, que en algún lugar del mundo, se habla de islas reales o espirituales, podría vivir los últimos años de mi existencia, fantasías de la creación, con tranquilidad, paz y un poquito de felicidad, aunque no fuera el saber que pronto descansaría para siempre. Sí, alguna vez me imaginé ser un anciano con dentadura postiza especial, con muchos nietos a los que cuidaría con amor. Modesto, renuncié a ello y me imaginé a mí mismo como un anciano moderno, sin nietos, que ante el avance vertiginoso de las explicaciones y las películas educativas, perdió totalmente el sentido de su existencia. Me imaginé en playas lejanas, Florida para el caso, como ave migratoria, calentándome al sol para acumular energía en mis pilas resecas y aceitando mis articulaciones con *gin tonic*. También me imaginé, ya viejo y esclerótico, paseando y haciendo turismo con otros ancianos, conociendo tardíamente lo que debí haber conocido en mi juventud, y ya esclerótico, con una tarjeta en mi pecho con mi nombre y apellido y esta leyenda: 'En caso de perderse o parálisis total, devolver a...'. Ignoro cuál habría sido mi dirección. Por último, espanto y horror, mantenido vivo por los doctores, sentado, los ojos lagañosos, mirando al mundo desde una ventana y esperando que se apagara el sol.

No me he muerto contento, no. Queda un pedido sin cumplir. Hija mía, una vez que partí de viaje, muy largo, me pediste que te trajera un pedazo de mundo. No pude cumplir o no quise; encontré al mundo podrido en todos sus rincones. No me pareció bien ni justo meter una manzana podrida en la canasta de tu existencia. Tal vez fui arbitrario o solo tuve en cuenta mi punto de vista. Perdoname si me equivoqué".

Un cartel: "Ottawa, 20 kilómetros". Ernesto aceleró como si llegara tarde a su propio entierro. Como un pequeño soplo helado le rozó la mejilla y con justicia, pensó en el 50 % de su existencia y lo que le debía.

"Con respecto a la madre de ustedes. Sé que los cuidará y probablemente, cuando me olviden, serán más felices. Con ella no escucharán muchos 'no' y no tendrán que soportar discursos pedagógicos. Personalmente me inspiró muchas 'Frases célebres' y algunas 'Misceláneas'. Confieso que oculté la fuente de inspiración. Quise ser más genio de lo que era. Incluso recordé una minimiscelánea hace unos diez minutos pero no sé si ahora se la apliqué u originalmente me la inspiró ella. Pero me siento mal. A veces pienso que en vez de quererla, para justificarme yo, me pasé la vida aplicándole las maldades de todas las mujeres. No sé cuándo me empecé a distanciar de ella, quizás el día en que la oí decir 'Mi o nuestro Supermercado', sin embargo, no estoy seguro. Nunca la engañé... (aquí Ernesto sintió arder sus mejillas)... digo, claro, si por engaño... cometer pecado. No, nunca; mi único pecado, el más grave, era no poder responder a su pregunta '¿Dónde te metiste tanto tiempo?', cuando iba de compras o salía dar una vuelta y tardaba en regresar una eternidad. Sí sí, ese era mi verdadero pecado, por suerte sin legislar. Nunca se lo pude confesar, ahora se los confieso a ustedes; cuando terminaba las compras, de regreso a casa por una ruta alternativa, salía por un 'Must exit' que me llevaba a la estación de trenes de Ottawa. Ustedes la conocen, una estación ordenadita, limpita, una imagen del orden de la higiene. Me sentaba en el bar, viejo vicio, y después de pedir un café, me ponía a observar los trenes que partían y llegaban. Sobre todo los que partían. Y llevado por las alas del deseo, recordando mis paraísos perdidos, irme irme irme, soñaba o agitaba la mano 'Adiós' 'Adiós' a los que partían. Mi pecado, mi verdadero pecado, fue no partir jamás. Cuando les llegue el deseo, no sean cobardes, partan. Pero nunca jamás vayan a esa estación: el bar es de autoservicio, lejos, no hay ventanillas desde las que puedan ver los trenes, ni, por el embarque hecho con criterio de avión, nunca nadie podrá agitar la mano y decirles 'Adiós' 'Adiós'. Y menos darles la mano con las ventanillas herméticas. De esa estación casi no parten trenes, ergo, casi no parte nadie. No, no se sienten ahí: el deseo, el impulso y la decisión de irse, se gastan con el esfuerzo de imaginarse una estación de trenes".

"Ottawa, 15 kilómetros". Ernesto suspiró.

"Buscando los males o las culpas, a veces atribuí mi infelicidad a la falta de bares. Hablando de cafeterías o de restaurantes nunca encontré uno lo suficientemente acogedor como para llevarme conmigo un lápiz y un cuaderno y escribiera un cuento. Ni siquiera que anotara algunas ideas que se me ocurrieran. Además de la música insoportable los mozos y las mozas de todos los bares y restaurantes son espantaideas y espantavida, porque con una sonrisa en la boca y un *How are you today* de Harvard, ahuyentan y espantan toda serenidad y posibilidad de reflexión. Hay que reconocer que son muy amables y atentos, cada minuto preguntan, '¿Ya terminó?', '¿Algo más?', y la culpa judeo–cristiana lo atrapa a uno por la garganta por no consumir y no emborracharse para el beneficio del patrón. No, no encontré ningún bar en el que se pudiera estar un minuto tranquilo y uno, iluminado, pudiera tocar por unos segundos el traste del Nirvana".

Al fondo del túnel por el que avanzaba, se divisaron los primeros edificios de Ottawa. Otro suspiro.

"Me hubiera gustado dejarles, anotados, algunos consejos útiles y prácticos, pero temo que sería nada más que una hoja de instrucciones o el comienzo de un manual más de autoayuda de los que las librerías están llenas. Sería otra obra inconclusa, como lo es el sentido de mi vida. Una vez creí, allá lejos y hace tiempo, al borde de la pampa, de noche, que contar las estrellas de la bóveda celeste era el sentido de mi vida. Las conté muchas veces y siempre me equivocaba, me perdía o me olvidaba de la cantidad.

Sí, hubiera sido la tarea para una vida, hasta que un día, un aficionado a la astronomía, compañero del Nacional y que quería estudiar astronomía para dirigir la marcha del cosmos, se me rió en la cara de mi tontería: me dijo que las estrellas no solo estaban contadas, sino pesadas y medidas. Esa clase de imbéciles e idiotas siguen existiendo, peor, puesto que con los títulos universitarios se han multiplicado. Temo que ustedes estén perdidos. De cualquier manera, hay dos consejos: uno para vos, hijo mío, que no busqués nada: entre mis papeles vas a encontrar la descripción de un personaje posible. Leéla, si es que todavía sabés leer castellano y, si te gusta, asumilo. Lamento que para ese rol no necesites usar revólver. También lamento que no es un personaje amado por la comunidad ni popular. He muerto con la ilusión clásica del padre que cree que su hijo hará por él lo que no logró por no tener huevos. Ay, malditos huevos. A vos hija mía, que todavía seguís buscando, los paraísos están muertos, el mejor que vas a conseguir es el que veas con el cigarrillo de marihuana que vas a fumar con mi autorización. No, no busqués más, no mueras con la esperanza, que es siempre falsa. Por si algún día te asalta la tentación: no busques detrás de los huevos, no hay nada, y lo que pueda haber, es tan grande que no lo vas a ver y tarde o temprano te va a aplastar. Basta, este es otro discurso pedagógico".

Los edificios se agrandaban. Oh, ¿qué es eso, que son esos puntos en el cielo, sobre los edificios? Ernesto bajó la velocidad. Oh, sí, son globos, globos en las alturas. Globos gigantes de aire caliente de alegres colores sobre la ciudad de Ottawa, ¿cómo se los pudo haber olvidado? Hacía diez años que los había visto y los conocía. Como si fueran telescopios, sus ojos se estiraron y los vio encima de su cabeza: rojos, amarillos, azules; leyó las leyendas Coca–Cola, McDonald's, Good–Year. Oyó música; miró la radio que jamás prendía; estaba apagada. Temió volverse loco, si no lo estaba ya. Con los ojos y oídos perturbados, fue frenando y se paró en la banquina. Abrió la puerta y se bajó para normalizarse. Globos en los que seguía viendo los carteles: Bell Canadá, Burger King, Corel, y la música, se puso a tararear: "Estoy solo, nadie me quiere, pero soy feliz". Una voz, ¿una alucinación?

—Sí, queridísimo Ernesto. Indudablemente tiene razón. Es incuestionable. Definitivamente la cáscara de los huevos marrones es más dura que la de los blancos. Para solucionar el problema y tenga el placer de comer huevos extra–grandes blancos, sería interesante que contempláramos algunas técnicas de pasarlos por el agua.

—Queridísimo Tom... Queridísimo Tom... Queridísimo Tom... "No me sale. No puedo. Estoy mal hecho o soy un deformado". Caminó, respiró profundamente. Las voces se apagaron y los globos se alejaron o sus telescopios se contrajeron. Un último intento: "¿Es verdad que se puede viajar por 199, 99 en esos globos?" "Ciertísimo. Pero conviene esperar la oferta de 99,99 que hay cada tanto. Hay que saber comprar y vivir". "¿Cuánto dura el viaje? ¿Dónde me lleva?". "Una hora alrededor de la ciudad". "No es muy lejos que digamos". "No, pero hay que saber conformarse con poco". "Yo no. Anhelo y tengo sed infinita por la eternidad".

Ya tranquilizado, no había otra locura que la que él llevaba puesta, contempló los colores de los árboles, el cielo, los edificios como altares, los globos en las alturas y tuvo que reconocer, a su pesar, que jamás había visto un Supermercado tan grande, una verdadera Catedral al aire libre con misas del Papa, multitudinarias. Bufó, subió, arrancó, subió a la ruta y aceleró el auto y la redacción del testamento.

"He aquí mi última voluntad con opcionales a la elección de ustedes. Se trata del lugar de mi descanso eterno. Les confieso que los cementerios de aquí no me agradan: bien cuidados, con el césped recortado color verde alegre, con música funcional para acunar a los muertos, que ya ni en paz pueden descansar, desprotegidos, sin paredones, con muertos como los barrios: nunca he visto a nadie pasear por allí ni encender una velita ni siquiera restos de velas. Es verdad que no he ido muchas veces, son cementerios que me dan escalofríos. Y supongo que los restos, si los hubo, los habrán limpiado con la histeria con que limpian los ceniceros en los restaurantes. No, quisiera un cementerio de esos que se ven en las películas de Drácula, con lápidas mohosas, con sauces llorones viejos, muy viejos, que se alimentan de la savia de los muertos y que vierten sus largas ramas sobre las tumbas, tristes por lo efímero de la existencia; la única música que se escucha es el silbido de las casuarinas con el viento.

Por un tiempo anhelé descansar en un cementerio así, o pensé que podrían mandarme de regreso a Argentina, al lado de mi padre y fundar allí un nuevo núcleo familiar. En una carta, mi hermana me informó que la dulce abuela de ustedes dejó vencer el alquiler de la tierra y el abuelo ahora descansa acompañado, departiendo amablemente con los vecinos, en la fosa común, hasta que un enterrador no le robe el cráneo para venderlo a un estudiante de medicina o a un doctor que quiera decorar su escritorio con un pisapapeles original.

Por el amor de Dios, en quien estoy por creer, no se confundan. No es mi voluntad que una vez muerto, me entierren lejos, en mi tierra natal o adoptiva. Es mucho más barato hacerlo aquí en Canadá. Por la miseria que les dejo, más tortas que panes, no quiero que piensen que meto mis manos en sus bolsillos. Tampoco quiero oír, resonando en la bóveda del más allá, frases como: 'Ni muerto me deja tranquila'. Prefiero que ustedes me recuerden con cariño, y ella con esa idealización melancólica y serena *post mortem*, y del que hablan los manuales de psicología. Un proceso, otro, también muy estudiado. Prefiero que ella, entre copa y copa, largue un suspiro, y que mirando por la ventana como hacia el pasado diga: 'Qué lástima. Al fin y al cabo no era tan malo'.

Ernesto pasó por debajo de un puente, y la ruta alternativa terminó en una calle. Buscó la suya.

"Quizá la mejor tumba para mí, si la ley lo permite, sería frente a nuestra casa, debajo del árbol que viene a visitar un perrito todos los días. Y quién sabe, si atraídos por el olor, los perros de la vecindad... no, es inútil, con tanto orden, aquí hasta lo perros perdieron su libertad. No por nada extraño el ladrido de los perros en el horizonte de mi pueblo al borde de la pampa".

La calle que llevaba a su calle. Rápido, a terminar el testamento.

"Lo mejor que pueden hacer es buscar una tierra de 1 por 2 y un ataúd en oferta. Eso sí, les pido encarecidamente, ningún ataúd de plástico hecho en Hong–Kong. Prefiero un cajón de madera ordinaria hecho con sus propias manos. Quisiera volver a la tierra aunque fuera como millones de átomos reciclados ya que no es posible como reencarnado en un perro".

"Con respeto mi dentadura postiza, entiérrenme con ella. Mi sonrisa será más hermosa ante Dios y capaz que lo conquista. Según se dice, Dios le da mucha importancia a los pequeños detalles, especialmente a la cortesía y la higiene. Dada su configuración personalizada, no creo que fuera útil al Ejército de Salvación ni a cualquier otra organización para los niños pobres del mundo desdentados que no tienen qué morder. Pero lo más importante es que me adaptaron perfectamente a ella y me podría extrañar".

Ernesto desembocó en la calle en la que yacía su casa.

"No gasten dinero en lápidas. No solo ahorrarán sino que, sin esa manta de piedra, me será más fácil salir el día de la resurrección final. Nada de flores de plástico. Solo yuyos, si la ley se los permite. Por ahí, alimentado y abonado por mis restos de creador, surja algo original allí. Si vos hijo mío, te sentís para eso, robá una de esas flechas que indican la dirección de las calles, apuntando hacia abajo, al montículo, clavala a un poste con la siguiente leyenda: 'Él está aquí' o 'Ernesto está aquí'. Con un toque de humor, pueden agregar como posdata: 'Usted también estará aquí'. No, es inútil. Hoy por hoy, salvo en su jubilación, su habitación en el hogar de ancianos, la compra del ataúd y del lugar para pudrirse, nadie piensa y medita en su muerte. Las tres palabras me bastan como epitafio, pero les sugiero otras, opcionales: 'Como todos, vivió sin pena ni gloria. A veces con un poco de honor. Sabía todo sobre los huevos sin embargo no sabía nada', o 'Ex ser humano, frágil como un huevo, no mover ni tocar', o 'Aquí ronca Ernesto, el último revolucionario romántico'.

Por último, no es una voluntad, es un pedido, un ruego: no me manden postales ni tarjetas; por favor, una vez al año, solo una vez, visítenme y traigan una velita. Si tienen tiempo, quédense allí hasta que se consuma. Si no, mala suerte. Rezar es opcional. Gracias".

Subió a la entrada del garaje. Se sentía profundamente cansado, gastado, acabado. Se abatió sobre el volante: una vez más le invadió la certeza de que su testamento sería otra de sus obras inconclusas. "No, vamos, fuerza, fuerza de voluntad en la que no creo". Sus huesos crujieron cuando se estiró, abrió la guantera y sacó el revólver; algo se repetía. Olió el caño y le echo un vistazo a la carga del revólver. Lo guardó. Sus huesos siempre crujiendo, bajó del auto y entró en la casa. "Ya ni escribir, me hubiera gustado verlos... una vez más... y decirles... encontrar la palabra...y abrazarlos...".

Adentro de la casa se encontró una vez más como siempre: sin saber qué hacer. Dio vueltas y vueltas. En la cocina, la lista perpetua que jamás completaría ni terminaría. Abrió la heladera. La cerveza, hasta esa con alma, le dio asco. Necesitaba algo más fuerte. Entró en el *living* y quedó parado, observando el teléfono, como esperando algo, ¿qué?, ¿que lo llamen?, ¿una buena noticia?, ¿que le informen que le van a publicar el libro que nunca terminó ni envió?, ¿el anuncio del Premio Nobel?, ¿un llamado de su mujer que nunca llamaba y que le dijera: te quiero, a pesar de todo?, ¿de alguno de sus hijos?, ¿de un amigo lejano?, ¿qué, quién, cómo?

Hubo un momento raro pero teórica y estadísticamente posible, en que nada se sacudía, ni siquiera una de las máquinas de la casa; ni se escuchaban los martilleos ni los ruidos de la cortadora de pasto de los vecinos hacendosos. Creador hasta el fin, un eco lejano del relincho de la musa, le inspiró una frase famosa: "El hombre de hoy, sordo a la música de las esferas, cuando se detienen las máquinas y hay silencio, se cree que detuvo su corazón y está muerto". ¿La escribiría alguna vez?

Silencio, total, miedo, el vacío, al borde del pánico.

Corrió. Entró en su trinchera. "¿Dónde, dónde la metí?" Y el cuerpo trepidando, se quedó parado en medio de la habitación... sintió un silbido, el tren... su personaje en la estación no puede subir porque no tiene boleto... se acercó al escritorio... arrancó la hoja y la tiró al tacho... con las manos temblorosas metió una en blanco... estaba por sentarse para redactar el testamento o lo que fuera pero recordó para qué había subido. Con la mirada, recorrió la habitación... se detuvo unos segundos, a los saltos en los cuadros... "La ronda nocturna"... "El jardín de las delicias"... un "Don Quijote y Sancho"... y en "Los cuervos sobre el trigal"... un rato más largo; angustia y desolación.

Por fin se acordó. A tiempo. Al fondo del último cajón de su fichero. Dos pasos, se agachó, tiró del cajón, metió la mano: allí estaba.

La vida está yuxtapuesta en pequeños episodios, pequeñas tonterías de las que a veces solemos aprender para seguir yuxtaponiéndolas de otra manera. Lo aprendió de un amigo, de esos que se llaman a sí mismos amigos de uno fácilmente y que tienen amigos por todas partes del mundo: un día en que lo había ido a visitar, le puso sobre la mesa una botella de *whisky* canadiense, baratieri, con el siguiente comentario: "Sabía que vendrías. Lo compré para vos". Fatalidad; el amigo se había olvidado de cerrar el bargueño y, cuando volvió para hacerlo, Ernesto, con el rabillo del ojo, vislumbró un gran reserva.

Generoso, con esa empatía que lo caracterizaba, para que a nadie le ocurriera lo que a él y sufriera una desilusión, la había metido allí.

La abrió; un trago largo, líquido que corre, estómago vacío, calorcito reconfortante casi instantáneo. "No, no soy alcohólico, no". Otro trago.

Dejó la botella al lado de la máquina de escribir, se sentó, se frotó las manos y sin invocar a la musa, tecleó:

Mis queridos Hijos:
Les ruego que mañana por la mañana se fijen en el diario si alguien mató un policía en la ruta. Yo no lo pude averiguar. El caño del revólver no huele y las cápsulas de las balas   están vacías. No sé, no me acuerdo si me quedaba alguna bala de los tiros que en mi furia y desesperación disparé al aire en el hermoso y pintoresco bosque de Gatinó que durante   el otoño se viste de pintorescos colores y está lleno de ardillitas y pajaritos piadores. Es un bosque creado por Dios con criterio moderno: para alegrar la vida. Un abrazo grande y muchos cariños.
Papá.

El alcohol ya corría por su torrente sanguíneo y ya estaba llegando a su cerebro. Sintió los primeros compases de la futura dicha. "Mi Dios, ¿y el testamento?" Otro sorbo y volvió a teclear.

Post scriptum: "Me hubiera gustado verlos una vez más y decirles... encontrar la palabra que... que los despertara de esa modorra, de esa ausencia que como un hálito de muerte veo en sus caras y que no es más que... que el sello, la patente de este siglo...

una opinión no más... no se preocupen... entre tantos muertos pasarán desapercibidos... y... y... abrazarlos fuerte, muy fuerte, sentimental de mí...".

Con los ojos húmedos, otro trago. Un poco de alegría. Extendió los dedos.

Posdata: "Una buena noticia: esta noche no habrá discurso pedagógico".

Sus ojos de sapo, más de sapo que nunca, recorrían la trinchera. La humedad de sus ojos se había secado y la imagen se le apareció clara, nítida, muy trabajada. No la había visto e imaginado pocas veces. Se puso de pie. Hum, el alcohol lo había afectado más de lo que hubiera esperado. Bajó tambaleando, entró en el *living* y se paró delante: allí estaba el televisor, ¿cuántas veces se había imaginado y dicho que lo volaría a través del ventanal? Infinitas. Había llegado el momento. Se agachó y lo aferró; ya lo vio alzarse por la fuerza poderosa de un titán, volar por el aire y oír la explosión *crach* del ventanal y rodar por el hermoso césped verde mal recortado.

Ugh, ugh, puf, apenas lo pudo mover. No pensó en su debilidad, en la falta de fuerza física. A mal tiempo buena cara. ¿Dónde está el hacha? Se fue a buscarla.

Y el mal tipo, el rebelde, el que no comprende, el que no sabe vivir, el intolerante, el tirano, pero ya se sabe cómo es papá, no llores mamá, ya estaba viejo, compraremos uno nuevito con botones electrónicos, programable, con más canales, mirá, aquí en el diario anuncian a uno en oferta, a 499,99.

Y el mal tipo volvió, dejó el hacha sobre el televisor, emitió un insulto inútil y subió tambaleando a su trinchera a buscar el gran reserva, como a una amada fiel.

Un trago más y van...

Con la botella en la mano estudió su catre de campaña. Hum, en su propia trinchera, no estaba mal. Se estremeció: mejor estar mal acompañado que solo.

En el dormitorio, para salir del mundo como había entrado, empezó a desnudarse. Y mientras lo hacía, se preguntó: "Digo yo, ¿esta forma de morir será original? ¿No será más que la de un vulgar borracho? Es triste. Esto de la sobredosis de alcohol o drogas está muy en boga últimamente y por un agujero se tira fuera del mundo a los cadáveres que entorpecen la circulación. En fin, basta de dar vueltas, esto ya hiede a muerte romántica, muramos de una vez, mejor dicho, partamos".

38. EL VIAJE

Encendió un cigarrillo, y se metió en la cama. Más que nunca el territorio por conquistar, se redujo a uno por dos. Un trago largo, largo, hasta la mitad.

Pitó. Los párpados empezaron a volverse pesados.

El que partía, no sabía a dónde iría a parar exactamente... un ligero estremecimiento... a tientas buscó la botella... no supo cuánto tomó... los párpados... la pitada final, encontrar su boca le costó un poco de trabajo... encontrar el cenicero, un poco más... los párpados se cerraron, oscuridad... se hundía... van a decir... el que se hundía, creador hasta el fin, comentaba como en una caverna... ya sé, ya sé lo que van a decir... que este deseo de volver al origen... a los buenos tiempos, es nostalgia enfermiza cuando hay que estar con el progreso... dirán... un infantilismo, una regresión enfermiza... al antro... una clara incapacidad de asumir la vida... o la copia o imitación de otro autor... y todo lo que quiero es descansar... y qué hermoso que parece ser, este camino... y partió.

¿Sonreía el viajero mientras viajaba? No lo sabemos. ¿Se puede hablar de una esfera de la alegría o de la felicidad que lo envuelve a uno? Tal vez. ¿Un encuentro consigo mismo, tan gastado, tan trillado, existe? A lo mejor. ¿Se puede llegar ser uno, recolectando los fragmentos del pasado? Quién sabe. El que había partido, siguió su viaje. Fue un viaje muy rápido, como una especie de balance relámpago de su vida pocos instantes antes de morir. Los años vividos en Canadá, el Supermercado, los 99, el problema de los huevos, Tom Bigegghead, las señales de Stop, conflictos y revoluciones, vivir mejor que los japoneses, el perrito de las once, el papel higiénico, su matrimonio, los balances de su vida, los dejó caer como si hubieran sido lastres y el viajero adquirió ligereza y rapidez y adiós adiós, agitando la mano, se elevó y se encontró entre las estrellas... otra vez las malas lecturas, esta vez la de los Rosacruces... una flecha sobre un planeta que indicaba el rumbo a Buenos Aires... a través de las ventanas del avión contemplaba las estrellas que fueron desapareciendo, el avión bajaba... las calles de Buenos Aires... todos lo esperaban en un bar... hablaron de los buenos viejos tiempos, hasta quizás de la importancia de llamarse Ernesto, mucha, poca o ninguna, tal vez hasta les haya preguntado si irían a su funeral... o, como la vida es un sueño, se imaginó multitudes mientras las paladas de tierra retumbaban sobre su ataúd... sintió urgencia, abrazó a sus amigos y partió... los dientes le volvieron a crecer... pantalones cortos... una noche fría... arriba, las estrellas sobre la pampa... un fuego que solía hacer, para jugar y jugando, calentarse...

39. LAS ÚLTIMAS GRACIAS

Los ruidos de la casa se habían apagado. La mujer y los hijos que habrían vuelto y ahora estarían ocupados. La mujer en la cocina y los hijos haciendo los deberes en sus cuartos bajo la ley del silencio antes de la cena.

¿Lo llamarían para cenar? Quizá sí, o tal vez no.

Duerme. La ventana abierta. Ya no hay sol, solo una luna fría que ilumina la silueta en la cama y algunas brujas que revolotean como aves negras.

Duerme. En algún momento, habrá sentido un escalofrío. Habrá buscado la manta inconscientemente, el brazo débil no habrá logrado su objetivo. Alguien se la puso por él.

Ahora duerme, un sueño breve para descansar, o el eterno.

Depende del punto de vista. Quizás, antes de que se durmiera o ahora, pacífica, educada, amablemente, con gratitud verdadera o fingida, acompañando su respiración, exhalara: "Gracias... Gracia ... grra...grrr".

www.ingramcontent.com/pod-product-compliance
Lightning Source LLC
Chambersburg PA
CBHW070218030726

47505CB00006B/1725